SECURITIZATION

资产证券化简史

A Brief History

国际经验、中国实践与实证研究

张明 邹晓梅 高蓓 著

东方出版中心

图书在版编目（CIP）数据

资产证券化简史：国际经验、中国实践与实证研究 / 张明，邹晓梅，高蓓著. —上海：东方出版中心，2021.9

ISBN 978-7-5473-1881-2

Ⅰ. ①资… Ⅱ. ①张… ②邹… ③高… Ⅲ. ①资产证券化-金融史-研究-中国 Ⅳ. ①F832.51

中国版本图书馆CIP数据核字（2021）第158421号

资产证券化简史：国际经验、中国实践与实证研究

著　　者　张　明　邹晓梅　高　蓓
策　　划　李　琳
责任编辑　李　琳
封面设计　在　白

出版发行　东方出版中心
地　　址　上海市仙霞路345号
邮政编码　200336
电　　话　021-62417400
印 刷 者　上海盛通时代印刷有限公司

开　　本　890mm×1240mm　1/32
印　　张　11.125
字　　数　221千字
版　　次　2021年9月第1版
印　　次　2021年9月第1次印刷
定　　价　88.00元

目录

序言

张　明

展现在笔者面前的这本书，反映了笔者过去15年对资产证券化从了解到熟悉的思考历程。

2005年冬季，当时我还是中国社会科学院研究生院世界经济与政治系的二年级博士生，正在选择博士论文的研究方向。我的导师余永定研究员告诉我，日本Asset Manager Group公司董事长古川令治先生是他与中国社科院外事局局长李薇老师的朋友。古川先生是日本从事资产证券化业务的专家，目前想找一名研究生院的博士生去这家公司访问，并与他合作进行关于资产证券化的相关研究。由于我在读博之前，曾经有在毕马威会计师事务所工作的经历，余老师建议我去古川先生的公司访问半年，深入学习资产证券化，并将其作为自己博士论文的研究题目。

2005年12月至2006年5月，我在Asset Manager Group位于东京帝国饭店写字楼的总部研修了半年时间。在这段时间里，我深入学习了该公司之前几年在日本从事不良资产证券化业务的典型案例（例如昭和钢机、多田建设、松户市综合批发市场、木村屋名品折扣店、汤之岛高原俱乐部、宫崎交通城市公司、新日本纺织公司等）。在此基础上，我与古川令治先生合作撰写了《资产证券化手册》一书。该书于2006年8月在中国金融出版社出版，力图用通俗易懂的语言与丰富的案例来帮助中国读者了解与掌握关于资产证券化的相关知识。

从日本回国后，我一度将资产证券化作为博士论文研究题目，并以此参加了开题答辩。但后来，一方面由于没有找到特别好的切入角度，另一方面由于中国的资产证券化实践才开始起步，缺乏可以用作经验研究的数据，因此博士论文写作一直没有进展。后来，我不得已更换了博士论文选题，将解释中国国民储蓄率为何居高不下作为自己的博士论文题目。

2005年12月，国家开发银行与中国建设银行分别试水了资产支持证券(ABS)和住房抵押贷款支持证券(MBS)。同年，房地产信托投资基金(REITs)也在香港正式启动。但中国国内的资产证券化实践由于美国次贷危机的爆发戛然而止。2009年至2011年，中国的资产证券化实践事实上处于停顿状态。

2007年7月，我博士毕业后进入中国社会科学院世界经济与政治研究所国际金融研究室工作，同时也担任了余永定老师的学术秘书。当时，正值美国次贷危机浮出水面，经验丰富的余老师随即要求我把研究重心放在跟踪分析美国次贷危机。说来也巧，导致次贷危机爆发并传染的根源之一，恰好是基于资产证券化技术设计出来的一系列金融衍生品，例如CDO、CDS、CLO等。而我在日本Asset Managers Group学习的资产证券化知识，能够帮助我在很短时间内理解上述衍生品的机理，并从微观角度来解释次贷危机的传导扩散机制。在2007年至2009年期间，我就美国次贷危机的宏观根源、微观机理、传导机制、潜在影响与风险防范撰写了一系列学术论文。

2011年至2012年，我在哈佛大学做了一年的访问学者。从哈佛回国后，我发现中国的资产证券化实践从 2012 年起重新起步，并进展迅速。因此，我再度萌生了对资产证券化问题进行系统深入研究的想法。要开展这一研究，首先需要搭建研究团队。由于当时还不能招博士生，我便开始在世界经济与政治研究所的博士生与博士后中招募潜在人选。不久，邹晓梅与高蓓两位年轻研究人员加入了这个团队。邹晓梅是何帆研究员的博士生，而高蓓是何帆研究员的博士后。因此，我也算挖了我师兄何帆的墙角，在 2013 年初组建了资产证券化研究的三人小组。

要研究资产证券化问题，应该从什么角度入手呢？我想，第一步可以先梳理中国国内资产证券化研究的特征事实。我们团队梳理了中国资产证券化市场的发展历程和现状、存在问题与前景，形成了两篇论文，即本书的第五章“中国资产证券化实践：2005—2013”与第六章“中国资产证券化衔枚疾进：2012—2020”（与孔大鹏博士合作完成）。

第二步，由于资产证券化归根结底是一种金融实践，因此梳理总结发达国家资产证券化的经验教训，对于中国而言至关重要。有鉴于此，我们团队分别梳理了最富代表性的美国、欧洲与日本进行资产证券化的历程、特色、经验与教训，在此基础上形成了四篇论文，即本书的第一至第四章：“美国资产证券化实践：起因、类型、问题与启示”“欧洲资产证券化实践：发展历程、特色产品及对中国的启示”“日本资产证券化实践：发展现状、特点与启示”“美、欧、日资产证券化比较：历程、产品、模式及监管”。

第三步，要把对资产证券化的实践分析上升到理论高度。相对于理论推演，我们对资产证券化实施效果的经验评估更感兴趣。而在进行实证分析之前，有必要首先了解一下国外对资产证券化的理论与实证研究的进展究竟如何。因此，我们做了一篇文献综述，即本书的第九章“资产证券化的供给与需求：文献综述”。

在进行了文献综述之后，我们选择了研究发行资产证券化产品对商业银行盈利水平与经营稳定性的影响这一主题。然而即使到了2014年，我们依然缺乏中国国内资产证券化产品的相关数据。在讨论之后，我们决定先用美国的有关数据进行验证。由此形成了两篇论文，即本书的第十一章“资产证券化与商业银行盈利水平：相关性、影响途径与危机冲击”与第十二章“资产证券化与商业银行稳定性：影响机制、影响阶段与危机冲击”。

做完美国的数据之后，意犹未尽，我们随即想到，中国的银行理财产品在一定意义上也具有资产证券化产品的特征(例如分级发行)，因此可以分析发行银行理财产品对中国商业银行经营行为的影响。沿着这一思路，我们完成了一篇论文，即本书的第十三章“影子银行对中国商业银行经营稳定性的影响——以中国14家上市银行理财产品为例”。在此，要特别感谢中国社会科学院金融研究所的殷剑峰与王增武团队，他们为我们无私提供了中国商业银行发行人民币理财产品的全套数据。

第四步，在对资产证券化的国际经验与实证效果有了比较系统的理解之后，我们可以在新的层次上继续跟踪中国的资产证券化实践了。随后几年，关于房地产证券化与不良资产证券化的讨论在中国市场上变得越来越热门，我们团队也参与了相关讨论。这就形成了本书的第七章“不动产证券化三种模式比较：MBS、CB和REITs”与第八章“不良资产处置与不良资产证券化：国际经验及中国前景”。

第五步，在经历了“望穿秋水”的阶段之后，“蓦然回首”，我们发现自2012年中国资产证券化的相关数据已经丰富到可以进行一定的实证研究了。因此，我与于宝亮博士、鲁晏晨博士合作完成了一篇论文，即本书的第十章“中国商业银行信贷资产证券化的驱动因素研究——基于2012年试点重启以来的实证数据检验”。

三年左右的合作，我们的资产证券化研究团队合作发表了十余篇学术论文。这些论文在《世界经济》《国际金融研究》《经济管理》《南开经济研究》《金融评论》等期刊上发表，在相关领域产生了一定的影响。邹晓梅博士与高蓓博士也顺利毕业，分别到发改委宏观院与西安交通大学经济与金融学院从事研究工作。我们的合作研究也暂告一段落。

转眼已经是2021年初。这几年，国内出版了不少关于资产证券化的著作，但能够在系统分析国外经验与进行实证研究的基础上，有的放矢地对中国资产证券化实践进行梳理与评述的著作，似乎还很稀缺。在东方出版中心的李琳编辑与我联系之后，我意识到，把我们团队之前关于资产证券化的研究出版，是一件很有意义、也很有必要的事情。于是，在2021年春节前后，我、邹晓梅与高蓓三人，对之前的研究进行梳理，对各类数据尽可能进行了更新，形成了读者面前的这本书稿。

2011年至2012年的哈佛访问学者之旅，显著改变了我的研究方式。在2011年之前，我的论文基本上是个人独立完成。而在2012年之后，我的大多数论文都是合作完成的。而我们资产证券化团队的系列合作研究，也是我自己开展合作研究的一个重要尝试。从这一尝试中，可以总结出以下几条经验：第一，为了让合作可持续，合作者应该根据自己的贡献大小确定署名顺序；第二，良好的合作离不开定期的面对面讨论。当时，我们几乎每周都在社科院楼下的太平洋咖啡、星巴克咖啡或者Grams咖啡讨论研究进展；第三，对研究领域最新文献的掌握与梳理非常重要；第四，团队成员之间的相互鼓励与帮助也不可或缺。

对资产证券化的关注与研究，贯穿了我十余年学术生涯。我想，自己对于资产证券化问题的研究兴趣，还会继续下去。在 2006 年我与古川先生合作出版的《资产证券化手册》的附录中，古川先生畅想，未来中国的资产证券化市场规模将会达到 10 万亿元人民币的量级。我衷心希望，这一天能够尽快到来。

第一章

美国资产证券化实践：起因、类型、问题与启示

2008 年 9 月 15 日，雷曼兄弟公司破产，美国次贷危机演变成自大萧条以来全球最严重的金融危机。众所周知，次级抵押贷款违约是这场危机的导火索，然而，危机爆发前，美国次级抵押贷款余额仅占全部住房抵押贷款余额的 12%，以及金融市场各项未清偿债务余额的 3%①。为什么次级抵押贷款违约这一小小蚁穴能撼动全球金融市场这条千里之堤呢？个中关键在于美国近四十年不断发展壮大的资产证券化（asset securitization）业务。资产证券化改变了传统金融机构的经营模式，它在帮助金融机构改善流动性、提高资产负债管理能力、扩大利润率的同时，也埋下了金融危机的种子。资产证券化将信贷市场、货币市场和资本市场三个相对独立的金融市场联系了起来，扩大了金融市场的系统性风险，一旦某处有风吹草动，其他市场就会风声鹤唳。

美国既是资产证券化的发源地，也是迄今为止资产证券化规模最大的国家。美国住房抵押贷款支持证券（Mortgage Backed Security，MBS）未偿付余额在 2008 年达到 9.5 万亿美元的峰值，资产支持证券（Asset-Backed Security，ABS）未偿付余额在 2007 年达到近 2 万亿美元的峰值，分别是同期美国国债市场未偿付余额的 164%和 43%（图 1-1）。次贷危机爆发后，美国资产证券化业务显著萎缩，MBS 和 ABS 规模显著下降。2013 年，美国 MBS 未偿付余额下降至 8.7 万亿美元，是 2008 年高峰时期的 92.3%，此后 MBS 市场逐渐恢复，2019 年，MBS 未偿付余额回升至 10.3 万亿美元，超过 2008 年水平；2012 年，ABS 未偿付余额下降至 1.28 万亿美元，是 2007 年高峰时期的 65%，此后 ABS 市场逐渐恢复，2019 年，ABS 未偿付余额回升至 1.68

① 王国刚.资产证券化中的老问题和新问题[N].经济参考，2013-10-17.

万亿美元，仍未恢复至危机前水平。

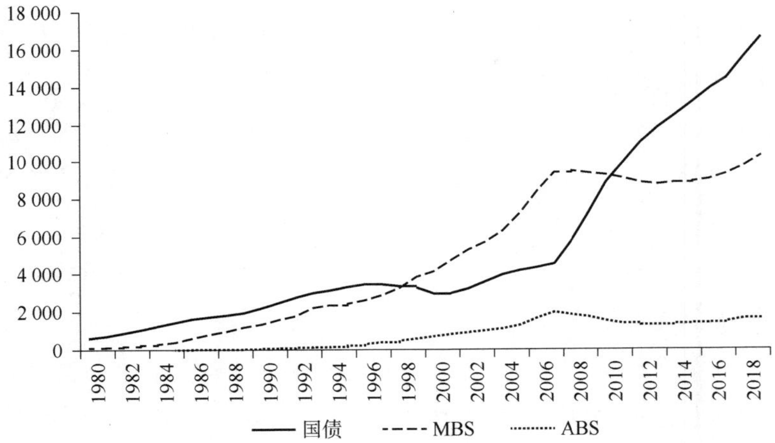

数据来源：Wind数据库，单位：十亿美元。

图1-1　美国国债、MBS和ABS余额（1980—2019）

一、美国资产证券化兴起的原因分析

（一）储贷协会危机推进资产证券化发展

20世纪30年代大萧条后，美国制定了大量限制银行业竞争的法案和条例。例如，1932年和1935年银行法案限制银行向活期存款支付利息，并且美联储有权对定期存款和储蓄存款设定利率上限（Q条例）；又如，设立银行必须获得联邦或州政府的许可，禁止银行跨州设立分支机构。上述法案显著降低了银行业之间的竞争程度。Peltzman(1965)发现由联邦控制银行经营许可证这一规定至少降低了银行 50%的准入率。在严格的金融管制下,商业银行单纯依靠吸收存款、发放贷款就能获得可观的利润。例如,储蓄与贷款协会(Saving and Loan Associations,简称储贷协会)作为美国主要的住房抵押贷款发放机构,其主要利润就来自于吸收短期储蓄存款,并向购房者发放 20 年至 30 年的住房抵押贷款。

20 世纪 60 年代起,战后婴儿潮一代成年,对住房抵押贷款的需求激增,储贷协会资金来源日趋紧张。全美住房抵押贷款余额从 1955 年的 879 亿美元,上升至 1980 年的近万亿美元的规模。20 世纪 60 年代中期,美国通货膨胀率开始上升,并在石油危机爆发后进入高峰,导致储贷协会的经营陷入困难:首先,战后住房抵押贷款合同大多以标准化的长期固定利率合同为主,在基准利率快速上升的背景下,储贷协会难以在短期内通过新的贷款合同提升平均收益率;其次,在通货膨胀的背景下,Q 条例利率限制使得银行存款逐渐失去吸引力,资金逐渐向货币市场共同基金(Money Market Mutual Fund, MMMF)等新兴的投资工具转移。为解决储贷协会资金短缺的问题,美国立法机构授权储贷协会发行货币市场单据和浮息存款证等市场化融资工具。此举在缓解流动性短缺的同时,却导致储贷协会的利率出现倒挂。问题变得越来越严重,以至于引爆了自大萧条以来最大的银行倒闭潮。1980 年至 1994 年,有大约 3 000 家银行倒闭或接受政府援助,资产规模累计达到 9 236 亿美元①。

为了解决储贷协会危机,美国联邦政府支持机构(Government

① 资料来源:美国储蓄协会的破产,http://www. broadrisk. com/NewsBigShow. asp? id=183。

Sponsored Enterprices, GSE)，主要是房地美和房利美，大规模地发行MBS以帮助储贷协会改善资产负债管理。两房从储贷协会购买大量住房抵押贷款，再发行以这些住房抵押贷款为基础资产的资产支持证券为储贷协会融资，以缓解后者面临的流动性不足和收益率错配问题。1982年至1993年，美国GSE发行的MBS的年均增长率约为50%。

（二）利率市场化压缩银行利润空间

从20世纪80年代起，美国银行业的经营环境发生了显著变化。首先，国会分别在1980年和1982年通过了《存款机构放松管制和货币控制法案》(*Depository Institutions Deregulation and Monetary Control Act*)和《甘恩-圣哲曼储蓄机构法案》(*Garn-St Germain Depository Institutions Act*)，这两项法案取消了利率管制。此外，国会在1994年通过了《里格尔-尼尔州际银行和分行效率法案》(*Riegle-Neal Interstate Banking and Branching Efficiency Act*)，该法案取消了禁止银行跨州设立分行的规定。利率市场化和银行跨州设立分支机构禁令的取消，加剧了商业银行之间的竞争，侵蚀了商业银行的利润空间。商业银行被迫通过金融创新来寻找新的利润增长点。

金融"脱媒"压缩了商业银行的资金来源。20世纪70年代，受Q条例利率管制的影响，MMMF应运而生，以打破监管机构的利率管制。由于MMMF既能满足投资者的流动性要求，又向投资者支付投资收益，并且不受Q条例的限制，所以，MMMF很快成为银行活期存款的替代品，这导致商业银行存款大幅流失。此外，垃圾债券和商业票据市场的兴起拓宽了企业融资渠道，也抢走了银行大量的市场份额。

经营环境的变化迫使商业银行改变以往仅依靠吸收存款、发放贷款就能获得可观利润的经营模式，商业银行的经营重点逐渐向中间业务拓展，以保持竞争，提高利润率。资产证券化很好地满足了商业银行的这一需求：首先，将信贷资产证券化有利于商业银行实施主动的负债管理，拓宽资金来源，改善资产负债管理，提高银行的信贷供给能力；其次，诸如资金管理、信用担保、贷款回收等一系列与证券化相关的中间业务，拓宽了银行的获利渠道。

（三）MMMF 与回购市场的兴起显著增强了对安全资产的需求

MMMF 是 20 世纪 70 年代美国金融市场为规避利率管制而兴起的。MMMF 不仅向投资者提供与活期存款类似的流动性（例如，投资者有随时签支票优先权、汇兑优先权），还向投资者支付短期红利，并试图将基金份额稳定在 1 美元的资产价值。因此，货币市场基金很快得到投资者的青睐并迅速发展。20 世纪 70 年代初，MMMF 的规模仅为 40 亿美元，但在石油危机期间迅速发展。1990 年至 2008 年，MMMF 规模从 4 983 亿美元增加至 3.8 万亿美元，注册支数超过 750 支，占所有投资公司规模的 39%左右（周莉萍，2013）。MMMF 受《投资公司法》约束，主要投资于高质量的货币市场工具，包括国库券、银行承兑汇票、商业票据、回购协议等。所以，随着货币市场共同基金规模的发展壮大，其对安全资产（风险低、流动性高的资产）的需求也大幅增加。

回购协议就是资金融入方将有价证券抵押给资金融出方，并约定在一定的期限内按照约定的价格赎回该有价证券的过程，其中，融入的资金低于抵押证券的价值，这一差异被称作折扣率（Haircut ratio）。资金融入方称为回购方，融出方称为逆回购方，参与交易的有价证券称为抵押品。回购协议的基本形式包括双边回购和三方回购。前者指的是两个机构之间的回购交易，无须第三方机构介入；后者指的是在双边回购基础上，增加一个专门提供抵押品管理和清算的服务机构，以保证抵押品价值能充分满足逆回购方的融资要求。回购协议是重要的货币市场融资工具，也是 MMMF 主要的投资工具。回购协议中要求的抵押品必须是高质量的安全资产。

MMMF 和回购市场的兴起显著增加了对安全资产的需求，但是传统意义的安全资产（主要包括国债和联邦机构债）供给有限，特别是很大一部分国债和联邦机构债还被外国投资者持有。2007 年，外国投资者持有 57％的美国国债，21％的政府机构债，23％的企业和资产支持证券（Gorton & Metrics，2012 年）。包括国债和联邦机构债在内的传统安全资产并不能满足金融市场对安全资产的需求，而资产支持证券具有的独有特征，使其成为传统安全资产的重要替代品：首先，资产支持证券有对应的资产池作担保，不易受非系统性风险的影响，其价格相对稳定；其次，经过真实出售，资产支持证券与发起人成功地实现了破产隔离，其价格不受发起人财务状况的影响；再次，经过多重信用增级后，资产支持证券通常都能获得较高的评级。

（四）高评级资产风险权重过低促使银行通过证券化进行监管套利

1988 年，巴塞尔银行监管委员会发布了巴塞尔协议（Basel I），提出了统一的银行资本定义，并确定了根据风险加权资产计算资本充足率的方法和最低资本充足率要求。该协议要求，从 1992 年底，各签约国国际性银行的资本充足率必须达到 8％，其中核心资本充足率必须达到 4%。同时，巴塞尔协议 I 还将银行表内资产风险权重分为四个等级，风险加权从 0%、20%、50%到 100%不等。其中，高评级证券（如 AAA 评级的 MBS）的风险权重为 20%，而私人机构的债权（如企业贷款）的风险权重为 100%。2004 年，巴塞尔协议 II 通过并实施。在风险权重方面，巴塞尔协议 II 虽然引入了内部评级法，在风险权重计算上也更加细化，但仍然没有改变上述格局。由于巴塞尔协议等监管法案对高评级资产的风险权重过低，而对企业贷款等低评级或无评级资产的风险权重过高，导致高评级和低评级风险加权资产出现了"悬崖效应"（BIS，2012）。

资产证券化为商业银行将低评级资产转变为高评级资产提供了契机。因为，通过多重信用增级，资产支持证券通常可以得到很高的评级。所以，通过资产证券化，将风险权重高的信贷资产转至表外，再买入高评级的资产支持证券，商业银行就可以降低其风险加权资产，进而满足资本充足率要求，从而得以维持更高的杠杆率。资产证券化因而成为商业银行规避监管的法宝。

二、美国资产证券化的主要品种及潜在风险

美国是全球资产证券化业务最发达的国家。过去四十年以来，美国金融市场上涌现出各种各样的证券化产品。本节将介绍美国具有代表性的四种证券化品种，包括 ABS、MBS、担保债务凭证（Collateral Debt Obligation，CDO）与资产支持商业票据（Asset Backed Comercial

Paper)。

(一) ABS

狭义的资产支持证券[①]是指除 MBS、CDO 和 ABCP 以外的资产支持证券。ABS 的基础资产主要包括汽车贷款、信用卡贷款、学生贷款、设备租赁款、贸易应收款和税收留置权等(见图 1-2)。目前,汽车贷款、信用卡贷款和学生贷款是三种最重要的 ABS 基础资产。2012 年开始以学生贷款为基础资产的 ABS 大幅攀升,汽车贷款 ABS 在经历短暂萎缩后也已经恢复至危机前水平之上,但是信用卡贷款 ABS 的规模相较高峰时期萎缩了三分之二。值得注意的是,以房屋净值贷款为基础资产的 ABS 自 2000 年起攀升最快,但在次贷危机爆发后出现断崖式萎缩。

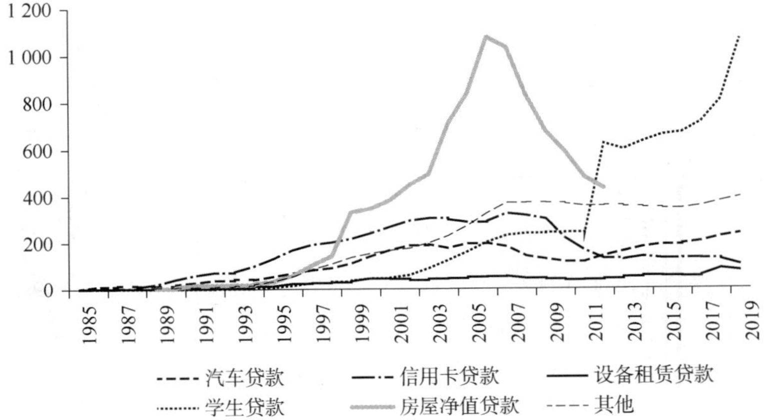

数据来源:Wind 数据库,单位:十亿美元。

图 1-2　ABS 标的资产种类及余额(1985—2019)

---

① 广义的资产支持证券是指以某种资产组合为基础发行的证券,这些基础资产包括住房抵押贷款、企业贷款、应收账款、消费贷款、设备租赁贷款和信用卡贷款等。

（二）MBS

抵押贷款支持证券是指以住房抵押贷款为基础资产的资产支持证券，包括居民住房抵押贷款支持证券（Residential Mortgage-Backed Security，RMBS）和商业地产抵押贷款支持证券（Commercial Mortgage-Backed Security，CMBS）。住房抵押贷款证券化是美国起步最早、规模最大的资产证券化业务。在美国，住房抵押贷款证券化一般有两条路径：一是通过房地美、房利美等政府支持机构进行的证券化①；二是通过私人金融机构进行的证券化。信贷质量较高的小额居民住房抵押贷款（non-jumbo loan）主要走第一条路径；而大额居民住房抵押贷款（jumbo-loan）、次级抵押贷款以及商业地产抵押贷款主要走第二条路径。政府支持机构在促进居民住房抵押贷款市场的发展方面，发挥了重要的作用。由图 1－3 可知，一直以来，房地美、房利美等政府支持机构都是 RMBS 最主要的发行人。2003—2007 年，非机构 RMBS 发行额大幅攀升，年发行规模与机构 RMBS 相当，次贷危机爆发后，非机构 RMBS 业务显著萎缩，2019 年的发行规模仅为 920 亿美元，不足 2006 年高峰时期的 10%。CMBS 发行规模占全部 MBS 发行规模的比重一直较少，实践中，商业地产证券化主要通过不动产投资信托基金（Real Estate Investment Trust，REITs）解决。

ABS 和 MBS 的构造简单，信息透明度较高，期限错配程度低。所以，ABS 和 MBS 的潜在风险主要集中在基础资产本身，利率上升、房屋价格下跌以及经济不景气等因素都会对基础资产现金流产生负面

---

① 根据规定，两房不能发起住房抵押贷款，只能购买符合一定要求的住房抵押贷款（符合标准的贷款被称作 conforming loan 或者 non-jumbo loan），并将其打包证券化，出售给投资者。

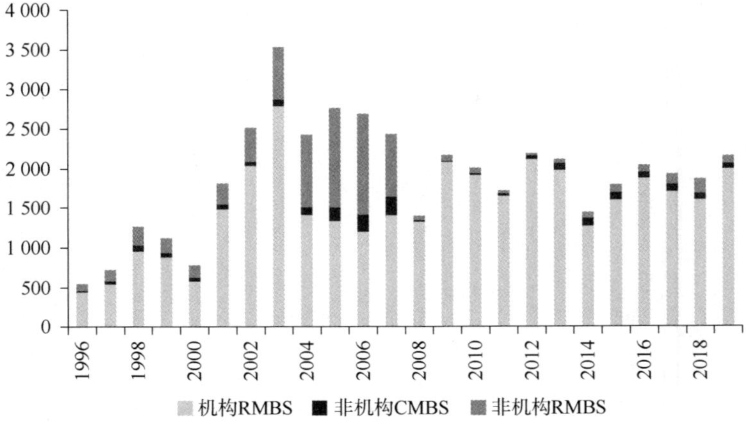

数据来源：Wind 数据库，单位：十亿美元。

图 1－3　MBS 种类及历年发行额（1985—2019）

影响。例如，次贷危机中，MBS 的价格显著下跌，就是因次级抵押贷款违约率上升，基础资产恶化所致。

（三）CDO

目前，对 CDO 尚缺乏一个受到广泛认可的权威定义。总体来说，CDO 主要是指以一系列信贷资产或债券为基础资产的证券化形式（张明，2008）。早期 CDO 的基础资产主要包括企业债券、新兴市场债券和银行贷款，后来逐渐将抵押贷款、MBS 和 ABS 等证券包括进去。第一支 CDO 由美国伯翰公司（Drexel Burnham Lambert Inc.）在 1987 年发行，但是，CDO 的发展起步于 20 世纪 90 年代末，并在美国次贷危机前夕迅速膨胀。如图 1－4 所示，1995 年，全球 CDO 的规模仅为 29 亿美元，而到了 2008 年，全球 CDO 的规模已经扩大至 1.4 万亿美元。

截至 2013 年第二季度，全球 CDO 规模萎缩至 8 035 亿美元。

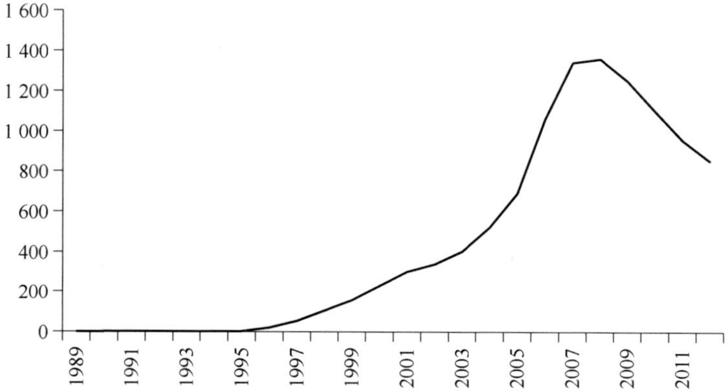

数据来源：SIFMA，单位：十亿美元。

图 1－4　全球 CDO 余额（1989—2012）

根据不同的标准，CDO 可以划分成不同的类型。根据交易目的不同，CDO 可以划分为资产负债表型 CDO 和套利型 CDO。前者的发起人主要是信贷机构，发行 CDO 的目的是将信贷资产腾挪至表外，加速资金周转效率、降低风险资产数量；后者发起人不一定是基础资产所有人，发行目的在于套取基础资产收益率与 CDO 各级证券利息收入之间的息差。按照证券化方法不同，CDO 可以分为现金型 CDO、合成型 CDO 和混合型 CDO。现金型 CDO 是最基本的 CDO 类型，特殊目的载体（Special Purpose Vehicle，SPV）利用资产池产生的现金流作为 CDO 证券还本付息的来源；合成型 CDO 建立在信用违约互换（Credit Default Swap，CDS）之上，资产所有权并不发生转移，发起人仅仅通过 CDS 将信贷资产的信用风险转移给 SPV，并由 SPV 最终转移给证券投资者；混合型 CDO 是上述两种 CDO 的组合。按照是否对资产组合进行积极管理，CDO 可以分为静态型 CDO 和管理型 CDO。静态型 CDO 不需要专门的资产组合经理进行管理，实施被动的现金管理；管理型 CDO 具有资产组合经理对资产池进行积极的管理。根据基础资产不同，可以分为以高收益贷款为基础资产的担保贷款凭证（CLO）；以企业债券为基础资产的担保债券凭证（CBO）；以保险或再保险合同为基础资产的担保保险凭证（CIO）；以 MBS 和 ABS 等结构性金融产品为基础资产的结构性金融担保债务凭证（SFCDO）；以已经发行的 CDO 为基础资产的 CDO^2、CDO^3 等（见表 1-1）。

表 1-1　CDO 的类型

划分标准	类　型
交易目的	资产负债表型 CDO（Balance Sheet CDO） 套利型 CDO（Arbitrage CDO）
证券化方法	现金型 CDO（Cash CDO） 合成型 CDO（Synthetic CDO） 混合型 CDO（Hybrid CDO）
是否进行积极管理	静态型 CDO 管理型 CDO
基础资产	CLO（Collateral Loan Obligation） CBO（Collateral Bond Obligation） CIO（Collateral Insurance Obligation） SFCDO（Structured Finance CDO） CDO^2 和 CDO^3
其他	单级 CDO（single-tranch CDO）

资料来源：张明(2008)。

现金型 CDO 的构造与 ABS 和 MBS 类似，但是合成型 CDO 的构造比较特殊。合成型 CDO 以信用违约互换为基础。信用违约互换

(CDS)是一种信用衍生品,CDS 合同买方定期向合同卖方支付保费,如果合同中指定的第三方参照实体(Reference Entity)在合同有效期内发生信用事件(如降级或是违约)时,买方将获得来自卖方的赔付。CDS 合同买方既可以跟参照实体之间存在债权债务关系,也可以跟参照实体之间没有任何关系。由于 CDS 不涉及债权债务关系的转移,所以交易双方不用征得参照实体的同意(巩勋洲、张明,2008)。合成型 CDO 发行流程分为五个步骤:第一,发起人以某一参照实体向 SPV 购买一个 CDS,并定期向 SPV 支付保费。第二,SPV 以签订的 CDS 合同为基础,发行不同级别的 CDO 证券。第三,SPV 将销售 CDO 获得的收入投资于一个独立的抵押资产池,资产池中的资产均为高质量的低风险资产。第四,如果参照实体没有发生违约事件,SPV 则利用 CDS 保费以及抵押资产池产生的现金流,向证券持有者支付利息;如果参照实体发生违约事件,那么 SPV 将利用资产池产生的收入或出售抵押资产池产生的收入,向发起人进行赔偿。第五,CDO 到期时,SPV 出售抵押资产池里的所有资产,向投资者支付本金(见图 1-5)。合成型 CDO 与现金型 CDO 最大的区别是,在合成型 CDO 中,资产组合并没有从发起人转移到 SPV,转移的仅仅是与资产组合相关的信用风险,合成型 CDO 使得商业银行在不转移信贷资产所有权的前提下就可以转移信用风险。

从 CDO 的分类可以看出,部分种类 CDO 的构造已经比较复杂,其中 SFCDO、CDO^2 和 CDO^3 已属于重复证券化范畴。重复证券化会拉长资金中介链条,加剧信息不对称,投资者往往无法知道所购买的 CDO 包含哪些基础资产、有多大比例与有毒资产有关,一旦发生负面冲击,投资者就容易过度反应。而且,重复证券化往往是为了对低质量资产进行包装打磨,所以,隐藏在这些 CDO 当中的基础资产违约风险较高。

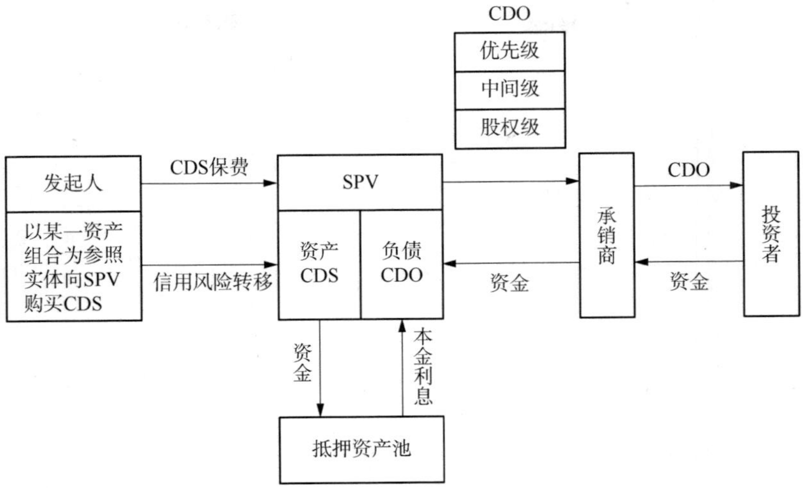

资料来源：张明(2008)。

图 1-5 合成型 CDO 发行流程

（四）ABCP

ABCP是一种带有资产证券化性质的商业票据，发起人将基础资产出售给SPV，SPV再以该资产为抵押在货币市场发行商业票据融资，大部分ABCP的期限在30天以内。从事ABCP发行业务的SPV被称作ABCP管道（ABCP conduits）。2001—2004年，ABCP月平均未偿付余额在6 000亿～7 000亿美元之间。2005年开始，ABCP余额开始显著增加，从2005年1月的0.7万亿美元扩大至2007年6月的1.2万亿美元。然而，ABCP市场也沦为2007—2009年金融危机前半程的重灾区，ABCP未偿付余额从2007年1.2万亿美元的高峰下降至2014年12月的2 272亿美元，此后便一直维持在2 000亿～3 000亿美元的规模(见图 1－6)。

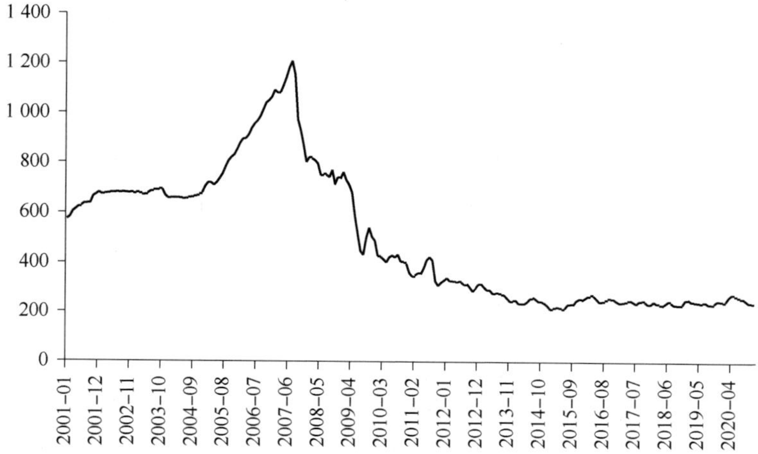

数据来源：Wind 数据库，单位：十亿美元。

图 1－6　ABCP 余额(2004—2020)

传统的 SPV 是一个根据事先制定好的规则和协议运营的“机器人企业(Robot Firm)”，没有员工也没有实际的办公地点，实施被动的资金管理。与传统 SPV 不同，每一个 ABCP 管道包含一个 SPV 和一个金融顾问，管道经理负责对资产池进行积极的管理，不断调整资产组合，以最大化收益(Anderson & Gascon，2009)。按照所购资产所属的机构数，ABCP 通道可分为单一卖方通道(single-seller conduit)和多卖方通道(multi-seller conduit)。单一卖方通道仅购买来自一个发起人的资产，通常只包括某一特定类型的资产，如汽车贷款、信用卡应收款和 MBS 等；多卖方通道包括来自多个发起人的、多种类型的资产，一般由大型商业银行发起。

ABCP 管道主要依靠资产负债之间的期限错配赚取利差。ABCP

管道的资产包括贸易应收款、汽车租赁贷款、信用卡应收款和证券等中长期债券，期限大部分在3至5年，而发行的商业票据期限大部分在30天以内。所以，ABCP管道一般依靠滚动发行商业票据来为其资产融资，大多数ABCP管道都具有来自高评级银行的流动性和信用增级。ABCP的主要投资者是MMMF。

由此可见，期限错配是ABCP管道最大的风险，一旦投资者受不利冲击影响，信心下降，拒绝向新发行的ABCP融资，ABCP市场将很快陷入流动性危机，这一点已经在2007年下半年的ABCP市场危机中得到验证，2007年8月至12月，美国ABCP市场萎缩将近30%。

（五）四种证券化产品的比较

综上所述，四种资产证券化产品除了基础资产有所区别，在产品构造和资金管理方面也存在显著的区别。从产品构造来看，ABS、MBS和ABCP的结构都比较简单，而CDO，特别是合成型CDO的构造比较复杂；从期限来看，ABS、MBS和CDO大多数为中长期债券，而ABCP属于短期或超短期商业票据。从SPV的资金管理方式来看，发行ABS和MBS的SPV实施静态资金管理，而部分发行CDO的SPV已经开始实施积极的资金管理，ABCP管道则主要通过积极的资金管理，最大化资产负债利差。由于ABCP管道的资产负债存在严重的期限错配，所以ABCP管道通过滚动发行的方式支付到期ABCP的本息（见表1-2）。

表 1-2　四种证券化产品的异同

类型	ABS	MBS	CDO	ABCP
基础资产	除住房抵押贷款而外的信贷资产，如汽车贷款、学生贷款、信用卡应收款、设备租赁贷款等	居民住房抵押贷款，商业住房抵押贷款	杠杆贷款，高收益债券，保险或再保险合同，ABS, MBS等	ABS, MBS，信用卡应收款，汽车贷款，学生贷款，抵押贷款，贸易应收款，设备租赁贷款等
期限	中长期	中长期	中长期	短期和超短期
资金管理方式	静态型	静态型	静态型和管理型	管理型
是否滚动发行	否	否	否	是

三、美国资产证券化存在的主要问题

在经历了数十年的快速发展后，美国的资产证券化在次贷危机中遭受重创。这场危机深刻地揭示出美国资产证券化在发展过程中存在的主要问题。

（一）重复证券化加剧了信息不对称

美国资产证券化普遍存在重复证券化的问题。重复证券化拉长了资金的中介链条，加剧信息不对称。Gorton&Metric(2012b)指出，ABS一般有三种用途：一是被出售给最终投资者；二是再次证券化为

CDO；三是发起人保留部分股权级证券，再购买一部分 ABS 用作金融交易的担保品（见图 1－7）。Pozar 等（2010）指出，美国影子银行信用中介一般包含七个步骤，即发起贷款、构建资产池、发行资产支持证券、构建 ABS 资产池、发行 ABS CDOs、ABS 中介化和批发性融资，其中就包含了至少两个证券化过程。基础资产的质量越差，信用中介的链条就越长。高质量的基础资产只需要三个步骤就能完成融资，而低质量的资产可能需要七个甚至更多的步骤。金融市场通过重复证券化对基础资产的质量进行打磨修复，以创造出满足 MMMF 等机构投资者要求的高等级证券。SFCDO、CDO^2、CDO^3 就是典型的重复证券化产品。重复证券化提高了资产支持证券的复杂程度，降低了透明度，导致投资者无法知晓其持有的资产支持证券对应的是什么种类、什么级别的基础资产，是否含有有毒资产。

信息不对称会对金融市场造成诸多不利的影响。首先，信息不对称加剧了金融市场的不稳定性，导致金融市场抵御外部冲击的能力减弱。例如，当次级抵押贷款违约率上升时，投资者不知道自己手中持有的资产有多大比例与次级贷款有关，这就容易造成市场恐慌。投资者纷纷抛售手中的资产支持证券，拒绝购买新发行的商业票据，大幅提高回购协议的折扣率，导致金融市场顿时陷入流动性危机。其次，信息不对称导致投资者过度依赖外部机构评级。但是受多种因素影响，评级机构的评级结果很可能并不准确：一是证券化种类繁多、结构复杂；二是证券化产品存续时间短，依赖场外交易，导致历史数据不全；三是评级机构大量运用复杂却未必可靠的数学模型；四是评级机构的独立性尚待确定。外部评级难以反映这些结构性资产的全部风险，容易导致资产的价格和风险不匹配，进一步加剧金融市场的不稳定性。

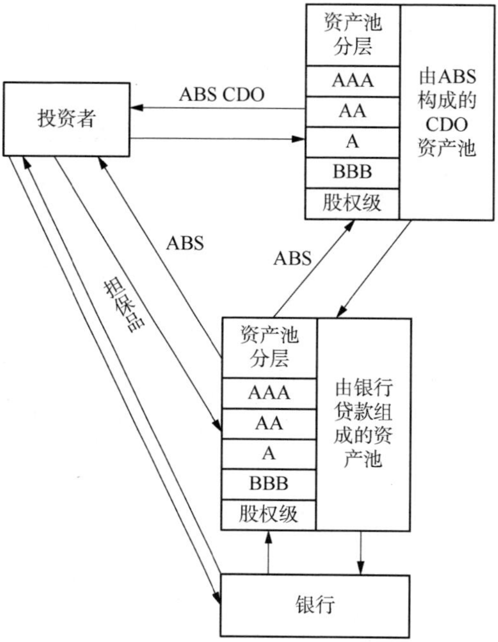

资料来源：Gorton & Metric(2012b)。

图 1－7　一个简单的重复证券化过程

（二）无最低风险自留比例要求，导致发起人重贷款数量、轻贷款质量

在传统融资模式中，金融机构贷款采取“发起贷款并持有到期”模式，商业银行承担了信贷资产的全部风险，所以，为了控制经营风险，商业银行有动力去审查贷款质量以及监督贷款执行。然而证券化业务兴起后，金融机构的经营模式转变为“发起并分销”，商业银行成为

贷款的中转站，不断将其发起的贷款通过证券化转移至表外。金融危机爆发之前，美国监管当局并未对发起人的风险留存比例做出明确要求，因此理论上而言，贷款人可以转移证券化产品中的全部信用风险。

风险过度转移削弱了商业银行严格执行贷款审核标准的动力，导致银行对信贷资产风险的关注度下降，更加注重信贷数量而非质量。据调查，一些美国贷款机构存在两套贷款发放标准，即对打算被证券化的贷款执行较为宽松的审核标准，对自留贷款则执行较为严格的审核标准。在新模式下，商业银行倾向于将贷款服务外包给直接贷款者（direct lender）。在次贷危机爆发前的房地产繁荣时期，直接贷款者的数量显著增加，这些直接贷款者的主要目标是寻求更多的放贷机会，它们在持有贷款很短一段时间后就会将其出售给银行（Gorton & Metric，2012b）。重数量、轻质量的贷款风格导致商业银行的贷款质量不断下降，这为次贷危机的爆发埋下了伏笔。

（三）隐性担保破坏了证券化的风险转移功能

隐性担保是美国资产证券化过程中另一个值得关注的问题。隐性担保是指发起人对资产支持证券的兑付提供隐性支持，投资者和发起人心照不宣地达成协议，一旦资产支持证券发生违约，发起人将进行偿付。Gorton & Souleles（2005）运用委托代理人模型，分析了资产证券化过程中的隐性担保问题，指出隐性担保是投资者和发起人重复博弈的结果。发起人之所以选择隐性担保，是为了应对监管和会计要求。经过计量分析，他们发现ABS利差的确与发起人的信用等级存在显著关系。隐性担保打破了资产证券化的风险转移功能，当负面冲击导致资产支持证券违约时，发起人为了维持自身的声誉和后续融资能力，将履行该隐性担保承诺，对违约债券进行偿付。但是，资产证券化已经降低了发起人的资本缓冲，导致发起人抵御这种负面冲击的能力下降。因此，为了满足偿付要求，发起人将不得不抛售其资产，造成资产价格下跌，导致冲击进一步扩散。

（四）证券化推高了经济体的杠杆率

一方面，证券化推高了居民部门的杠杆率。在“发起并分销”模式下，贷款发起人更加重贷款数量、轻贷款质量，因此发起人有动力扩大客户群体，却忽视了客户的风险承受能力。这使得在原有条件下无法获得贷款的居民也能获得贷款，次级抵押贷款就是一个很好的例子。次贷危机爆发前夕，很多信用级别较低的居民获得了住房抵押贷款，而且在房屋价格繁荣时期，居民还可以将多余的房屋净值进行再抵押融资。

另一方面，证券化也推高了金融机构的杠杆率。据悉，雷曼兄弟在破产前的杠杆率曾高达 30 倍以上，自有资本占总资产比率仅为 3%左右，资产负债率高达 97%左右（周莉萍，2013）。证券化推高金融机构杠杆率主要源于以下两个机制：首先，金融机构只要将流动性较差的贷款经过打包、分层，并经过信用增级获得高评级出售后，再在金融市场上买入等额的资产支持证券，金融机构就可以显著降低风险加权资产，从而降低法定资本金要求；其次，重复抵押问题进一步推高了金融机构的杠杆率。重复抵押是指资金融出方将资金融入方抵押的证券再次用作抵押品向其他机构进行融资的过程。根据美国证券投资者保护法案（Security Investor Protection Act，SIFA）的规定，经纪人-

交易商(broker-dealers)可以将客户的抵押品进行重复抵押，但是最多只能融入客户借款余额的140%[①]。然而，该法案并没有将衍生品、回购和期货交易包括在内，所以，在这几类交易中，重复抵押是不受限制的(Singh & Aitken, 2010)。重复抵押提高了担保品、抵押品的流通速度，导致特定证券的回购交易量可能超过市场上该种证券的余额。

高杠杆率虽然提高了资金使用效率和金融机构的利润，但也增加了经济体的脆弱性。一旦出现负面的冲击，居民部门和金融机构必然面临一个痛苦的去杠杆化过程。例如，当次贷危机导致资产支持证券评级下调时，金融机构的法定资本要求会显著增加，商业银行为满足资本需求不得不大量出售资产支持证券，导致这些资产的价格进一步下降，从而使得商业银行面临更大损失。重复抵押问题还会导致去杠杆化出现连锁反应。此外，在大多数情形下，私人部门去杠杆化将导致公共部门杠杆率上升，最终为主权债务危机埋下伏笔。

（五）评级机构的利益冲突

利益冲突(conflicts of interests)是指当某人或机构具有多重目标时而产生的道德风险问题。信用评级机构的利益冲突问题在美国次贷危机的爆发过程中扮演了重要角色。本着对投资者和监管者负责的原则，评级机构本应该做出公正客观的评级以准确地反映被评级产品的风险，但由于证券发行者希望其所发行的证券能获得更为有利的评级，这就导致了评级机构在进行信用评级时面临多重目标。影响评

① 假设一个顾客将500美元的证券作为抵押品融入200元的资金，那么经纪人交易商最多只能用这些抵押品融入280美元的资金(200×140%)。

级机构独立性的因素主要有二：其一，信用评级一般是卖方付费，即由证券发起人向评级机构提供评级服务付费[①]；其二，发行者经常向评级机构咨询应该如何构建复杂的证券，以获得更为有利的评级。这就在评级机构内部造成了利益冲突，是为投资者和监管者提供客观公正的评级，还是提供有利于发行者的评级？

金融危机前夕，资产支持证券经过不同程度的打包、分拆和再组合就能获得高评级。由于没有直接吸收存款发放贷款，以证券化为特征的影子银行体系基本不被美联储作为存款性机构直接监管。而回购协议与ABCP基本也只是由信用评级机构来约束，而不被货币当局直接监管（周莉萍，2013）。然而，评级机构的利益冲突问题导致评级并不能真实反映这些证券的潜在风险，这导致金融脆弱性的不断累积乃至最终爆发金融危机。

美国次贷金融危机爆发后，为了限制评级机构的利益冲突问题，证券交易委员会（SEC）出台了一系列规定以限制评级机构的利益冲突问题。例如，禁止信用评级机构同时就同一债券发行提供咨询服务和评级服务；负责评级的人员不得参与费用的协商，禁止发行者向参与评级的人员赠送超过25美元的礼物；要求评级机构披露更多与信用评级有关的信息；要求评级机构要区分对待结构性产品和普通债券等。这些规定能够在一定程度上抑制评级机构面临的利益冲突问题。

① 1970年以前，投资者需要向评级机构支付费用才能获得相关债券的评级，但是1970年后，主要的评级机构开始向证券发行者收取费用。这一转变的原因主要是1970年代的技术变革，例如影印，使得信息传播成本降低，投资者很容易就可以将证券的信用评级传播出去，搭便车的问题很严重，导致评级机构的收入下降。

四、美国资产证券化的启示

美国是全球资产证券化规模最大、结构最复杂的国家。储贷协会危机推进了资产证券化的发展；金融自由化压缩了商业银行的利润空间；MMMF和回购市场的兴起显著增加了安全资产的需求；以及巴塞尔协议监管框架的推行进一步促进了证券化的快速发展。然而，美国次贷危机的爆发也生动地证明，重复证券化、风险过度转移、隐性担保、重复抵押与评级机构的利益冲突等问题也会显著增加金融系统的脆弱性，甚至导致金融危机的爆发。

次贷危机爆发后，美国国内的资产证券化产品出现大规模的萎缩，特别是那种复杂程度高、套利性质强的证券化产品的萎缩幅度更大。投资者对资产证券化产品的风险偏好显著降低，警惕性显著提高。金融危机后，美国国会出台了《多德-弗兰克华尔街改革和消费者法案》，加强对以证券化为特征的影子银行体系的监管。例如，要求发行人必须将至少5%的风险资产保留在其资产负债表上，加强与证券化产品相关的信息披露等。目前，美国的资产证券化交易已经逐步恢复，回归到初期的基本结构和资产类型，以吸引投资者，并满足监管要求；高杠杆的、复杂的证券化产品则恢复缓慢，有的甚至已经基本消失。

我国政府应充分吸取美国资产证券化发展过程中的经验教训，在大力发展资产证券化的同时，建立起宏观审慎的监管政策框架，做好风险防控工作：其一，在具体产品设计方面应充分考虑我国国情，创造出更加适合我国经济和金融发展的证券化产品；其二，建立与资产证券化相匹配的监管体系，证券化将信贷市场、资本市场和货币市场联系起来，改变了商业银行的传统经营模式，传统的以分业经营为基础的监管模式可能存在效率低和监管不到位等问题，因此，构建一个协调一致的监管体系对我国金融市场的健康发展至关重要；其三，限制重复证券化，防止资产证券化链条变得过长，美国的经验告诉我们，无限制地重复证券化会加剧信息不对称，降低资金配置效率，并最终偏离证券化的初衷；其四，监管部门应当规定合适的最低风险自留比例，体现“利益共享、风险共担”原则，控制发起人的道德风险；其五，限制资产重复抵押，限制金融机构的杠杆率，特别是在经济繁荣时期，将金融机构杠杆率控制在合理的范围，避免经济下行期间金融机构大幅去杠杆造成的不利影响；其六，提高国内信用评级机构的业务能力和业务素质，通过创新解决评级机构的利益冲突问题；最后，还应提高信息披露程度，增强对投资者的风险教育，培育良好的金融市场环境。

第二章

欧洲资产证券化实践：发展历程、特色产品及对中国的启示

20 世纪 80 年代末，资产证券化自美国传入欧洲，欧洲逐渐发展成为仅次于美国的全球第二大资产证券化市场。欧洲资产证券化的大发展始于 20 世纪 90 年代末，特别是欧元诞生以后。从 1987 年全英住房贷款公司(NHLC)发行英国历史上第一笔居民住房抵押贷款支持债券(RMBS)以来，欧洲资产证券化的基础资产逐渐从居民住房抵押贷款拓展至商业地产抵押贷款、企业贷款、信用卡贷款、汽车贷款、消费者信贷、设备租赁款、应收账款和彩票收入等各种类型的资产。由于金融环境和法律体系不同，欧洲在学习借鉴美国资产证券化经验的过程中，发展出一些具有欧洲特色的资产证券化业务，例如整体业务证券化(Whole Business Securitization, WBS)、中小企业贷款证券化(Small and Medium Enterprises Securitization, SME Sec)以及资产担保债券(Covered Bond, CB)等结构性融资产品。这些具有鲜明欧洲特色的结构性融资产品和证券化模式或许能够为中国的资产证券化发展提供重要的参考借鉴。

一、欧洲资产证券化发展简介

虽然欧洲在 20 世纪 80 年代末就引入了资产证券化业务，但是资产证券化业务的大发展是在欧元诞生以后。这得益于欧元诞生后欧元区内部汇率风险消失，金融市场规模扩大和融资需求上升。欧洲的资产证券化产品主要包括住房抵押贷款支持证券(MBS)、资产支持证券(ABS)、担保债务凭证(CDO)、整体业务证券化(WBS)和中小企业贷款证券化(SME Sec)。

与美国一样，MBS 也是欧洲最大的资产证券化品种，而且都是以 RMBS 占主导。但是，欧洲并没有类似于房地美和房利美那样的政府支持机构来支持 MBS 的发行，而是主要依靠私人部门。2001 年至 2008 年，欧洲 MBS 的发行规模稳步上升，从 763 亿欧元上升至 6 191 亿欧元，增加了 7.1 倍。2009 年，受金融危机的影响，欧洲 MBS 的发行规模大幅下跌至 2600 亿欧元，此后逐年下降。2013 年，欧洲仅发行了 763 亿欧元 MBS，相比 2008 年萎缩将近 90%。2014 年起，欧洲 MBS 发行规模有所恢复，2014—2019 年，欧洲 MBS 历年发行规模保持在 1000 亿至 1300 亿欧元之间。欧洲 MBS 的未偿付余额则从 2009 年 1.54 万亿欧元的高峰下降至 2019 年年末的 6 667 亿欧元，萎缩超过一半。欧洲 MBS 的发行主要集中在英国、西班牙、荷兰、意大利和比利时。

ABS 是欧洲第二大资产证券化品种，其基础资产主要包括汽车贷款、消费信贷、信用卡应收款、设备租赁款和其他资产。2001—2008 年，欧洲 ABS 的发行规模从 360 亿欧元稳步上升至 668 亿欧元，上升了 86%。2009 年、2010 年，受金融危机的影响，ABS 的发行规模显著下降。2011—2019 年，ABS 的发行迅速恢复，但是波动性较大。当前，欧洲 ABS 未偿付余额维持在 2000 亿欧元左右。欧洲 ABS 的发行主要集中在意大利、德国、法国、西班牙和英国。

CDO 是欧洲第三大资产证券化品种。2001—2008 年，欧洲 CDO 的发行规模从 288 亿欧元上升至 888 亿欧元。2009—2013 年，受金融危机影响，欧洲 CDO 的发行规模显著下跌，2013 年下降至不足 100 亿欧元。2014 年开始，欧洲 CDO 历年发行规模逐渐回升，2018 年已经上升至 516 亿欧元。欧洲 CDO 未偿付余额从 2008—2009 年 2 500 亿欧元的高峰下降至 2015 年不足 1 000 亿欧元的水平，2019 年恢复至

1461 亿欧元。CDO 多是泛欧债券和跨国债券。

整体业务证券化(WBS)和中小企业贷款证券化(SME Sec)是欧洲具有代表性的资产证券化产品。WBS 是指以企业某项业务产生的未来现金流为支撑的证券化。中小企业贷款证券化是指以中小企业贷款为基础资产,以其产生的现金流为支撑的证券化产品。与前三种资产支持证券不同,WBS 和 SME Sec 受金融危机的影响较小。截至 2019 年,欧洲 WBS 和 SME Sec 市场的规模分别达到 777 亿欧元和 616 亿欧元。

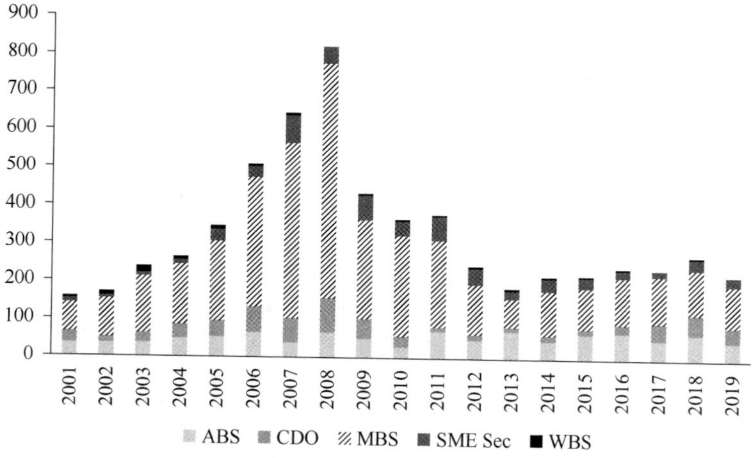

数据来源:2001—2013 年数据来源于 SIFMA,原始数据为美元,按照当年欧元兑美元平均汇率进行换算;2014—2019 年数据来源于 AFME。单位:十亿欧元。

图 2-1 欧洲各类资产证券化产品历年发行规模(2001—2019)

从地理分布来看,英国是欧洲最大的资产证券化市场,其次是荷兰、意大利、西班牙、比利时和德国(见图 2-2)。2019 年,英国、荷兰、意大利、西班牙、比利时和德国的资产支持证券未偿付余额占欧洲资产支持证券未偿付余额的比重分别为 25%、16%、15%、14%、5%和 5%。

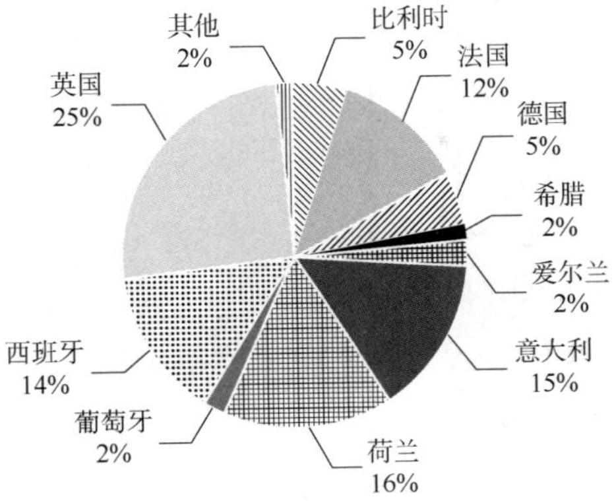

数据来源：AFME。

图 2-2　2019 年欧洲主要经济体资产证券化规模占比

二、具有欧洲特色的资产证券化品种

欧洲资产证券化实践在借鉴美国资产证券化经验的过程中，也逐渐发展出一些具有欧洲特色的资产证券化业务。本节将重点介绍三类在欧洲具有代表性的证券化业务，即中小企业贷款证券化（SME Sec）、整体业务证券化（WBS）和资产担保债券（CB）。

（一）中小企业贷款证券化（SME Sec）

SME Sec 是指以中小企业贷款为基础资产，并以其产生的现金流为支撑的证券化产品。全球中小企业贷款证券化业务主要集中在欧洲。据统计,2007 年,中小企业数量占欧盟所有企业数量的比重为 99.8%,解决了欧盟三分之二的就业,占到欧盟整体增加值的 60%(Kraemer Eis 等, 2010)。金融危机以前,中小企业贷款证券化已经成为一些欧洲国家重要的中小企业融资工具之一。

虽然,20 世纪 90 年代后期在欧洲就已经出现中小企业贷款证券化,但是,欧洲中小企业贷款证券化的快速发展主要发生在 2004 年至 2011 年。在此期间,SEM Sec 的未偿付余额从 321 亿欧元增加至 1 818 亿欧元,年均增速 30%。受欧洲债务危机以及经济衰退的影响,2012 年开始,欧洲中小企业贷款证券化的规模显著下降,2019 年已经下降至 777 亿欧元。

与大型企业相比,中小企业很难从股票市场和债券市场融资,主要通过银行贷款获得外部融资,融资渠道受限。但对于银行而言,中小企业贷款的风险较大,占用银行的资本额度较高。特别是自巴塞尔协议 II 实施之后,银行的资本金状况愈发紧张,对中小企业的惜贷现象有增无减。在这一背景下,中小企业贷款证券化解决了银行的这些顾虑,为中小企业提供了替代性的融资渠道,使得中小企业有机会从资本市场获得融资(Jobst, 2005)。

与一般企业贷款相比,中小企业贷款的异质性强、金额小、频率高,难以发挥规模效应,发起人不愿意设立专门的 SPV 进行中小企业贷款证券化。因此,中小企业贷款证券化的发展往往需要公共部门的支持以降低其交易成本。欧洲公共部门在推进中小企业贷款证券化方面发挥了积极的作用,它们设立并发起了一系列项目和倡议,并在其中扮演着通道搭建、项目管理和信用增级的角色。比较典型的例子包括德国复兴开发银行(KFW)发起的促进中小企业贷款证券化平台(Promotional Mittelstand Loan Securitization, PROMISE)、西班牙政府发起的 FTPYME 计划，以及欧洲投资基金（Europe Investment Fund, EIF）提供的信用增级活动等。

PROMISE 平台采用了以转移风险为目的的合成模式（见图 2-3）。首先，由中小企业贷款发起人和 KFW 签订信用风险掉期交易合约（Credit Default Swap, CDS），将贷款的违约风险转移给 KFW，发起人需向 KFW 支付保费。其次，KFW 将信用风险分割成不同等级：优先级部分大约占 80%至 90%，KFW 通过与经济合作发展组织（OECD）银行签订 CDS 合约，将这部分风险转移给 OECD 银行；第一损失（也即通常所谓的股权级债券）的比例在 3%左右，一般由发行人持有，也可以与交易对手签订次级 CDS 将信用风险转移给对手方；剩余的部分为中间级，KFW 通过其建立的 PROMISE SPV 向投资者发行不同等级的信用联系票据（Credit Linked Notes, CLN），将信用风险转移给不同风险偏好的投资者。另外，KFW 还发起了“真实出售倡议”（True Sale Initiative, TSI）支持中小企业贷款证券化。

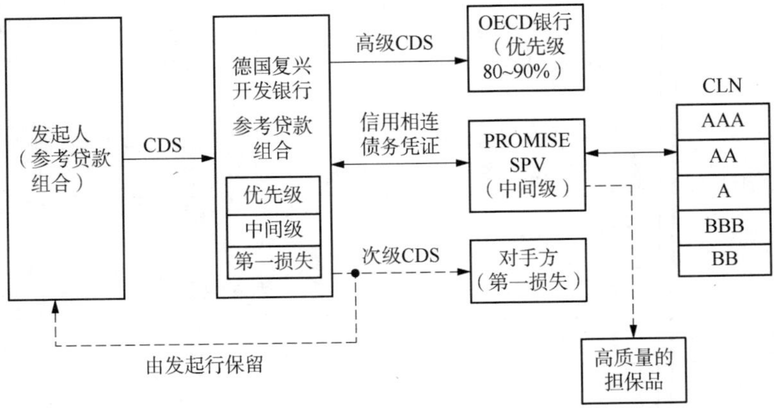

资料来源：Jobst(2005)。

图 2-3　KFW PROMISE 平台运作模式

FTPYME计划采取了传统的现金模式，主要是支持中小企业贷款和个体经营者贷款的证券化。该计划的特点是通过设立特殊目的信托，从多个发起人处收购贷款，在此基础上构建由多个发起人组成的资产池，最后发行资产支持证券。其中，西班牙政府将向SPV发行的部分AAA级证券提供无条件的信用担保（被担保的那部分证券被称作A(G)级），以降低中小企业的融资成本。此外，为了确保市场上中小企业贷款的总供给量，西班牙在1999年、2001年和2003年颁布的三条关于中小企业贷款证券化的法案均包括了一项重要的条款，即发行人必须将通过资产证券化所获得资金的一定比例用于中小企业融资。该比例由2001年法案的50％上调至2003年法案的80％（见表2－1）。

表2－1 西班牙中小企业贷款证券化相关法案

日期	法规概述
1999年法案	政府向“AA”“A”或“BBB”信用评级的资产支持证券提供担保；证券化资产池中至少有50%是中小企业借贷，借贷必须符合欧盟指南（European Commission Guidelines）对于融资的规定。
2001年法案	政府仅向“AA”和“A”评级的资产支持证券提供担保；政府担保将覆盖50%的“A”和80%的“AA”评级的资产支持证券；发行人必须将通过资产证券化获得资金的50%用于中小企业融资。
2003年法案	政府仅向“AA”评级的资产支持证券提供担保；证券化资产池中至少有80%为中小企业借贷；发行人必须将通过证券化获得资金的80%用于中小企业融资。

资料来源：长江证券：《资产证券化专题研究：盘活存量资产释放创新空间》，2014年9月29日。

欧洲投资基金（EIF）则会通过票据担保、双边担保和信用违约互换等方式向中小企业贷款证券化交易提供各种形式的信用增级，以降低发起人的融资成本。EIF 向整个欧洲范围内符合一定要求的中小企业贷款证券化交易提供担保。获得担保的主要条件是在基础资产池中至少 50%是中小企业贷款。EIF 向证券化产品中评级较低的债券(A 或 BBB)提供担保，以提高信用评级(通常提高到 AAA)，从而减低融资成本。EIF 的资金来源主要包括欧洲投资银行、欧盟和欧盟内的多家金融机构。

(二) 整体业务证券化(WBS)

WBS 起源于 1990 年代的英国，是指以企业某项业务产生的未来现金流为支撑发行债券的过程。据悉，第一笔 WBS 业务是将疗养院所产生的现金流证券化。目前，WBS 的基础资产已经拓展至宾馆、酒店、主题公园和机场等领域。截至 2019 年年底，欧洲 WBS 市场的规模约为 616 亿欧元。WBS 的发行集中在英国，英国 WBS 债券未偿付余额占欧洲 WBS 债券未偿付余额的比重一直在 95%以上。

WBS 的期限结构较长，一般在 20～30 年左右，而且经过适当的信用增级以及对企业的业务运作进行严格管理，WBS 的信用评级可以比发起人的信用水平高出 1～4 个等级，因而可以有效降低融资成本。2000 年之后，WBS 由欧洲陆续传入美国、日本、马来西亚和新加坡等国家，成为资产证券化技术回流美国的典型案例。

WBS 与传统资产证券化的区别在于，WBS 是对正在运营的资产进行证券化，并将这些资产运营产生的收益用于偿付债务。WBS 债券是企业的直接或间接债务，资产所有权仍停留在发起人的资产负债表内，因此，WBS 属于表内资产证券化。WBS 的另一重要特点在于，整体业务运营产生的收益通常由某一代表投资者利益的证券信托持有。当WBS债券发生违约时，证券信托有权授权一个管理接收人(administrative receiver)接管与WBS相对应的整体业务，以确保投资者得到足额偿付。

图2-4显示了WBS的一般发行过程。首先，成立SPV负责WBS的发行，SPV利用发行WBS债券获得的资金向待融资企业发行担保贷款，待融资企业(借款人)以所有运营资产产生的固定或浮动收益为担保获得贷款。借款人利用经营产生的现金流定期偿还贷款，向投资者支付本息。WBS发行通常会设立流动性便利为SPV提供流动性支持以避免SPV出现暂时性的资金短缺；此外，通常还会设立运营资本便利来为运营资金的季节性波动提供融资支持。

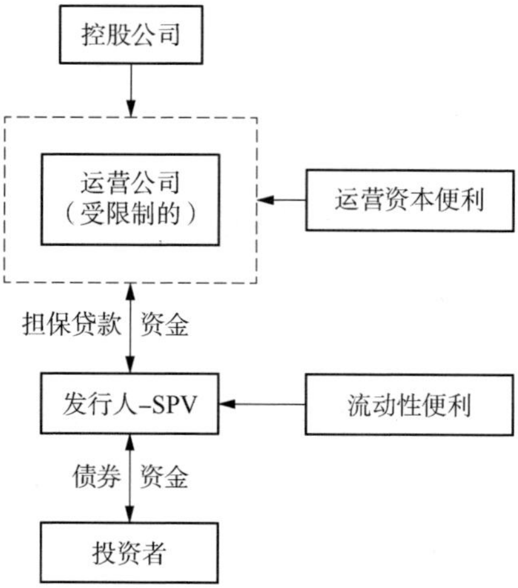

资料来源：Ramgarhia等(2004)。

图2-4 WBS一般发行结构

综上所述，WBS债券的期限较长，且需要定期支付债券本息，因此，经营的连续性以及稳定的现金流是 WBS 成功运行的关键。Ramgarhia 等(2004)认为适合发行 WBS 的业务应具有以下特点：其一，业务受经济周期的影响较小，能够在整个经济周期内产生稳定的现金流，例如各类公用事业(utility)；其二，现金收入占经营收入的比重高；其三，该业务的进入壁垒高，在市场中具有较强的垄断地位；其四，具有限制竞争的监管环境；其五，破产发生时，该业务的价值容易变现；其六，抵押资产的替代使用价值高，一旦出现债券违约，抵押资产可以快速地与债务人的其他业务相分离，并且能在资产处置过程中获得较高的价值。

（三）资产担保债券（CB）

担保债券(CB)是指银行以住房抵押贷款、对公共部门的贷款等高质量资产构建担保池发行的一种融资债券。担保资产仍然停留在银行资产负债表内，债券的投资者不仅对担保债券具有追索权，对发起人也具有追索权，因此 CB 又被称作表内双担保债券。CB 通常是固定利率债券，期限为 2 至 10 年。

虽然欧洲以外的地区也有 CB 发行，但欧洲一直是 CB 最主要的市场。欧洲 CB 发行规模占全球担保债券发行规模的比率超过 90%。欧洲国家对 CB 的发展非常重视，许多国家都针对担保债券制定了专门的法律法规。2006 年，CB 在丹麦、西班牙、瑞典以及一些中欧、东欧国家居民住房贷款来源中的比重都超过了 30%，成为这些国家金融机构外部融资的主要渠道(宜昌能、王信，2009)。

CB 是欧洲最重要的结构性融资产品，占据着欧洲结构性融资市场的半壁江山。CB 的发展最早可追溯到普鲁士时期，但是其加速发展是在1990年代后期，特别是欧元诞生以后。如图2-5所示，2003—2012年，全球担保债券的规模从1.5万亿欧元稳步上升至2.8万亿欧元，年均增速约为6.5%。2013—2017年，CB未偿付余额出现短暂下滑，之后又逐渐恢复。2019年，欧洲CB未偿付余额已经恢复至2.7万亿欧元。CB的资产池以公共部门贷款(public sector loans)、住房抵押贷款(mortgage loans)和船舶贷款(ship loans)为主，其中，公共部门贷款的占比逐渐降低，抵押贷款的占比逐渐上升，另外，以船舶贷款作为支持的担保债券主要流行于丹麦和德国。在2007—2008年的全球金融危机中，担保债券所受影响较小。德国、西班牙、法国和丹麦是主要的资产担保债券发行国。

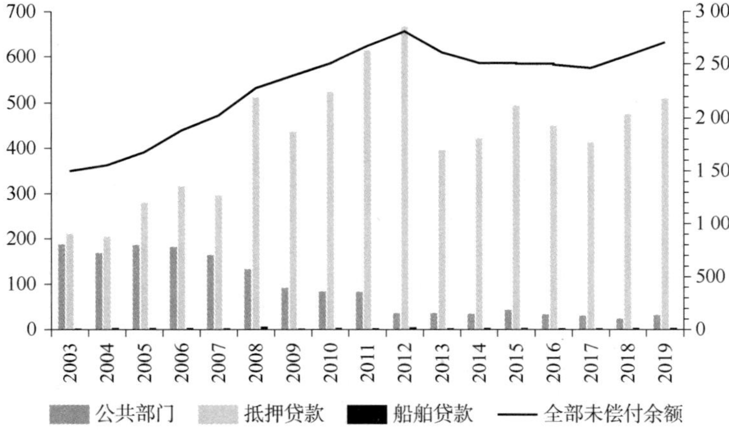

数据来源：WIND数据库，单位：十亿欧元。

图2-5 欧洲资产担保债券总规模（2003—2019）

担保债券的发行方式分为直接发行和间接发行两种。直接发行无须借助于SPV，由商业银行直接组建资产池，并以该资产为标的发行担保债券，资产仍然停留在商业银行表内。间接发行又被称作结构性担保债券,需要借助于SPV, SPV负责担保CB本息的支付,银行仍是债券的发行者,但将担保资产专门转移到这个SPV,这种发行方式流行于英国和荷兰等没有专门的担保债券立法的国家(Packer等,2007)。

与一般资产证券化产品相比,CB具有两大特点：其一,担保资产仍然位于银行资产负债表内,投资者不仅对基础资产具有优先追索权,对发起人也有追索权,而且投资者对基础资产具有优先权益,这种安排显著降低了投资者面临的违约风险。其二,担保债券的资产担保池是动态的,如果担保池中某些资产的质量下降,银行必须用其他优质资产、现金或现金等价物替代不良资产,而且发起人必须自始至终维持超过资产担保债券名义价值的资产池,公共或独立的监督机构将定期对担保池的资产价值进行检测并向投资者报告[①]。相比之下,资产证券化的基础资产池一般是静态的,并未设立类似的资产替换机制。这种独特的资产替换机制显著提高了CB的安全性。因此,金融危机爆发后,随着投资者风险偏好的下降,担保债券的吸引力不降反升。

表2-2　担保债券和资产支持证券的特点及区别

	担保债券	资产支持证券
发起动机	再融资	降低风险、监管套利、再融资
发行人	贷款发起者	特殊目的机构
对发起人的追索权	有	无

① 资料来源：中国人民银行,http://www.pbc.gov.cn/publish/goujisi/760/1140/11402/11402_.html。

续　表

	担保债券	资产支持证券
资产是否留表	基础资产保留在表内，但隶属于担保池	基础资产将转移至 SPV
对发起人资本要求的影响	无	降低
对发起人和合格抵押品的限制	有	无
资产池管理	动态的	主要是静态的
资产池透明度	透明度有限，但是托管人或评级机构会控制基础资产的质量	透明度一般较高
提前偿付风险	不会影响投资者	通常会传递给投资者
分层	无	较普遍
利息	主要是固定利息	主要是浮动利息
投资者	主要是商业银行	主要是管道和 SIV

资料来源：Packer 等(2007)。

三、欧洲资产证券化的特点

与美国资产证券化实践相比，欧洲资产证券化具有两个显著特点：其一，表内资产证券化盛行；其二，本轮全球金融危机爆发后，欧洲的留置证券化获得快速发展。

（一）表内资产证券化盛行

美国资产证券化业务以表外证券化为主，而欧洲资产证券化主要以表内证券化为主。在表外证券化模式下，发起人将基础资产真实出售给 SPV，实现资产出表，基础资产与发起人实现破产隔离，即投资者对发起人的其余资产没有追索权，当发起人破产时，发起人的债权人对已出售的资产也没有追索权。在表内证券化模式下，基础资产仍然留在发起人的资产负债表内，投资者不仅对基础资产具有优先追索权，对发起人也具有追索权，但是，当发起人破产时，发起人的债权人对已证券化的基础资产没有追索权。

CB 属于典型的表内证券化产品，是欧洲最重要的结构性融资产品，超过 MBS 和 ABS 等表外资产证券化产品的规模。欧洲表内证券化盛行的原因大致可归结为以下三点：

其一，欧洲对于 CB 市场发展的大力支持。首先，欧洲制定了相对统一的法律法规支持 CB 的发展。1988 年，欧洲《可转让证券共同投资计划指令》(*Directive on Undertakings for Collective Investments in Transferable Securities*，UCITS)第 22(4)条款对资产担保债券的相关特征做出最低要求，为资产担保债券在几个不同的欧洲金融市场监管领域的特别处理提供了基础。该条款规定，CB 的发行人必须是信贷机构；CB 的发行必须由专门法律所监管；发行机构必须处于审慎的公共监管之下；合格担保资产必须由法律作出规定；担保资产池必须提供足够的抵押，为债券持有人在债券全部期限内的债权提供担保；万一发行人违约，债券持有人对担保资产池具有优先的要求权。其次，有利的监管环境。欧盟《资本要求指令》(*Capital Requirements*

Directive, CRD)规定,如果 CB 满足 UCITS 第 22(4)条款的标准,那么资产担保债券可以从特殊信用风险加权(privileged credit risk weightings)中受益,例如,满足要求的担保债券的加权风险为 10%,不满足要求的担保债券的风险加权为 20%。最后,欧洲各国相继引入大额模式(jumbo model)来标准化 CB 的发行,以增加 CB 市场的流动性。大额模式特点为:最低发行规模为 10 亿欧元;必须为普通固定利率债券;可赎回;必须在有组织的市场(一般是电子平台)上市交易;至少有三家做市商进行实时报价以维持市场的流动性(Renzo, 2007)。

其二,欧洲没有房利美和房地美这样的机构来支持 RMBS 的发展。众所周知,GSE(Government Sponsored Enterprices)在美国资产证券化发展过程中发挥着举足轻重的作用,只要商业银行发起的住房抵押贷款符合 GSE 事先确定的标准,商业银行就可以将这些抵押贷款出售给 GSE, GSE 则通过设立 SPV 并以其信用为担保发行 MBS。GSE 拥有的准政府信用极大地提高了 MBS 的安全性和流动性,从而提高了投资者的投资意愿,为后来美国私人资产证券化的发展创造了良好的环境。但是,欧洲证券化的发展主要靠市场推动,在没有政府信用担保的前提下,金融机构需要依赖更多的信用增级来提高证券的信用等级,这并不利于降低融资成本。因此,欧洲各国抵押贷款证券化产品的信用等级普遍比美国低,市场发展也因此明显滞后。在这一背景下,双担保结构显著提高了 CB 的安全性,有利于降低融资成本,从而成为欧洲资产证券化的主流产品。

其三,欧洲采用的是国际财务报告准则(IFRS),而美国采用的是美国通用会计准则(GAAP)。BIS(2011)指出,通过证券化将资产转移出资产负债表并不总是容易的,难易程度因不同的制度标准而异,IFRS 在这方面的要求比 GAAP 严格得多。例如,根据 IFRS,西班牙新会计准则规定，如果没有转移风险，证券化资产就必须停留在表内（Martín-Oliver and Saurina，2007）。换言之，资产出表的难易程度也塑造了美国偏重于表外证券化而欧洲偏重于表内证券化的格局。

（二）金融危机爆发后，留置证券化快速发展

本轮全球金融危机爆发后，金融市场出现了一种新的证券化形式——留置证券化（retained securitization）。金融稳定委员会（FSB）将留置证券化定义为："完成这些证券化交易的唯一目的只是利用证券化来创造抵押品，用于获取来自央行的资金，而并没有出售给第三方投资者的意图。"因此，在留置证券化交易中，通过特殊目的载体发行的所有证券化资产都会被发起银行持有并保留在其资产负债表上。2007年上半年之前，欧洲留置证券化发行占比几乎为零，而从2007年下半年开始，欧洲留置证券化的比重迅速攀升，一度高达100%。随着金融危机的余波逐渐消退，留置资产证券化发行占比逐渐下降，2019年已下降至46%。

发起人构造并保留证券化产品的主要目的是向中央银行申请再融资以解决流动性短缺问题，因此，留置证券化在欧洲快速发展与欧洲中央银行实施的货币政策有关。全球金融危机爆发后，信息不对称以及交易对手方风险上升等因素导致银行间市场的流动性枯竭。为了缓解银行间市场流动性枯竭的问题，欧洲中央银行积极运用包括主要再融资操作（Main Refinancing Operations，MRO）、长期再融资操作（Long-Term Refinancing Operation，LTRO）、微调操作（Fine-tuning Operations）和结构性操作（Structural Operations）等在内的公开市场工具，向商业银行和金融市场提供流动性。欧洲中央银行公开市场操

作主要通过逆向交易（Reverse Transactions）、直接交易（Outright Transactions）、货币互换（Foreign Exchange Swap）、发行债券（ECB Debt Certificates）和定期存款工具（Fixed-term Deposits）五种工具来实现。其中，逆向交易是指通过回购协议购买合格金融证券或抵押贷款开展信贷的过程，这是欧洲中央银行公开市场操作最主要的工具。同时，欧洲中央银行扩大了合格担保品的范围，逐渐将 MBS、ABS 等证券化产品纳入合格担保品范围。据统计，2004 年，结构性融资产品占欧洲中央银行再融资担保品的比例仅为 4％，2007 年，该比例上升至 18％，2008 年进一步上升至 28％（Fitch Ratings，2010）。

在此次全球金融危机中，美国金融市场也遭到了重创，但是美国并没有出现显著的留置证券化。这主要有两方面的原因：其一，金融危机中，美国私人资产证券化业务遭受重创，以两房为代表的资产证券化业务受到的影响偏小。商业银行仍然可以继续将符合要求的住房抵押贷款出售给房地美或房利美，获取流动性。其二，不同于欧洲中央银行，美联储的货币政策以在公开市场买入或出售证券为主，发起人并没有动力进行留置证券化。

留置证券化的出现凸显了资产证券化在金融市场中的重要性。金融危机前夕，资产支持证券被广泛用作回购协议（repo）的担保品，以及资产支持商业票据（ABCP）管道的资产，以解决国债和联邦机构债等传统安全资产供给不足的问题。回购市场和 ABCP 市场是最主要的货币市场融资工具，在影子银行体系中主要扮演期限转换的功能。通过资产证券化、回购协议或者 ABCP 管道，影子银行体系将高风险的、低流动性的信贷资产转变成了符合投资者要求的低风险的、高流动性的短期金融资产。由此可见，资产支持证券在私人流动性供给过程中发挥了积极的作用。次贷危机使得资产证券化的安全性受到广泛质疑，导致经济体中担保品萎缩，大大降低了私人部门提供流动性的能力。最终，不得不依靠中央银行的最后贷款人机制来解决金融市场流动性短缺的问题。欧洲中央银行将担保品的范围扩大至资产支持证券，美联储将量化宽松的债券购买范围扩展至 MBS，这些做法均间接地承认了资产支持证券在提供流动性方面发挥的重要作用。

四、欧洲资产证券化的启示

欧洲在学习借鉴美国资产证券化经验的过程中，发展出了整体业务证券化、中小企业贷款证券化以及资产担保债券等具有欧洲特色的资产证券化业务。总体来说，欧洲的资产证券化呈现两大特点：其一，表内证券化盛行，担保债券、整体业务证券化以及德国的合成型中小企业贷款证券化都属于表内证券化的范畴；其二，金融危机过后，欧洲的留置证券化迅速发展，这一点充分体现了资产证券化在安全资产创造方面发挥的重要作用。

欧洲资产证券化的实践，至少能够为我国提供以下三方面重要启示：

首先，欧洲表内资产证券化模式值得借鉴。金融危机过后，以“发起并分销”(originate-and-transfer)为主要特征的表外证券化受到了诸多批评。很多研究认为，资产证券化增加了发起人的道德风险，即在“发起并分销”模式下，商业银行成为贷款的中转站，不断将其生产的贷款通过证券化转移至表外，削弱了商业银行严格执行贷款审核标准的激励，导致银行对信贷资产风险的关注度下降，从而转为更加注重信贷数量而非质量(Keys et al.，2010；Gorton & Metric，2012)。而在表内证券化模式中，担保资产仍然位于银行资产负债表内，因此，商业银行面临的道德风险较低。另外，CB的构造不仅采用双担保结构，还引入了资产替换机制，大大地提高了CB的安全性。金融危机爆发后，投资者对MBS等一般证券化产品的投资意愿降低，导致其发行规模大幅下降，然而CB却能在金融危机期间持续上升，并逐渐成为商业银行的替代性融资来源。另外，CB属于表内融资，银行需要为此保留一定的资本金，这能够在一定程度上抑制银行杠杆率的上升。

其次，借鉴WBS模式，为基础设施建设提供多样化融资。基础设施建设对推进城镇化具有重要意义。基础设施投资具有投资回收期长、现金流稳定的特点，因此，可以考虑将资产证券化引入基础设施建设融资中以降低地方政府的财政负担。当前，我国已经在这方面进行了尝试，例如，通过券商专项资产证券化和资产支持票据(Asset Backed Note，ABN)两种证券化模式将基础设施收益权、公用事业未来收益权和政府回购应收款等未来现金流进行证券化，并于2020年4月推出基础设施REITs试点。但整体来讲，我国基础设施相关资产证券化的规模仍然很低，尚有很大的发展空间。

再次，通过加大公共部门对中小企业贷款证券化的支持，促进中小企业贷款证券化的发展，缓解中小企业融资难问题。中小企业融资难一直是困扰我国经济发展的难题。虽然我国近几年通过成立村镇银行和小额贷款公司等小微金融机构致力于促进普惠金融的发展。但是，这些机构普遍面临融资来源不足的问题，显著限制了其贷款发放能力。在这方面，我国政府可以借鉴欧洲中小企业贷款证券化的经验，由政府成立中小企业贷款和“三农”贷款证券化平台，或是提供信用增级，促进中小企业贷款和农业贷款证券化，促进我国普惠金融的发展。

第三章

日本资产证券化实践：发展现状、特点与启示

与美国和欧洲相比，亚洲资产证券化的起步整体较晚。虽然在20世纪90年代初期，亚洲就出现了资产证券化，但是亚洲资产证券化的快速发展还是在1997年亚洲金融危机之后。资产证券化一度被日韩等国作为处理不良资产、解决金融市场资金短缺的重要工具。日本是亚洲资产证券化发展最早、市场规模最大的国家。日本是我国的近邻，两国在金融结构、法律体系和传统文化等方面有着诸多共同点，与美、欧资产证券化相比，日本的资产证券化实践可能对我国资产证券化发展更有启示意义。

一、 日本资产证券化发展概况

早在20世纪90年代的东南亚金融危机爆发前，日本就开始了资产证券化的尝试和探索，但操作过程复杂，且面临严格限制。日本通产省在1992年颁布了《特债法》(*Special Claims Law*)，对资产证券化有诸多限制，例如发行人仅限于少数取得通产省执照的特殊目的公司与信托银行，基础资产仅限于租赁债权、消费性分期付款债权和信用卡债权等。

东南亚金融危机爆发后，为了解决银行面临的不良贷款率上升以及流动性短缺等问题，日本加快了资产证券化发展的步伐。日本政府于1998年出台了《特殊目的公司法》，大幅放宽可供证券化的基础资产种类。2000年5月，日本修订《特殊目的公司法》，并更名为《资产流动化法》，进一步放松了资产证券化相关管制。《特殊目的公司法》是日本资产证券化实践的基本法，为日本资产证券化的发展创造了良好的条件，促使日本资产证券化市场规模迅速扩大。

不同于欧美市场，日本资产证券化的发展先从资产支持证券(ABS)开始，之后是以公司债券和贷款为基础资产的担保债务凭证(CDO)，直到2002年，住房抵押贷款支持证券(MBS)才成为日本资产证券化市场上最主要的产品。根据日本证券交易商协会(Japan Securities Dealers Association，JSDA)的数据统计，截至2020年9月，日本资产证券化市场的规模为23.3万亿日元。日本资产证券化市场的规模要显著小于美国和欧洲。从2004财年至2019财年的发行规模来看(见图3-1)，在全球金融危机爆发前几年，日本资产证券化产品的发行规模迅速攀升，金融危机后，证券化产品的发行规模显著下降，2015年才开始逐渐恢复。

从基础资产来看，日本的证券化产品大致可以分为MBS、CDO和ABS三类。截至2020年9月，日本MBS的规模为20.24万亿日元，占日本证券化规模的87%，其中RMBS为20.23万亿日元，占MBS余额的比重为99.9%。ABS的规模为2.35万亿日元，CDO的规模仅为0.65万亿日元。从发行规模来看，RMBS一直占据着主导地位，特别是2008年金融危机之后，其他种类证券化产品的发行规模显著下降。如CMBS的发行规模从2007年1.9万亿日元的发行高峰下降至2012年的140亿日元，近年来有些年份发行规模甚至为零；CDO的发行规模自2008年起大幅下滑，到2015年才开始逐渐恢复，2019年已经恢复至2 719亿日元，相当于2007年发行规模的78%；ABS中，以租赁贷款和消费者信贷为基础资产的ABS萎缩较明显，以购物贷款为基础资产的ABS发行规模在2010—2011年经历短暂下跌后快速回升，2019年已经增加至1.72万亿日元，发行规模仅次于RMBS。

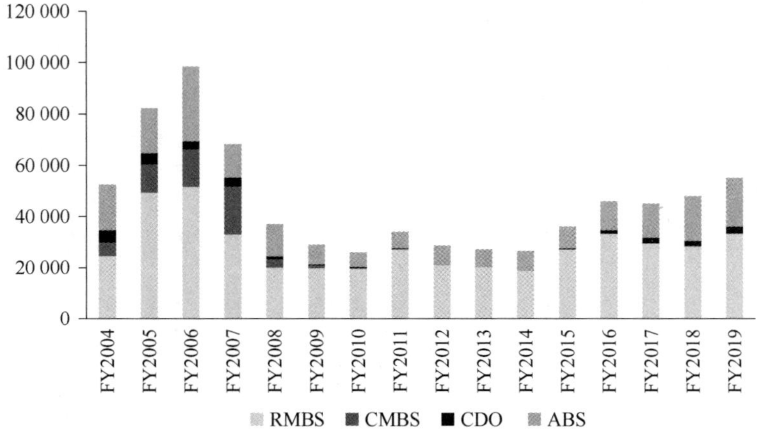

数据来源：JSDA，单位：亿日元。

图 3－1 日本资产证券化年度发行规模

从证券化产品最终形态来看，日本资产支持证券主要包括债券和信托收益权两类，信托收益权主要由信托银行发行。截至 2020 年 9 月，日本债券类证券化资产的规模为 15.65 万亿日元，信托收益权类证券化资产的规模为 6.67 万亿日元。如图 3－2 左所示，从历年发行规模来看，全球金融危机前夕，信托收益权类的发行规模要大于债券类，但从 2007 年起，信托收益权类证券化资产的发行规模出现断崖式萎缩，从 2011 年起才逐渐恢复，2019 年财年信托收益权类的发行规模已经超过债券类。两类证券化产品形态体现了日本两种不同的资产证券化模式，即 SPV 模式和信托银行模式。前者为基本的资产证券化模式，由发起人将基础资产出售给 SPV，SPV 再经过信用增级，并将基础资产证券化，出售给投资者。后者为日本特殊的资产证券化模式，在此模式中，SPV 仅扮演辅助角色，投资者所购买的最终产品也体现为信托收益权（赵旭，2010）。

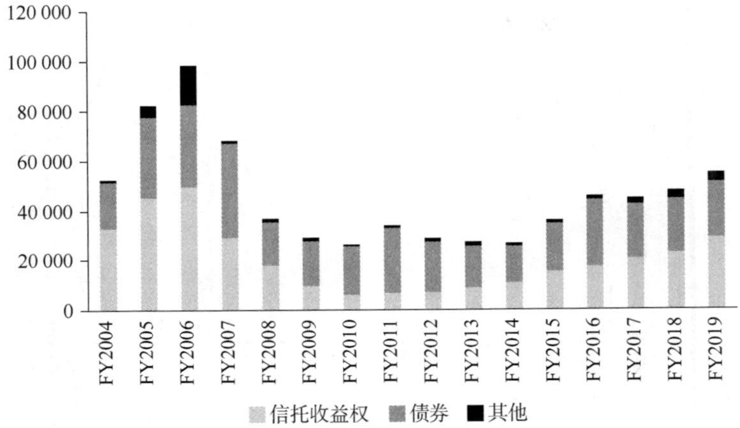

数据来源：JSDA，单位：亿日元。

图 3-2　日本资产证券化年度发行规模：按产品形态

从证券化产品的偿付方式来看，日本的资产支持证券主要以"过手证券[①](pass-through)"为主，到期一次性偿付和分期付款所占比例较低(见图 3-3)。这主要是因为日本最主要的资产支持证券发行人住房援助机构(Japan Housing Financing Agency，JHF)所发行的 RMBS 为过手债券，即 SPV 并不对基础资产产生的现金流进行任何剥离和重组。

二、日本资产证券化的典型特征

与美国和欧洲的资产证券化相比，日本的资产证券化市场具有如

① 转付型证券化(Pay-through)会根据投资者对风险、收益和期限等的不同偏好，对基础资产产生的现金流进行剥离和重组；过手型证券化(Pass-through)并不对基础资产产生的现金流进行任何剥离和重组。

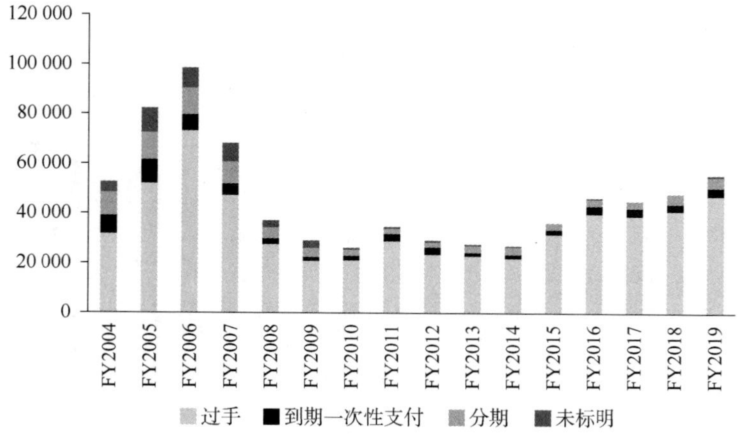

数据来源：JSDA，单位：亿日元。

图 3－3　日本资产证券化年度发行规模：按支付方式

下典型特征：

（一）信托银行积极参与资产证券化

日本的信托银行是指在依照银行法设立的银行中，依据关于金融机构兼营信托业务的法律，获准兼营信托业务，并且以信托业务为主的银行（陈思翀，2013）。在日本的资产证券化实践中，除了帮助 JHF 和商业银行成立特殊目的机构、管理证券化基础资产外，信托银行业还会直接从事资产证券化业务，即信托银行模式。

在信托银行模式中，发起人将基础资产出售给信托银行，信托银行经过信用增级后，分别发行优先信托收益权和次级信托收益权，以供一般投资者和发起人购买（见图 3－4 模式 1）。次级信托收益权为优先信托收益权提供了信用增级，基础资产质量越差，或者优先信托收益权的信用等级越高，次级信托收益权的规模就越大（赵旭，2010）。

在实际操作中，SPV模式和信托银行模式既可以单独使用也可以搭配使用。例如，可以将信托银行发行的信托收益权出售给特殊目的机构，再由特殊目的机构转发成债券，以满足那些偏好证券而非信托收益权的投资者的需求（见图3－4模式2）。此外还有一种更为复杂的合作模式（见图3－5）：首先，发起人将证券化基础资产出售给信托银行，取得信托银行发行的信托收益权；其次，发起人在取得信托收益权后，向SPV（A）改发优先信托收益权（优先信托收益权的规模小于第一阶段的信托收益权的规模），此时，另一家银行将向SPV（A）提供资金支持，帮助其购买优先信托收益权，该银行再将这一过程中形成的债权出售给SPV（B），SPV（B）再以此债权为基础资产，经过信用增级等程序发行资产支持证券（楚天舒和毛智荣，2006）。

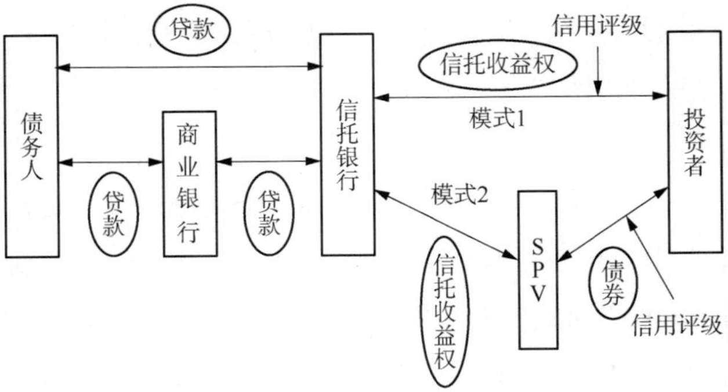

图3－4　信托银行模式（模式1和模式2）

我国影子银行体系中的银信合作与日本的信托银行模式类似。但不同之处在于，日本信托银行发行的优先信托收益权接受信用评级，具有较高的流动性，投资者为一般金融市场投资者；而我国银信合作中的信托收益权并未接受信用评级，流动性极低，投资者一般为商业银行筹集的表外资金，如银行理财产品。

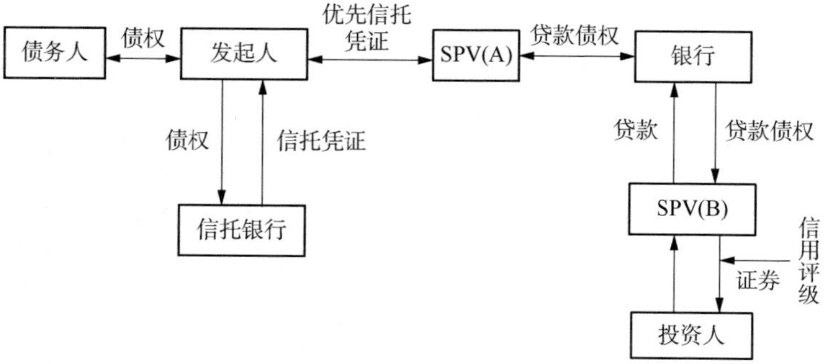

资料来源：楚天舒等(2006)。

图 3-5　信托银行与特殊目的机构合作模式

（二）政府支持机构在居民住房抵押贷款证券化过程中发挥着主导作用

日本住房支援机构(JHF)是日本 RMBS 最主要的发起人。截至 2020 年 9 月，JHF 发行的 RMBS 余额为 14.81 万亿日元，其他金融机构发行的 RMBS 余额仅为 5.42 万亿日元(见图 3-6)。RMBS 其他发起人包括商业银行、信托银行、区域银行以及非银行金融机构。2008 年全球金融危机后，这些部门资产支持证券发行规模都大幅萎缩，近几年又逐渐恢复。

与两房类似，JHF 也属于政府支持机构。JHF 的前身是政府住房贷款公司(Government Housing Loan Corporation，GHLC)。GHLC 是日本最大的住房抵押贷款提供者，是日本政府为了支持本国房地产

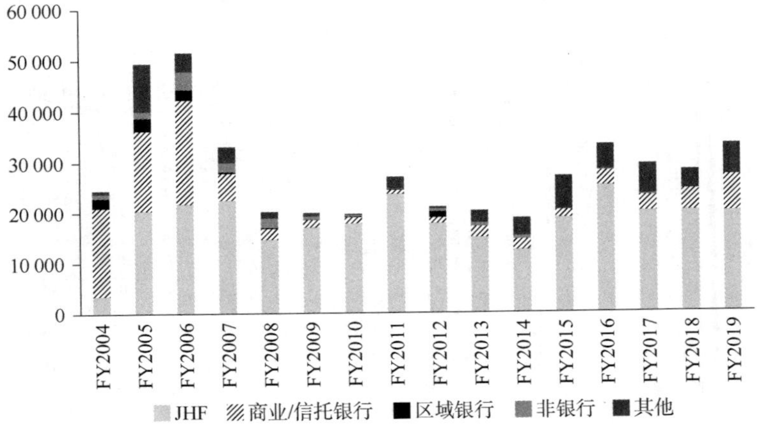

数据来源：JSDA，单位：亿日元。

图 3-6 日本 RMBS 年度发行规模

市场发展，于二战后成立的政府支持企业。2001 年小泉内阁施行财政改革，使 GHLC 的职能由原先的一级市场放贷转向二级市场证券化。2007 年，GHLC 改组为 JHF，主要从事居民住房抵押贷款证券化业务，即购买私人金融部门发行的居民住房抵押贷款，将其打包后发行 RMBS，或者为私人金融部门发行的 RMBS 提供担保服务。

JHF 发行 RMBS 的流程如下（见图 3-7）：首先，私人金融机构发行符合 JHF 标准的长期固定利率抵押贷款（被称作 Flat 35 贷款），并将其出售给 JHF；其次，JHF 将 Flat 35 贷款委托给与其有信托协议的信托银行；最后，由信托银行负责建立第三方受益信托发行 MBS。JHF 每个月会发行一次这种 MBS，因此又被称作 JHF monthly MBS，JHF monthly MBS 的平均期限在 8 年至 10 年左右。此外，JHF 还会发行以之前的 GHLC 住房抵押贷款为基础资产的 MBS，被称为 S-series MBS，这种 MBS 的期限一般在 8 年左右。

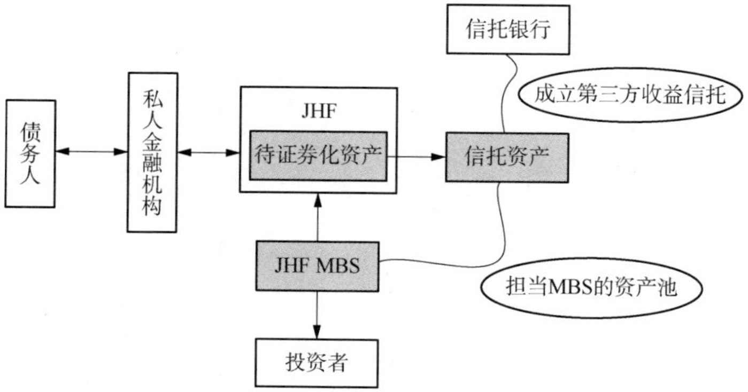

资料来源：JHF 官方网站。

图 3-7 JHF MBS 发行模式

JHF 以自身信用担保 MBS 本息的支付，但是如果资产池中出现违约贷款，JHF 仅支付与之有关的本金和三个月利息，在第四个月的时候，JHF 将会购回违约的住房抵押贷款，将其剔除资产池，提前向 MBS 持有者偿付这笔违约贷款，以保持资产池的健康①。JHF 发行的 MBS 均为过手债券，因此，JHF 仅承担了 MBS 的信用风险，投资者仍面临提前偿付风险。由于 JHF 本身的信用评级仅为 AA -（标普评级），因此，JHF 会通过超额担保的方式使其所发行的 MBS 获得 AAA 评级，这一机制充分体现了资产证券化的精髓，即资产支持证券的评级更多地依赖于基础资产的质量和结构，而非发起人的信用。

有意思的是，JHF 还设立了一个名为"收益凭证引发事件（Beneficiary Certificate Trigger Event）"机制，一旦发生收益凭证引发事件（主要是针对 JHF 破产倒闭的情形），JHF MBS 持有者的权力将

① 对于 S-series MBS 和 2007 年 4 月前发行的 monthly MBS，JHF 会用同等条件的正常贷款替代违约的贷款，以保持资产池的健康。

终止，并转换成信托凭证，这些信托凭证仅以信托资产为担保，此时，MBS本息的偿付将优先于超额担保的部分，在此之前，MBS和超额担保资产将同时按比例获得本息偿付(JHF, 2014)。

（三）日本不动产投资信托在不动产证券化过程中发挥了重要作用

不动产投资信托(REITs)是一种证券化的产业基金，它通过发行收益凭证汇集投资者的资金，并将其用于购买房地产项目，委托专门从事房地产经营活动的投资公司进行经营管理，再将投资收入通过派息的方式分配给投资者(古川令治和张明，2006)。REITs分为权益型(equity)、抵押型(mortgage)和混合型(hybrid)三种，权益型REITs自己持有房地产，将房地产租金等收入作为主要来源，主要投资对象包括购物中心、公寓、医疗中心、写字楼、工业区、酒店、游乐区等；抵押型REITs将资金以抵押贷款的形式借贷给房地产开发商，或是购买抵押贷款、抵押贷款支持证券，以赚取利息为主要收入来源；混合型REITs是前两类REITs的组合。随着时间的推移，权益型REITs逐渐占据主导地位，美国权益型REITs占美国REITs总市值的比重超过90%。

REITs一般为公开发行，投资者既可以长期持有收益凭证，也可以在证券市场上转让收益凭证。因此，与直接投资房地产相比，REITs的流动性更强，而且，REITs在大大降低房地产投资资金门槛的同时，充分发挥了房地产投资的规模效应和专业化优势(Jain, 2015)。REITs免交企业所得税，但必须满足以下条件：必须将90%以上的年度应税收入作为股息分配给投资者；必须将75%以上的资产配置于不动产、房地产抵押贷款、其他REITs份额、现金或政府债券；

总收入中至少有75%来源于租金、抵押贷款利息以及不动产物业出售实现的利得，至少有95%是来源于以上资源加上股息、利息及证券出售的利得(Ruhmann等，2015)。

日本发行的REITs简称J-REITs，其在日本不动产证券化过程中扮演着重要的角色。日本是亚洲第一个开展REITs业务的国家，自2001年9月成立两支REITs以来，截至2020年12月，日本REITs的数量已经增加至62支。如图3-8所示，2008—2011年，受全球金融危机影响，J-REITS的数量和市值均出现显著下降，2008年金融危机期间，J-REITs丢失了三分之二的市值，截至2020年12月，J-REITs的市值为14.4万亿日元。J-REITs是日本房地产交易中最大的买家，显著地刺激了日本的房地产交易，已经成为日本金融机构和企业清理账面资产的重要方式之一。

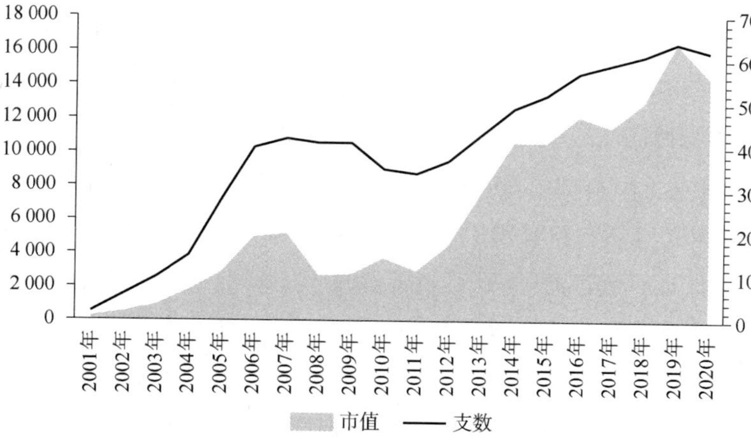

注：左轴为J-REITs市值(单位：十亿日元)，右轴为支数。
数据来源：日本不动产证券化协会，www.ares.or.jp。

图3-8　J-REITs市值及上市支数

（四）立法先行为日本资产证券化的稳健发展提供了法律保障

立法先行是日本资产证券化发展的一大特点。20世纪80年代中后期，为了应对巴塞尔协议Ⅰ最低资本充足率要求实施可能对商业银行造成的资金压力，日本相关单位就开始关注并研究资产证券化。1998年，日本大藏省颁布《特殊目的公司法》，并采用统一立法模式，就金融资产或不动产等资产证券化创设了一套完整的法律制度，并为资产支持证券建立起二级市场。而在《特殊目的公司法》制定之前，日本是采用分散立法的模式针对不同的金融资产制定各种不同的流动化法，显著限制了日本资产证券化规模的扩大和二级市场的发展。与日本不同，美国属于海洋法系国家，没有针对资产证券化的专门立法，而是以散落在联邦和州的法律、会计和税务处理中的各种规范为基础，再以海洋法系特有的判例法灵活地适应市场的变化和多样化的需求，从而保持资产证券化法律体系的完整性和有效性（楚天舒和毛智荣，2006）。

三、日本资产证券化的启示

综上所述，日本的资产证券化实践至少可以为我国资产证券实践提供以下四点启示：

首先，借鉴信托银行模式，充分发挥我国信托企业在资产盘活方面的作用。信托企业是我国影子银行体系的代表，截至2020年第三季度，我国信托资产余额已达 20.9 万亿元，相当于 2020 年 GDP 的 20.5%。2010 年，在经历了 4 万亿元的大规模经济刺激后，我国政府宏观调控方向发生转变，信贷调控总量大幅收缩，并对房地产和地方融资平台等领域实施重点调控。为了突破贷存比、信贷投向、贷款额度和利率管制，商业银行通过发行银行理财产品的方式筹集资金，并将其用来购买信托公司成立的信托计划所发行的信托收益权(直接购买或者经过过桥企业)，信托公司利用发行信托收益权筹集的资金向企业和地方融资平台发放贷款，或者购买商业银行的表内贷款，商业银行借此将表内贷款转移至表外，或直接将表内信用中介表外化，这就是典型的“银信合作”。这一过程中成立的信托计划大部分属于商业银行委托成立的单一资金信托，资金运用在很大程度上受到银行的控制，透明度极低，风险仍然停留在商业银行。而且，这一过程中创造出来的信托收益权并没有接受评级，标准化程度较差，难以在二级市场流转。随着针对影子银行体系的监管逐渐趋严，以及经济下行压力逐渐加大，我国信托业步入了转型发展期，单一资金信托规模的占比逐渐下降，集合资金信托和管理财产信托的规模占比逐渐上升。在这方面，我们认为我国可以借鉴日本的信托银行模式，让信托企业深入参与到资产证券化过程，而不仅仅局限于当前设立特殊目的信托的范围。信托企业可以自己设立特殊目的信托，购买商业银行和小贷公司的信贷资产，经过信用增级和评级，再向投资者发行信托收益权，充分发挥我国信托企业在盘活资产方面的作用。

其次，政府支持有利于证券化市场的培育。与美国类似，政府支持机构在促进日本住房抵押贷款证券化方面发挥了关键的作用。总的来说，政府支持有以下三方面的优势：其一，政府支持可以发挥规模效应，降低交易成本。政府支持机构可以汇集多个商业银行发行的信贷,提高单笔证券化业务的发行规模,从而降低交易成本;其二,政府支持机构发行的资产支持证券通常具有较高的评级,有利于降低资产支持证券的融资成本;其三,政府支持有利于扩大证券化市场的规模,进而促进证券化市场的深度,并对私人部门证券化产生正向溢出效应。因此,我国政府可以考虑成立类似于"国家住房银行"的政府支持机构,从商业银行手中购买符合标准的居民住房抵押贷款,并将其进行证券化,提高居民住房抵押贷款的流动性,从而提高商业银行发放居民住房抵押贷款的意愿,增加居民住房消费需求。但同时,我们也应该吸取美国的教训:其一,国家住房银行享有准政府信用,因此,应将"国家住房银行"纳入监管,防止可能发生的道德风险。例如,必须要求其按照标准购入符合要求的住房抵押贷款,以保证 MBS 资产池的健康;接受资本充足率和杠杆率监管,防止资本缓冲不足。其二,警惕贷款发起人的道德风险。在以资产证券化为核心的"发起并分销"模式下,商业银行等贷款发起人成为贷款的中转站,不断将其生产的贷款通过证券化转移至表外,削弱了商业银行严格执行贷款审核标准的激励,导致银行对信贷资产风险的关注度下降,从而转为更加注重信贷数量而非质量(Keys 等, 2010; Gorton & Metric, 2012)。

再次,发展 REITs 市场,为房地产开发融资,降低房地产投资门槛。目前,我国房地产开发资金主要依靠自筹资金、银行贷款和影子银行渠道(如信托、券商资管、保险资管和基金子公司)。我国 REITs 市场发展非常落后,直到 2015 年 6 月 26 日才发行了国内第一支公募 REITs 基金"鹏华前海万科 REITs 封闭式混合型发起式基金"。我国应当鼓励 REITs 市场的发展:其一,REITs 有利于促进房地产金融的发展,为房地产开发提供资金支持;其二,REITs 能显著降低房地产投资的门槛,丰富我国金融市场投资品种,使得广大居民能够分享到房地产投资的收益；其三，REITs 在一定程度上还能协助金融机构和企业处理不良资产，例如，REITs 不仅可以从商业银行手中购买抵押贷款，还可以购买丧失抵押赎回权的房地产和物业，或是购买企业剥离的房地产及物业，自行经营，帮助商业银行和企业清理账面资产。

最后，完整的资产证券化立法是资产证券化蓬勃发展的关键。从日本的资产证券化实践可知，日本大藏省于 1998 年颁布的《特殊目的公司法》极大地促进了日本资产证券化的发展。制定专门的资产证券化法将有利于解决由于与现行法律体系相冲突而造成的资产证券化发展障碍，从而为资产证券化发展创造良好的环境。当前，我国尚无针对资产证券化的专门立法，而是由银保监会和证监会分别针对信贷资产证券化和券商专项资产证券化制定了一系列管理办法和指引。由于没有统一的立法，我国资产证券化市场呈现出多头监管（银保监会、证监会和交易商协会）与市场分割（银行间市场和交易所市场）的问题（张明等，2015）。资产证券化各个环节与现行《商业银行法》《公司法》《破产法》和《担保法》等法律法规尚存在诸多冲突。例如，根据《合同法》的规定，有关债权转让必须通知债务人，这显著增加了资产证券化的发行成本，这可能是我国当前住房抵押贷款证券化业务较少的重要原因；《担保法》限制了政府及政府支持机构的担保行为（李健男，2004），这使得在我国难以推行与日本 JHF 类似的证券化业务。我国与日本一样同属大陆法系，有必要制定专门的资产证券化法促进我国资产证券化的发展。

第四章

美、欧、日资产证券化比较：

历程、产品、模式及监管

相比全球资产证券化的发展，中国资产证券化试点从2005年才开始起步，且在2008年危机后戛然而止。但随着全球经济的逐步复苏以及国内金融改革深化的需要，2012年资产证券化重启。之后在短短的两年时间内，密集出台了一系列推动政策，例如2014年出台的《关于进一步做好住房金融服务工作的通知》对房贷政策有所放宽，积极鼓励银行发行专项金融债券和住房抵押贷款支持证券（MBS）筹集资金，以此增加相关贷款的投放。可以预见，随着中国金融改革的进一步深入，中国商业银行经营模式和企业融资方式都将随之发生深刻变化，相信在不久的将来，资产证券化无论在类型上还是规模上都将出现重要突破。因此在全面比较发达国家资产证券化历程、产品、模式及监管的基础上，探寻符合我国实际国情和市场发展趋势的资产证券化发展路径，对于促进我国金融市场发展有着重要意义。

一、发展历程：不尽相同

（一）美国资产证券化发展历程

美国是资产证券化的发源地，并且资产证券化发展规模最大，可以说，三次大危机贯穿了美国资产证券化的发展历史。

第一次危机的爆发。1930年代大萧条后，房价下跌和失业率剧增导致银行陷入危机，为化解危机并促进房地产市场发展，联邦政府为放贷机构提供资金和保险支持，巩固完善了住房抵押贷款的一级市场。但进入1960年后，美国住房抵押贷款市场受战后婴儿潮成年的冲击，对住房抵押贷款的需求激增，资金来源非常紧张，与此同时，高通货膨胀和利率市场化压缩了银行的盈利空间。为解决上述问题，在联邦政府的引导下，资产证券化市场逐渐形成。

第二次危机的爆发。虽然资产证券化产生初期是为了解决银行流动性不足问题，但随着储贷危机在 20 世纪 70 年代末、80 年代初的爆发，资产证券化的功能与之前相比出现转变，规避资本充足率监管要求和优化资产负债结构成为其主要功能。为应对危机冲击并改善银行资产负债结构，MBS 开始大行其道。储贷危机之后，美国联邦政府开始对金融机构的自有资本比率设限，而银行为了满足资本充足率要求，开始将资产证券化的基础资产从住房抵押贷款扩展至其他金融资产，资产支持证券（ABS）于是应运而生。

第三次危机的爆发。20 世纪 90 年代的金融创新不断推动资产证券化发展，使其完全背离了创立初衷，将套利作为主要目的，导致担保债务凭证（CDO）快速发展，继而引致次贷危机的爆发。虽然 2008 年之前 40 年的时间里，美国资产证券化市场的发展基本平稳，没有受到重大挫折。但 2008 年次贷危机的爆发却不可避免地导致整个市场规模萎缩。

从美国资产证券化的发展历史来看，主要的推动力量是金融市场的发展需要，而政府的监管和立法都是为了顺应市场需要。两者通过有机结合，促成了美国资产证券化市场的快速发展。

（二）欧洲资产证券化发展历程

美国资产证券化在发展到一定程度后传入欧洲。20 世纪 90 年代末，英国住房抵押贷款市场被建筑协会（Building Society，BS）垄断的格局由于银行的进入发生了显著变化，银行作为金融机构在住房抵押贷款市场的份额呈现快速增长趋势，加剧了英国住房抵押贷款市场的竞争，但与此同时，也导致金融市场资金紧缺，资产证券化由此产生。1987 年，英国发行了第一笔居民住房抵押贷款支持债券，这是整个欧洲资产证券化开端的重要标志。

受 20 世纪 90 年代初期英国经济不景气影响，住房抵押贷款市场趋于萎缩，MBS 市场也因此陷入了衰退。1996 年后，伴随着经济复苏，英国的 MBS 市场重新开始快速发展。但受欧债危机冲击，欧洲资产证券化市场的规模比 2009 年峰值时的 10 000 亿欧元萎缩了近 80%。①

因此，在欧洲资产证券化的实践中，市场化机制是其发展的关键，但与美国不同的是，政府在整个过程中起到的推动作用较弱，仅仅是出台了一些政策来规范证券化市场的发展。

（三）日本资产证券化发展历程

相较于欧美国家的证券化发展，亚洲资产证券化整体起步较晚，且发展较慢。20 世纪 90 年代初期日本资产证券化萌芽，但由于受市场因素和政府因素制约，一直没有形成良好的发展，直到 20 世纪末亚洲金融危机爆发后，为了解决金融市场资金短缺问题，日本资产证券化才真正得到快速发展，并成为亚洲最大的资产证券化市场。尤其是 1998 年《特殊目的公司法》推出后，可供证券化的资产类型不断增多，日本资产证券化市场呈现蓬勃发展态势。2000 年通过的《资产流动化

---

① 数据来源于 SIFMA。

法》进一步放松了对证券市场的管制，导致产品创新源源不断、市场规模迅速扩大。

日本资产证券化的发展次序不同于欧美市场，前者首先从ABS开始，之后是以公司债券和贷款为基础资产的CDO。尽管MBS的出现最晚，但在2002年之后已经成为日本资产证券化市场上的最主要产品。

日本MBS市场发展主要借鉴了美国经验。二战后，日本政府成立了住房贷款公司(Japan Housing Loan Corporation，JHLC)，为购房者提供长期低利率抵押贷款，以支持本国房地产市场的发展。较低的利率水平导致对房地产抵押贷款的需求增加，JHLC逐渐成为日本最大的抵押贷款提供者。2001年小泉内阁施行财政改革，使得JHLC的职能由原先的一级市场放贷转向二级市场证券化。2007年JHLC改组为日本住房金融公司(JHF)，主要从事抵押贷款证券化，即购买私人金融部门发行的抵押贷款，将其打包后发行RMBS，或者为私人金融部门发行的RMBS提供担保服务。

日本资产证券化市场的建立是政府金融改革的产物。2008年全球经济危机也对日本资产证券化的发展带来了重大影响，使其资产证券化市场规模显著缩小。

(四) 美、英、日资产证券化发展历程的结论

通过比较分析美、英、日资产证券化发展历程，可以得到如下结论：

第一，美、英、日资产证券化兴起的主要动因都是为了解决金融市场的流动性紧张问题，其中美国和英国的流动性紧张源自住房抵押贷

款激增，而日本的流动性紧张则源自危机后商业银行的资产状况恶化。

第二，美、英、日资产证券化发展与金融危机的关系具有较大差异。其中，金融危机贯穿美国资产证券化整个发展过程；相比之下，英国的资产证券化发展过程中没有遭遇重大危机，而日本的资产证券化则是由危机爆发直接推动。

第三，美国的资产证券化最初由政府主导，随后逐渐转变为由市场主导的商业化发展模式；英国资产证券化的发展主要源于市场力量的推动，即私人部门对利润的追求；日本资产证券化的发展主要由政府主导，即当政府意识到资产证券化的必要性，并对相应法律进行修改后，日本资产证券化业务才得以快速发展。

第四，资产证券化的可持续发展需要健全的金融法律制度的保护，而市场需求旺盛才是资产证券化得以快速发展的主要原因。

第五，资产证券化的产生初衷是为了解决金融危机造成的流动性紧张，具有重要的正面意义。但当资产证券化的发展脱离其初衷而进入以套利为目的的阶段时，其过度发展可能造成金融风险的累积甚至金融危机的爆发。

二、主要产品：各有千秋

（一）美国资产证券化主要产品

美国资产证券化市场发展时间较久，其深度和广度也非其他国家的市场所能比拟。从 20 世纪 60 年代中期到 2008 年金融危机爆发前，美国资产证券化发展良好，规模不断扩大，且产品呈现多样化的发展趋势，但在不同阶段有着不同种类的证券化产品，促进了美国金融市场的繁荣，提升了金融市场的流动性。在 2008 年金融危机之前，美国主要的资产证券化产品有 CDO、ABS 和 MBS 三类，但危机之后 CDO 出现大幅萎缩，因此，目前美国市场上主要的资产证券化产品为 ABS 和 MBS 两类。图 4－1 显示了 1980 年至今美国 ABS 产品、MBS 产品与国债发行规模的对比变化。

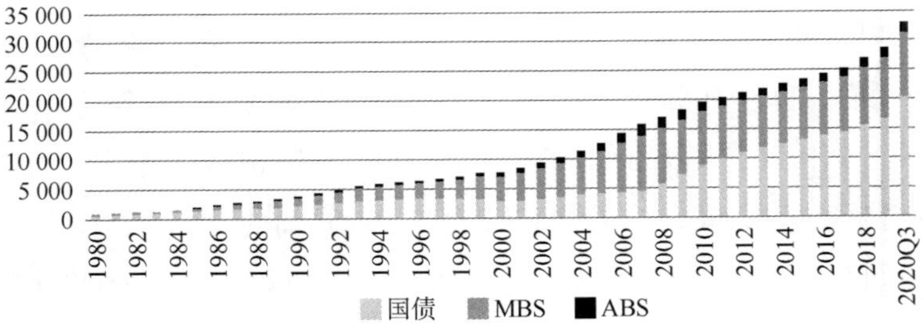

资料来源：wind，单位：十亿美元。

图 4－1 美国资产证券化产品构成

MBS 是以住房抵押贷款作为基础资产，并以其产生的未来现金流为支撑的证券化产品。美国资产证券化市场中，MBS 是发展最早的产品；目前，MBS 也是发展规模最大的产品。美国 MBS 市场快速发展的动因主要是储贷危机的爆发。

ABS 是指以某种资产作为基础资产，以其产生的未来现金流为支撑的证券化产品。ABS 有广义和狭义之分，广义 ABS 的基础资产包括住房抵押贷款、应收账款、消费贷款、设备租赁贷款和信用卡等，狭义 ABS 即为除去 MBS 与 CDO 之外的资产证券化产品，其中最主要的产品类型有学生贷款产品、信用卡应收款和汽车贷款产品。1985 年美国 ABS 的发行规模仅为 12 亿美元，2005 年达到 7 000 亿美元的峰值，2008 年金融危机后，美国 ABS 的发行规模大幅萎缩至 2 000 亿美元以下。

CDO 是以诸如 MBS、ABS 等产品形成的信贷资产池作为基础资产，以其产生的现金流为支撑的证券化产品。从本质上来说，CDO 与 ABS 属于同一种资产证券化产品，但 CDO 的发行目的主要是用于资产负债表的管理和套利需求，这与 ABS 和 MBS 完全不同。CDO 产生于 20 世纪 90 年代，鼎盛于 2008 年金融危机前，当时美国市场占比高达 80%，但 2008 年金融危机后市场规模也出现了大幅度萎缩现象。

此外，资产证券化产品还包括资产支持商业票据，即 ABCP。ABCP 是指发起人以各种应收账款、分期付款等资产为抵押发行的一种商业票据。ABCP 有着不同于其他证券化产品的特征，例如期限较短且循环发行、抵押资产构成灵活等。ABCP 在 2008 年之前快速增长，从 2004 年 6 月的 6 324 亿美元扩大至 2007 年 6 月的 1.2 万亿美元，但之后大幅下降，截至 2020 年，ABCP 规模为 2 439 亿美元，萎缩了近 80%。

（二）欧洲资产证券化主要产品

欧洲资产证券化实践与美国市场不完全相同。除了常见的 MBS、ABS 和 CDO 产品外，欧洲资产证券化特色产品为整体业务证券化(WBS)和中小企业贷款证券化(Small and Medium Entrepreneur Securitization, SME Sec)。图 4-2 显示了 2001 年至今欧洲市场上主要证券化产品的规模演变。

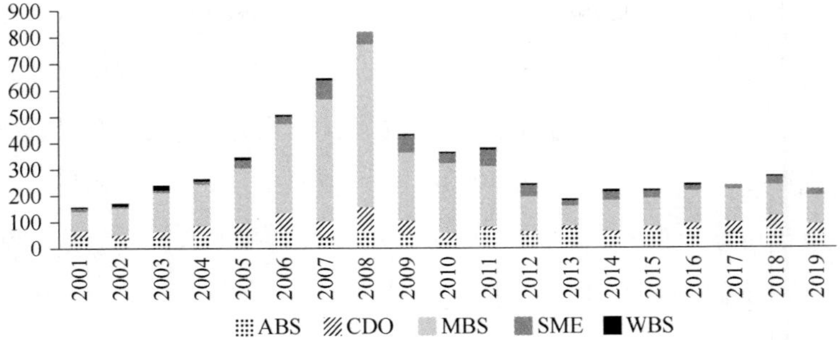

资料来源：2001—2013 年数据来源于 SIFMA，原始数据为美元，按照当年欧元兑美元平均汇率进行换算；2014—2019 年数据来源于 AFME，单位：十亿欧元。

图 4-2　欧洲资产证券化产品构成

WBS 由野村国际发明于 1986 年，是指以某项业务产生的未来现金流为支撑的证券化。能够产生持续的现金流是整体业务证券化能够成功的关键所在。与一般证券化产品相比，WBS 的特点在于一般证券化产品对资产实行破产隔离管理，且只有被隔离资产所产生的现金流才可用于偿付证券化债务；而 WBS 产品的基础资产主要是正在运营的资产，而且并没有采取有效措施对资产进行破产隔离，只是单纯地将其产生的运营收益进行债务偿付。由此可见，WBS 产品从某种意义上来说可以被看作一种公司债券，但又与传统的公司债券有所不同，例如，WBS 产品的限期一般在 20～30 年，相对来说发行年限较长，除此之外，WBS 产品由于存在严格的业务运作管理体系，因此相较于发起人而言，WBS 信用评级水平要平均高出 1～4 级，因此 WBS 的融资成本较低。2000 年后，WBS 由欧洲回流至美国、日本及其他亚太国家，并得到一定发展。

SME Sec 指对中小企业的资产证券化，其以中小企业向银行等金融机构申请的贷款作为证券化的基础资产，以贷款偿还的现金流作为收益支撑。相较于一般贷款，中小企业贷款受企业规模、固定资产、企业信用等各个因素制约，贷款金额普遍较小，而贷款频率较高，由此催生了中小企业资产证券化中转贷机构的出现，转贷机构的存在可以促进规模效应的产生。针对普遍的中小企业融资难问题，欧洲利用资产证券化来对其提供融资支持。SME Sec 的发行规模自产生以来持续走高，即使欧债危机对其影响也非常有限。2012 年，欧洲 SMES 的发行量高达 570 亿欧元，资产证券化已经逐渐成为欧洲中小企业的主要融资方式之一。

（三）日本资产证券化主要产品

与美、欧类似，MBS 和 ABS 也是日本主要的资产证券化产品。值得一提的是，日本市场在资产证券化发展新时期不断创新，2002 年将专利技术作为抵押发行了全球第一例资产证券化产品。图 4－3 显示了 2004 年至今日本市场主要证券化产品的规模演变。

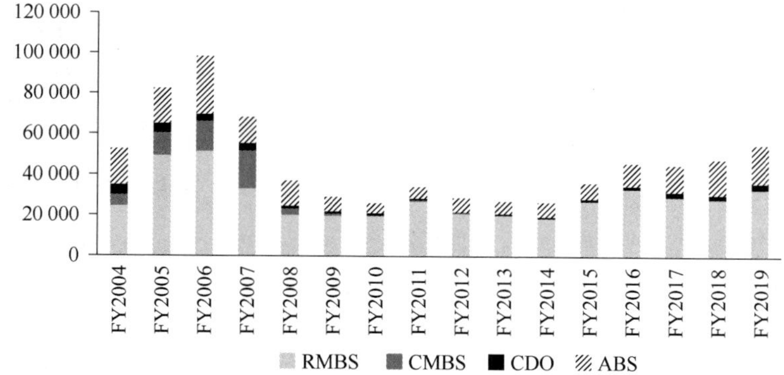

资料来源：JSDA，单位：亿日元。

图 4－3 日本资产证券化产品构成

此外，相较于其他国家而言，日本的房地产投资信托基金(REITs)发展速度明显较快。REITs 通过发行收益凭证集合公众投资，由专业机构选择组合投资的地区和房产项目，有效降低投资风险，同时将不动产出租的收益通过派息的方式发放给收益凭证的持有者，保证了投资者收益的稳定性，因此，从本质上来说，REITs 属于证券化产业投资基金。《投资信托法》2000 年被修改，扩大了投资信托的范围，推动了 REITs 市场的迅猛发展，在 2001 年至 2005 年短短四年时间里，日本 REITs 市场规模由 2600 亿日元增长至 2.5 万亿日元，增长了 9.6 倍之多。

（四）对比分析美、欧、日主要资产证券化产品的结论

通过比较分析美、欧、日主要资产证券化产品，从中可以得到如下结论：

其一，MBS、ABS 和 CDO 在各国均是主要的资产证券化产品。

其二，美、欧、日资产证券化由于发展起源及经历过程各不相同，致使各国均出现了具有本国特色的资产证券化产品：美国的 ABCP 市场规模较大；欧洲由于资本市场没有美国发达，因此类似于债券发行的 WBS 业务发展较快，同时 SME 也获得较快发展；日本由于信托业整体发展水平较高，因此 REITs 市场在全球位列第一。

三、运作模式：大相径庭

所谓资产证券化运作模式，是指将基础资产证券化之后销售给投

资者的具体方式。一般而言,证券化的主要参与者包括发起人、特殊目的载体(SPV)、专门服务机构、受托人、信用增级机构和信用评级机构等。由于各国法律制度不同,资产证券化的运作模式也存在显著差异。

(一)美国资产证券化运作模式

美国资产证券化运作模式如图 4-4 所示。首先,在整个证券化过程中,发起人(originator)是住房抵押贷款机构,通过真实销售(True Sale),SPV 获得住房抵押贷款机构持有的抵押贷款债权。随后,SPV 以所持有的抵押贷款债权作为基础资产,经过信用评级或信用增级,在资本市场上发行抵押贷款支持债券以募集资金,并将募集的资金购

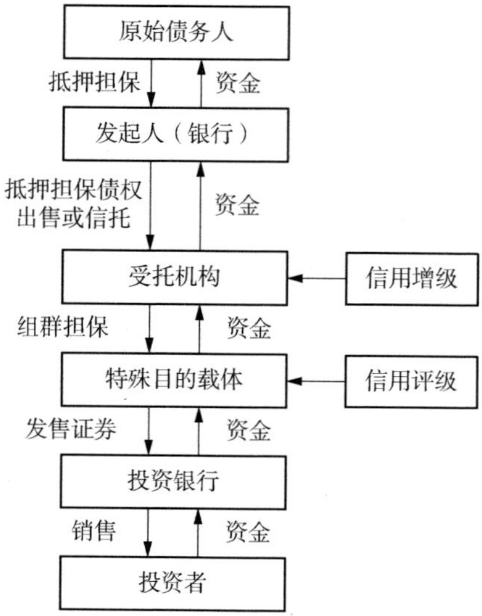

图 4-4 美国典型资产证券化模式

买住房抵押贷款机构持有的抵押贷款债权。其次，信用增级机构通过担保、评估以及保险的形式提高 SPV 的信用等级，并最终由信用评级机构给出信用等级；再次，原始债务人的收款工作由服务机构负责，SPV 受托管理机构在收到服务机构转交的证券化抵押贷款债权产生的现金流后，向支持该证券的投资者支付本息。

美国的资产证券化模式被称为“发起-配售”模式，这种模式能够实现风险的转移。在此模式下，通过打包出售证券化产品将基础资产的风险尽数转移到投资者身上，同时，释放其所占用的银行资本金，达到“表外证券化”的目的。此外，由于“发起-配售”模式通常为浮动利率，并且可以提前偿还，担保品在债券存续期内固定，因此投资者权益很有可能受到影响。

（二）欧洲资产证券化运作模式

欧洲资产证券化运作模式采用与美国“表外证券化”完全相反的“表内证券化”模式。在这种模式中，银行资产负债表中住房抵押贷款及公共部门贷款等优质资产能够为银行提供高质量担保，帮助银行通过直接或间接形式发行债券，但相关资产仍然存在银行资产负债表内，银行需要为此保留一定资本金。与此同时，投资者一旦发现所购买的债券出现问题，可以行使双向追索权利，既可以要求对担保资产进行处置，也可以向债券发行单位进行索赔，因此又被称为表内双向担保债券(CB)。此外，与美国“发起-配售”模式通常选择浮动利率不同，CB 通常选择固定利率，并且在最后到期日一次性偿还。相关担保资产要接受公共或独立机构的监督，并需要进行动态调整以保证偿付能力。

传统 CB 的发行模式如图 4-5 所示，即银行等金融机构直接向投资者发行债券，担保品为银行资产负债表上高质量的资产；但受限于相关法律法规的缺失，部分欧洲国家的银行不得不选择通过签订合约的方式来发行CB（见图4-6），在这种模式下，债券的发行人仍为银行，但是担保资产需要转移到SPV进行代管。

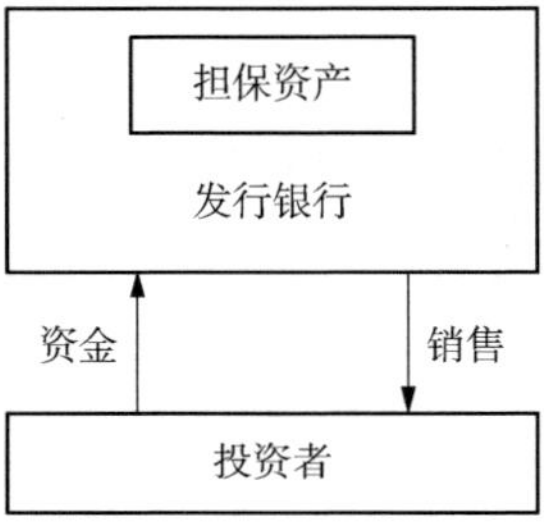

资料来源：American Securitization Forum（2008）。

图4-5 欧洲传统表内双担保债券

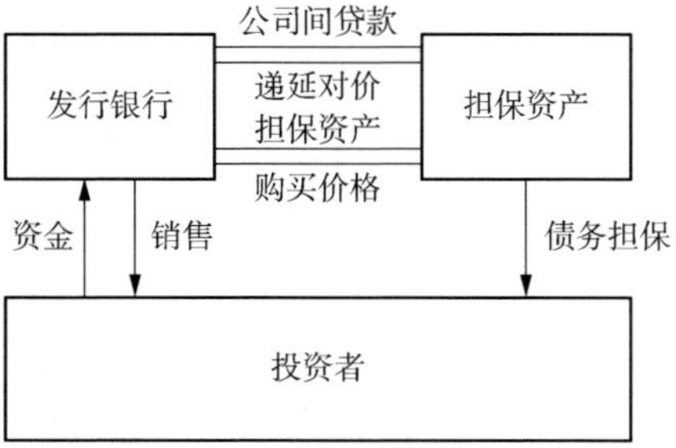

图4-6 欧洲结构性表内双担保债券

以自有资产为基础发行抵押贷款证券是欧洲资产证券化的显著特点，由于缺少政府担保，因此金融机构往往通过信用增级，以实现信用等级提升的目的。一般来说，内部信用增级和外部信用增级均为信用增级的方法，但无论采用何种方式都将导致融资成本提高，而这也正是欧洲市场发展滞后、信用等级低于美国的根本原因。

（三）日本资产证券化运作模式

日本资产证券化运作模式主要包括两种：一种是SPV模式；另一种是信托银行模式。而具体选择哪种模式一般根据投资人的需求决定。

其中最基本的资产证券化过程是SPV模式。具体来说，首先SPV从债券发起人手中买到债权，之后通过外部信用增级的方式将债权证券化后发售给投资者。

与SPV模式相比，信托银行模式比较特殊，具体如图4-7所示。其中SPV在整个资产证券化过程中仅为配角，投资者最终购买的是信托凭证。发起人在取得债权后绕过SPV直接将其转售给信托银行，随后信托银行对其进行信用增级，并分别发行优先信托凭证和次级信托凭证，以供一般投资者和发起人购买。如果投资者偏好债券，则可将所购信托凭证出售给SPV，由SPV转换成债券后再出售给投

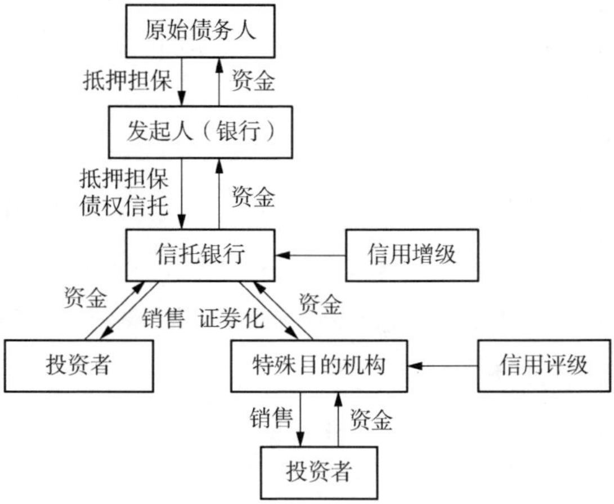

图4-7　日本信托银行模式

资者。但需要特别提醒的是，同业机构为日本资产证券化产品主要投资者。

（四）结论

通过比较分析美、欧、日资产证券化发行模式，可以得到如下结论：

美国资产证券化发行模式是最基本的资产证券化运作模式，也即表外证券化模式；欧洲由于法律制度的不同，其发行模式为表内证券化模式，也即表内双担保模式。两者之间存在较大差异：第一，在欧洲模式下，债券发行的基础资产仍然在银行资产负债表内，风险仍由银行承担，且银行需要为此保留资本金。但在美国模式下，债券发行的基础资产不在银行资产负债表内，因此银行不承担风险，无须保留资本金，后者实现了真实销售和破产隔离；第二，在欧洲模式下，投资者对债券有追索权，既可要求处置担保资产，也可向发起人求偿。在美国模式下，投资者权益完全由基础资产来提供保障；第三，在欧洲模式下，担保资产需进行动态调整以充分保证偿付能力。在美国模式下，担保资产在资产存续期内不会变动；第四，在欧洲模式下，债券利率为固定利率，本息到期一次性偿还。在美国模式下，债券利率为浮动利率，在债券到期前随时可能偿还；第五，表内融资模式和表外融资模式目的不同，前者主要是为了改善银行资本充足率等监管指标，而后者是为了提升银行的流动性。

日本资产证券化除 SPV 这种与美国资产证券化运行相似的模式外，还存在信托银行这种特有的证券化模式。

四、监管模式：各有侧重

在资产证券化发展初期，监管机构片面认为资产证券化将资产负债表内相关资产转移至表外，可以转移风险，同时提高资本充足率，而没有重视资产证券化过程及之后可能产生的风险，因此也没有提出相关监管要求。例如，巴塞尔委员会直到1992年才第一次发布了指导资产证券化发展的相关文件，明确提出资产证券化中的具体监管问题，至此，美、英等国家才陆续开始探索和实践对资产证券化的监管，并制定了一系列相关规定，之后这些规定被许多其他进行资产证券化的国家和地区借鉴使用。相较于英美法系国家，大陆法系国家对于资产证券化的监管有着专门的立法，虽然在立法问题上英美法系国家和大陆法系国家各有不同，但两者的监管机构都制定了针对资产证券化业务的监管法规。①

（一）美国资产证券化监管模式

与其他英美法系国家类似，美国没有专门针对资产证券化立法，但仍然存在对相关业务的监管，例如《证券法》《投资公司法》《蓝天法》

---

① 资产证券化监管法规不同于资产证券化立法，两者具有不同的法律地位、目标和功能。资产证券化立法是开展资产证券化业务的基本法律规范，通常规定资产证券化的交易结构、交易流程以及各交易主体的权利、义务等法律关系；资产证券化监管法规是在资产证券化立法所确定的法律框架之下，由银行监管机构制定的资产证券化业务监管规定。

等主要法律均涉及对资产证券化的监管。此外,美国没有设立专门的资产证券化监管机构,具体的监管功能由现存机构代替,是典型的伞形监管模式,这种美联储主导,其他部门协助的多头监管对实现监管专业化具有重要意义。但在美国金融业混业经营的大背景下,容易导致监管缺位和监管无效等问题的出现。

受次贷危机影响,近年来全球范围内均开始加强对资产证券化业务的监管。例如,巴塞尔委员会在 2009 年发布《新资本协议框架完善建议》,提出应该对资产证券化产品可能产生的风险提高认识。2010 年,美国《多德-弗兰克法案》(*Dodd-Frank Act*)规定了发起机构风险自留模式、加强了对评级机构等市场中介的监管、引入中央对手方清算机制、要求更加透明的信息披露。美国次贷危机之后,资产证券化市场的一大变化就是产品结构更加简单透明,一些复杂的证券化和再证券化产品逐渐退出市场。

(二) 欧洲资产证券化监管模式①

英国同样没有针对资产证券化的相关专项立法,主要靠证券法以及与证券化相关的其他法律来规范证券化行为,以确保其稳定发展。2000 年,英国金融监管体制进入了全面改革时期,逐步建立统一的监管模式,例如,英国政府成立了金融服务管理局(Financial Service Authority, FSA)对银行、保险及证券机构进行监管。金融监管制度变化的原因,在于金融从分业经营转变为混业经营,因此需要监管制度进行相应变化以避免监管真空或监管重叠。

---

① 欧洲各国资产证券化监管模式各不相同,因此本章主要以英国为例。

受2008年全球金融危机对英国金融体系的影响，监管当局对消费者保护和审慎监管问题重新审视。英国政府在金融危机后进行了系统的金融监管改革，进一步强化对金融消费者的保护，包括将FSA的金融监管职能分拆为金融政策委员会、审慎监管局和金融行为局三个机构，其中设立金融政策委员会与审慎监管局是为了强化宏观审慎监管，增设金融行为局是为了加强消费者保护与金融机构行为监管。即在该轮危机后，英国政府实行了金融行为监管与宏观审慎监管相分离的双峰监管模式。

（三）日本资产证券化监管模式

日本作为大陆法系国家，进行了资产证券化的专项立法。早在1992年，日本政府就推出了《特债法》，之后在《特债法》的基础上逐步完善发展，形成了当前的资产证券化法律体系。其中，可称之为重要基石的法律为1998年的《特殊目的公司法》和之后的《资产流动化法》。1998年，金融监管厅（简称旧FSA）的成立标志着日本的金融监管体制开始走向相对独立的阶段。2000年，金融厅（简称新FSA）①取代金融监管厅，将以往的纵向行业监管改为横向金融监管，真正实现了统一监管。新的监管模式更加注重保护投资者，最大限度地平衡和协调了金融创新与金融监管的关系。此外，银行和存款保险机构也承担了促进金融体系稳定的职责。具体来说，银行对金融机构的流动性风险进行评估和日常监测，而保险机构主要承担的是保护性监管的职能。三者既独立行使职责，又相互合作、彼此协调。

① 金融厅由金融监管厅和大藏省的金融规划局合并而得。

2008年次贷危机爆发后，日本金融机构由于较少涉及“有毒资产”，因此没有遭受太大的直接损失。危机之后，欧美国家普遍加强了金融监管，日本则完全相反，延续了之前的改革方向。但也在此基础上进行部分改革，其中涉及资产证券化监管的改革，包括加强对金融机构证券化资产的信息披露、确保资产证券化的基础资产真实、逐步将信用评级机构纳入监管范围等。

（四）对比分析美、英、日资产证券化监管模式的结论

通过比较分析美、英、日资产证券化监管模式，可以得到如下结论：

第一，英美法系国家没有针对资产证券化的专项立法，而作为大陆法系国家的日本则有关于资产证券化的相关立法，但无论英国、美国还是日本，都对资产证券化和证券化相关业务制定了一系列法规进行全面监管。

第二，美国对资产证券化的监管主要由现有机构负责，其监管模式为美联储主导，其他各个机构辅助的伞形监管；英国在金融危机前实行以FSA为中心的统一监管，之后改革为双峰监管，分离了宏观审慎监管与金融行为监管；日本则实行金融厅主导的横向统一监管。

第三，美国次贷危机的爆发为全球资产证券化的发展敲响了警钟，各国均加强了对资产证券化业务的监管，促进了证券化产品的透明化，部分复杂的证券化和再证券化产品逐渐退出市场。然而与欧美国家在危机后加强金融监管不同，日本则延续了之前的金融改革方向。

五、 探索中国资产证券化发展道路

迄今为止，资产证券化已经经历了近半个世纪的发展，但直到2005年，中国才真正开始资产证券化实践，发展水平也远远落后于美、欧、日等发达国家。2008年金融危机爆发后，由于监管部门担心资产证券化可能对国内经济带来的潜在风险，紧急叫停了资产证券化发行。随着全球经济复苏，同时考虑到国内经济发展的需要，2012年5月资产证券化被重新启动。在2013年8月召开的国务院常务会议上，信贷资产证券化扩大试点。尤其在2014年12月资产证券化正式由审批制改为备案制后，进入了快速发展通道，市场广度和深度都有了进一步的提高。此时，仔细研究美、欧、日资产证券化的发展历程、主要产品、运作模式和监管情况，对推进我国资产证券化市场的健康发展具有重要意义。

首先，对美、欧、日来说，资产证券化发展都起源于解决金融市场流动性问题，而这一问题也正制约并困扰着我国金融市场的发展。一方面是金融机构对流动性的旺盛需求；另一方面是国内相关投资渠道的不足。资产证券化有助于将流动性较差的信贷资产从资产负债表中有效剥离，从而达到增加流动性和扩大信贷供给的目的，同时也可丰富投资工具、增加保险机构及金融机构的收入。因此，我国发展资产证券化的时机是比较合适的。此外，与日本类似的是，在我国资产证券化发展过程中，政府扮演主导角色。目前，政府部门结合金融市场发展规律，探索并出台相关法律法规，同时推进资产证券化“试点”

与“立法”工作。

其次，美、欧、日资产证券化产品均包括 MBS、ABS 和 CDO。相比之下，我国资产证券化产品主要属于 ABS 范畴。随着中国金融改革的进一步深入，商业银行流动性压力上升，有更大动力将住房抵押贷款打包进行证券化，因此 MBS 在中国资产证券化市场有较大发展潜力。此外，考虑到国内大型房地产公司在持有物业的同时需要提高流动性，REITs 市场具有广阔发展前景，例如鹏华前海万科 REITs 在 2015 年 9 月 30 日上市伊始受到市场热烈追捧，可以预见，未来 REITs 也将成为中国资产证券化主要产品之一。考虑到国内中小企业融资比较困难的现状，SME Sec 也可能成长为我国资产证券化市场的主要产品之一。

再次，关于资产证券化运作模式，美国采取表外证券化模式，欧洲采取表内证券化模式，日本同时采取特殊目标机构和信托银行模式。目前，我国资产证券化运作模式采取与美国类似的表外业务模式，不同之处在于，我国会计税收制度与《公司法》的存在使得我国形成了独特的信托机构选择模式，即 SPT（Special Purpose Trust）。但这种运作模式下的资产证券化容易导致金融机构出现道德风险和逆向选择，因此，表内证券化模式也应该被作为未来中国资产证券化的一个方向。

第四，关于资产证券化监管模式，欧美国家没有针对资产证券化的专门立法，而日本对资产证券化制定了专门立法；美国采取伞形监管模式，英国采取双峰监管模式，日本采取统一监管模式。对我国资产证券化监管而言，在大陆法系影响下，同时考虑到原有资产证券化相关法律法规的不完善，更应针对我国金融市场的特点及资产证券化的发展制定相应的专项法律法规。从监管模式来看，不同证券化产品由不同监管部门监管的格局不会轻易改变，因此，短期内需要对不同部门的职责进行有效协调，长期则可学习日本的统一监管模式。

第五章

中国资产证券化实践：2005—2013

我国的资产证券化实践起步较晚。2005年，银监会颁布《信贷资产证券化试点管理办法》，我国资产证券化的帷幕由此开启。我国的资产证券化实践可谓一波三折，特别是2009年至2011年期间，受美国次贷危机爆发影响，我国的资产证券化步伐一度停止。直到2012年5月，央行才决定重启资产证券化。2013年8月，国务院总理李克强召开国务院常务会议，决定进一步扩大信贷资产证券化试点。据相关媒体报道，我国的信贷资产证券化额度可能从当前的500亿元扩大至3000亿元人民币。不过值得一提的是，虽然我国真正意义上的资产证券化规模较低，但银行理财产品和信托产品等影子银行业务中蕴含着资产证券化的成分。例如，在银信合作中，银行通过信托公司将信贷资产或新增项目贷款进行标准化，形成信托受益权凭证，经过“过桥”之后，银行再以发行理财产品募集的资金或自有资金将受益权凭证购回（肖立晟，2013）。又如，集合资金信托理财产品通常会构建资产池，并以该资产池产生的未来收益为基础发行不同级的信托理财产品。上述两种影子银行操作其实都是不同程度的证券化（陈思翀，2013）。

一、中国资产证券化的早期发展

20世纪90年代初，我国出现了证券化萌芽。1992年，三亚开发建设总公司以三亚市丹州小区800亩（1亩＝666.6平方米）土地为标的，以地产开发后的销售权益为基础资产，发行了总额2亿元人民币的三亚地产投资证券。1996年8月，珠海市政府在开曼群岛注册珠海市高速公路有限公司，以当地机动车的管理费及外地过境机动车缴纳的过路费为支持，在美国证券市场发行了 2 亿美元的资产担保债券[①]。此外，以我国远洋运输公司和中集集团为代表的大型国有企业还成功地开展了应收账款证券化交易。但是，这些交易大多采取了离岸证券化的形式，基本上不涉及境内机构。2005 年，银监会与人民银行先后颁布《信贷资产证券化试点管理办法》和《金融机构信贷资产证券化试点监督管理办法》等一系列法律法规，为信贷资产证券化在国内的发展提供了法律基础，资产证券化实践由此才在我国正式展开。

2005 年初至 2013 年 9 月，我国累计发行 175 支资产支持证券，总规模达到 1 348.5 亿元。资产支持债券在我国债券市场中的比重依然很小，存量支数仅占债券市场总存量支数的 1.17%，票面总额仅占债券市场票面总额的 0.12%。我国的资产证券化产品主要包括信贷资产证券化、券商专项资产证券化和资产支持票据（ABN）三种方式，它们的主要区别在于基础资产和审批监管机构不同。截至 2013 年 9 月，上述三种产品的累计发行支数分别为 82、68 和 24，累计发行规模分别为 909 亿、357 亿和 82 亿元人民币（见图 5－1）。以下分别介绍这三种产品的发展历程与具体构造。

（一）信贷资产证券化

信贷资产证券化是指将金融机构发放的贷款作为基础资产而进行的证券化。该产品由中央银行和银监会负责审批和监管，其发起人主要包括商业银行、资产管理公司和金融公司。2005 年初至 2013 年

---

① 该资产担保债券一部分是年利率为 9.125%的 10 年期优先级债券，发行额度为 8 500 万美元，另一部分是年利率为 11.5%的 12 年期次级债券，发行额度为 11 500 万美元。

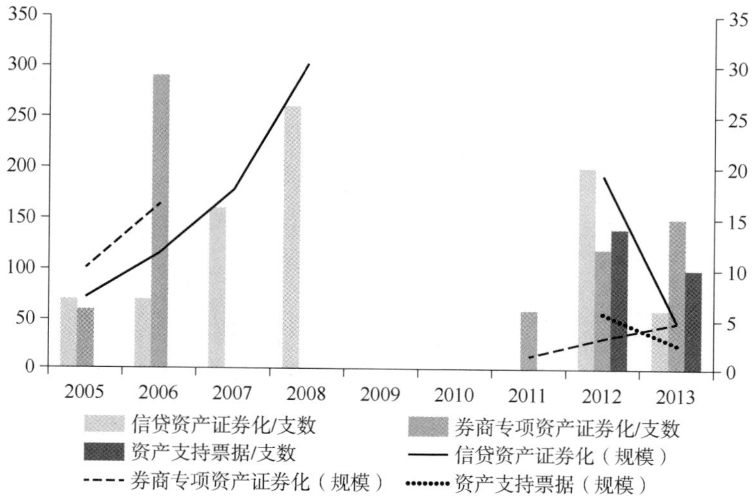

数据来源：Wind 数据库。

图 5-1 我国资产证券化发行情况：种类、规模（亿）和支数

9 月，我国累计发行 82 支信贷资产支持债券，规模达 909 亿元，是三种证券化模式中规模最大的，也是最受市场关注的品种。

我国的信贷资产证券化实践大致可以分为三个阶段（李晗，2013）。第一阶段是 2005 年至 2008 年，信贷资产证券化的发行支数和规模快速增长。2008 年是我国信贷资产支持证券发行规模最大的一年，发行支数和规模分别达到 26 支和 302 亿元，发行人也从银行和资产管理公司扩展到诸如汽车金融公司等非传统金融机构。2005 年至 2008 年，央行、银监会、税务局和财政部相继单独或联合发布了与信贷资产证券化有关的会计处理、信息披露、登记、托管、交易、结算、操作规则和抵押融资等法律法规，推动了信贷资产证券化业务的快速发展。第二阶段是 2009 年至 2011 年，我国的信贷资产证券化进程停滞不前。2008 年 9 月，雷曼兄弟破产，美国以证券化为核心的影子银行体系备受指责。为谨慎起见，我国监管当局停止了信贷资产支持债券的审批发行。第三阶段是 2012 年至 2013 年。2012 年 5 月，人民银行、银监会和财政部发布《关于进一步扩大信贷资产证券化试点有关事项的通知》，重启被搁置三年的信贷资产证券化。首期批准的信贷资产证券化额度为 500 亿元人民币。2012 年初至 2013 年 9 月，市场上共发行了 26 支信贷资产支持债券，总规模为 241.3 亿元。在再次启动信贷资产证券化方面，监管当局显得十分谨慎，除采取风险自留、信用评级等措施来控制证券化过程中的风险之外①，还设置了单个机构持有单支证券不超过 40%的上限。

信贷资产证券化包括组建资产池、债券设计、发行和发行后管理四个环节。本章将以 2013 年工元一期信贷资产支持债券为例介绍信贷资产证券化的发行过程（见图 5 - 2）。首先，工商银行（发起人）将来自全国 15 个分行，向 29 个借款人发放的 63 笔正常类贷款出售给由中海信托（发行人）设立的特殊目的信托（SPT），此 SPT 以上述贷款资产为基础组建资产池；其次，SPT 根据上述信贷资产池的期限结构和现金流特点，设计发行了三支资产支持债券（13 工元 1AAA、13 工元 1AA 和 13 工元 1 次级，发行规模分别为 30.4 亿元、1.7 亿元和 3.82 亿元），并委托中债资信评估有限责任公司对前两支优先级债券进行评级；再次，SPT 委托中信证券和我国国际金融有限公司为主承销商负责债券的发行，债券发行后可在银行间债券市场进行交易；最后，SPT 委托建设银行进行资金管理，负责将资产池产生的收益通过登记

① 风险自留要求发起机构须持有不低于全部资产支持证券发行规模的 5%。信用评级要求信贷资产支持证券的发行要由两家评级机构同时进行评级，并要求投资者建立内部信用评级体系，加强投资风险自主判断，减少对外部评级的依赖。

托管机构支付给投资者。

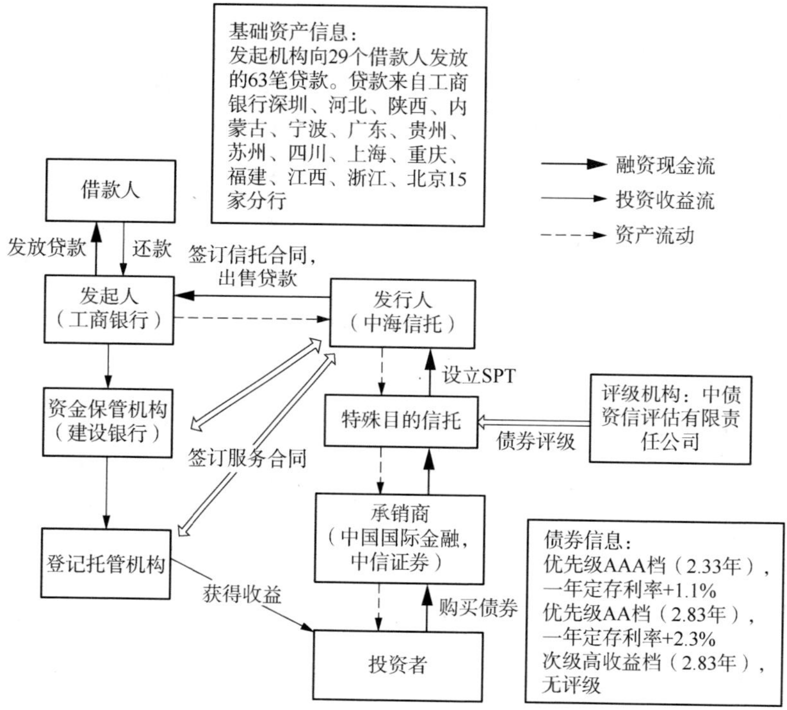

资料来源：本图参考了姜超、李宁(2013)，由作者自己绘制。

图5-2 2013年工元一期信贷资产支持债券的发行流程

（二）券商专项资产证券化

券商专项资产管理证券化是指由证券公司设立SPV，以计划管理人身份向投资者发行资产支持收益凭证，按照约定用受托资金购买能够产生稳定现金流的基础资产，并将该基础资产所产生的收益分配给受益凭证持有人的专项资产管理业务。券商专项资产证券化由证监会审批和监管，基础资产涵盖债权、收益权和不动产三种资产类型①，是三种证券化业务中基础资产范围最广的。

券商专项资产证券化始于2005年。我国国际金融有限公司于2005年8月推出了首例专项计划“联通收益计划”。2006年是券商专项资产证券化实践最活跃的一年，发行支数和规模分别为29支和164亿元。2007年至2010年，证监会没有审批任何券商专项资产计划。2011年8月，券商专项资产证券化业务重启，但是发行的频率和规模都比较小。2013年，债券发行频率和规模有所加速。2005年初至2013年9月，金融市场累计发行68支券商专项计划，总规模为357亿元。

券商专项资产证券化的步骤与信贷资产证券化类似。本章将以2013年隧道股份BOT项目专项资产证券化为例介绍其业务流程（见图5-3）。首先，上海大连路隧道建设发展有限公司（发起人）将与上海市建交委签订的《专营权合同》中约定的2013年4月20日至2017年1月20日期间应到期支付的，且应在每年4月20日、7月20日、10月20日、12月20日和次年1月20日支付的专营权收入，在扣除隧道大修基金以及隧道运营费用之后的合同债权及其他权利，作为基础资产出售给有国泰君安管理公司设立的SPV；其次，SPV根据基础资产现金流的规模和期限等特点，设计发行了三支资产支持债券（13隧道优先01、13隧道优先02和13隧道次级，发行规模分别为1.09亿元、3.59亿元和0.16亿元）。为提高债券的信用评级，国泰君安与上海城

① 债权类资产包括BT回购款、企业应收账款、融资租赁款等应收款和信贷资产；收益权类资产包括通行费、水务、电力销售、票务等收入的收益权以及信托受益权等；不动产类资产包括商业地产的租金收入和运营收益。

建集团签订了担保协议，由上海城建提供7 000万元的担保金额，并委托中诚信证券评估有限公司对债券进行评级；再次，由主承销商（我国国际金融公司与中信证券）负责债券的发行，债券发行后可在上海证券交易所挂牌交易；最后，SPV与招商银行签订资金托管协议，开立银行专用账户，负责资金收付管理。

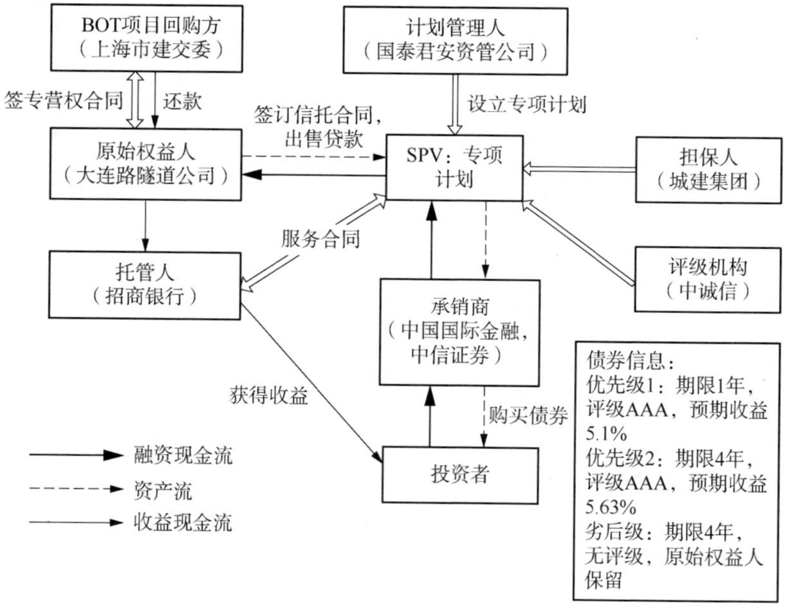

资料来源：本图参考了姜超、李宁（2013），由作者自己绘制。

图5-3　券商专项资产证券化流程

（三）资产支持票据

资产支持票据（ABN）是指非金融企业以基础资产产生的现金流

作为还款支持，在银行间市场发行的一种债务融资工具。ABN 由银行间市场交易商协会负责审批和监管，其基础资产的内容与券商专项资产证券化接近。ABN 属于表内资产证券化产品。这是因为，银行间市场交易商协会颁布的《银行间债券市场非金融企业资产支持票据指引》规定，在基础资产现金流不足的情况下，融资方应以自身经营收入作为还款来源，所以 ABN 不具有风险隔离这一表外证券化产品的基本特征。ABN 的时间开始于 2012 年 8 月，明显晚于信贷资产证券化和券商专项资产证券化。从 2012 年 8 月 7 日发行首支 ABN(2012 年上海浦东路桥第一期 ABN)以来，金融市场已经累计发行 24 支资产支持票据，总规模达 82 亿元。

发行 ABN 不用设立 SPV。发行人可选择公开发行或非公开发行，若进行非公开发行，经发行人和投资者商定，可以不进行评级，若要公开发行就必须进行双评级。图 5－4 以公开发行为例介绍 ABN 发行的流程。第一，发行人以基础资产为还款来源支持发行 ABN，委托评级服务机构对拟发行的债券进行评级；第二，发行人委托主承销商，在银行间债券市场发行 ABN，发行人负责管理基础资产；第三，发行人与资金监管银行签订《资金监管协议》，由资金监管银行开立专门账户，管理基础资产产生的现金流，通过债权登记结算机构向投资者支付本息。

（四）三种资产证券化模式比较

表 5－1 对上述三种资产证券化模式进行了比较分析。其主要区别在于监管审批机构、基础资产和风险隔离程度不同。从最终作用来看，信贷资产证券化主要帮助银行提高资产流动性，降低资产负债表

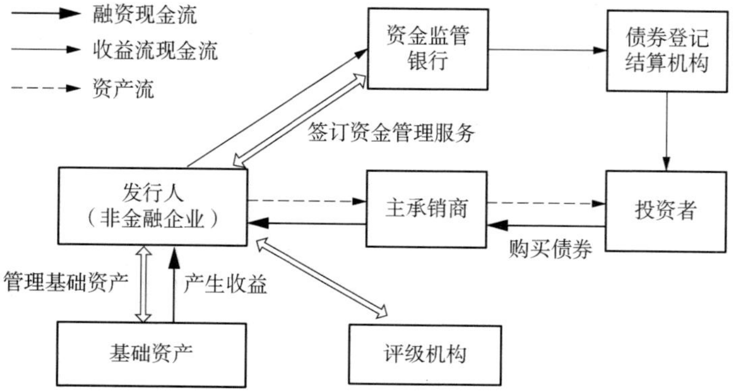

资料来源：作者自己绘制。

图 5－4　资产支持票据流程

的期限错配，券商资产证券化和资产支持票据则给非金融企业提供了一种新的融资便利。

表 5－1　三种资产证券化模式比较

	信贷资产证券化	券商专项资产证券化	资产支持票据
主管部门	央行和银监会	证监会	交易商协会
发起人	银行、金融公司和资产管理公司	非金融企业	非金融企业
基础资产	信贷资产	企业应收款、信贷资产、信托收益权、基础设施收益权等财产权利，商业票据、债券及其衍生产品、股票及其衍生产品等有价证券，商业物业等不动产财产*	公用事业未来收益权、政府回购应收款、企业其他的应收款等
SPV	特殊目的信托	专项资产管理计划	不用设立 SPV

续　表

	信贷资产证券化	券商专项资产证券化	资产支持票据
交易场所	银行间债券市场	交易所	银行间债券市场
评级要求	优先级需要评级	优先级需要评级	公开发行时需要双评级
审核方式	审核制	核准制	注册制

* 信贷资产需要得到银监会和人民银行的许可。
资料来源：公开资料，作者整理。

二、中国资产证券化早期实践的特点及问题

资产证券化发展初期在我国尚属新鲜事物，其发展过程又被次贷危机的爆发所中断。因此，这一阶段的资产证券化实践尚处于初级阶段，存在如下主要特点与问题：

（一）资产证券化的结构相对简单

美国资产证券化的融资链条通常包括如下七个步骤：发起贷款、贷款组合、发行 ABS、ABS 组合、以 ABS 为基础资产发行 CDO、ABS 中介、批发融资。信贷基础资产的质量越差，证券化的链条就越长，因为需要通过多次证券化来分散资产的特定风险（Pozsar 等，2010）。诸如次级抵押贷款这样的低质量长期贷款通常需要经历七个甚至更多

的步骤才能售出。然而,我国此时的资产证券化业务禁止再证券化业务,资产证券化的链条比较短。此外,我国的证券化资产池里只包括一个发起人的基础资产、资产种类单一。而美国证券化资产池可包括来自不同发起人的基础资产、资产种类多样。

(二) 二级市场交易不活跃,银行互持现象严重

由于发行规模小,我国资产支持证券的二级市场交易并不活跃。从投资者分布来看,信贷资产支持证券的银行互持现象严重。商业银行是我国信贷资产支持证券的最大持有者,其持有信贷资产支持证券的占比曾经在80%以上。虽然该比重已出现下降趋势,但截至2013年9月,该比重仍然在65%以上。① 商业银行相互持有彼此的资产证券化产品,这不但降低了资产证券化在加速银行体系资金周转、促进债券市场发展方面的意义,而且也没有起到分散行业风险的作用。

(三) 证券化处于试点阶段,政府干预色彩浓

这一时期的资产证券化实践仍处于试点阶段,还未建立起一套保证资产证券化常态化发展的法律法规和会计条例。政府可以随时停止资产支持证券发行的审批,并对发起人和发行额度进行严格控制。例如,第二轮500亿元的信贷资产证券化额度就只分配给了国开行、建设银行和工商银行等大型金融机构,中小银行在额度方面受到严格限制。而阻碍资产证券化业务常规化和批量化发展的因素则包括相应政

① 数据来源:上海清算所。

策不足、监管不完善、信用评级机构等相应服务机构的公信力缺失等。

（四）商业银行缺乏积极性

这一阶段，商业银行在推动资产证券化方面缺乏积极性。一方面，利率管制使得商业银行可以从简单地吸收存款、发放贷款业务中获得可观利润；另一方面，监管当局只允许银行将优质资产进行证券化。因此，商业银行从事资产证券化的主要动机是通过证券化将信贷资产转移到表外，进而达到规避贷存比、资本充足率等监管措施的目的。例如，多家商业银行就曾私下达成协议，通过信贷资产证券化交易来相互持有对方信贷资产，使各自表内贷款转移至表外，以逃避表内监管压力。

三、资产证券化对中国经济与金融市场的意义

我们认为，在这一阶段大力推动资产证券化，不仅有助于促进我国经济的结构转型，而且能够在化解银行体系风险的同时促进我国金融市场的全面发展。推动资产证券化对我国经济与金融市场的主要意义如下：

（一）通过资产证券化盘活商业银行存量资产，提高资金周转率与使用效率

首先，证券化可将流动性差的信贷资产剥离出资产负债表，提高

银行的资产流动性，并降低风险资产的比重。新的监管规则对银行提出更加严格的资本充足率要求，商业银行可以通过证券化将信贷资产剥离出资产负债表，提高资本充足率。其次，通过证券化将信贷资产真实出售给SPV，商业银行可以盘活存量资产，提高放贷能力，从而起到增加资本良性循环和提高资金使用效率的目的。再次，证券化是帮助银行处置不良资产的重要途径。20世纪60年代后期，美国婴儿潮一代步入成年后，美国房贷市场需求激增，同时，通货膨胀和利率市场化进程导致金融脱媒现象严重，造成储贷机构资金紧缺，进而陷入流动性危机。在此背景下，美国政府首倡住房抵押贷款证券化，通过证券化将不良资产剥离出银行的资产负债表，以缓解危机。日本和韩国的资产证券化发展也与处理不良债权密切相关。2008年金融危机爆发后，为配合中央4万亿元的刺激计划，我国商业银行经历了一波放贷狂潮，很多贷款流入房地产和地方融资平台。随着我国经济增速放缓和房地产调控政策趋紧，商业银行不良资产率很可能明显上升。商业银行可以通过证券化来大规模处置不良资产。

（二）支持经济结构调整和转型升级

政府可以利用资产证券化来支持经济发展的薄弱环节和重点领域，帮助经济实现结构调整和转型升级。例如，政府可以放松中小企业贷款、“三农”贷款、棚户区改造、基础设施等资产证券化的审批条件，激励商业银行向中小企业与“三农”主体发放更多的贷款，为更多的支持经济结构转型的项目提供融资。又如，政府可以允许小额贷款公司将其发放的小额贷款作为基础资产进行证券化，这有助于解决小额贷款企业资金来源不足的问题，促进我国普惠式金融的持续发展。[①]

（三）拓宽债券市场广度和深度，促进金融市场协调发展

这一时期我国债券市场发展仍然落后，债券市场品种相对单一，除国债以外的债券规模小、交易不活跃等现象依旧突出。一方面，资产证券化可以丰富我国债券市场的品种和规模，促进我国债券市场的发展；另一方面，资产证券化为投资者提供了更多投资机会。例如，养老基金和保险公司的负债以中长期为主，他们可以通过购买资产证券化产品来调整资产负债表的期限匹配结构。资产证券化的大力发展将有助于促进货币市场、信贷市场、债券市场、股票市场的协调发展，提高金融市场配置资源的效率。

（四）促进相关金融服务机构的发展

资产证券化能促进国内信用评级机构的大发展。我国资产证券化业务明确要求两家具有评级资质的资信评级机构进行信用评级，通过不同评级机构所出评级结果的相互校验来对评级机构形成一定的声誉约束，从而达到增强信息披露，有效促进投资者对信用风险的理解和判断、优化投资者的交易决策环境，为投资者提供更加独立、客观、公正的评级服务的目的。与普通债券相比，资产支持债券的评级难度更大。虽然这一阶段我国资产证券化中资产池的结构比较简单，但随着我国资产证券化的深入，资产池的结构会变得更加复杂，从而

---

① 例如，阿里金融和东方资产管理公司合作，以阿里金融发放的小额贷款为基础资产发行了两笔资产证券化产品，这也是中国首支券商信贷资产证券化产品。

对评级机构的业务能力提出更高要求。为适应我国债券市场的发展，提高竞争力，国内评级机构也会不断改革创新，提高自身的业务水平和公信力。所以，资产证券化将有利于我国培养一批有竞争力和公信力的评级机构。

资产证券化也能为保险行业发展提供重要机遇。资产证券化有利于优化金融市场的融资结构，拓宽保险业的发展空间。通过资产证券化，由保险业承接银行业的一部分长期信贷资产，既可以有效分散银行体系的信贷风险，改善银行的资产负债结构，又可以拓宽保险资金运用渠道，实现银行业和保险业的"双赢"。此外，保险公司还可以作为资产支持证券的发起人和信用增级机构，通过不同角色来多层次参与资产证券化，从而提高保险资金参与金融市场的深度和广度，使得资产证券化成为拓宽保险资金运用渠道的重要举措，成为推动保险业又快又好发展的新的市场力量。

（五）有利于影子银行阳光化

这一时期的资产证券化发展虽然缓慢，但金融市场已经产生了规模庞大的影子银行。各种理财产品虽然属于银行的表外业务，却被广泛认为享受着商业银行的隐形担保。大多数投资者将理财产品视为无风险但收益更高的银行存款，这使得影子银行体系潜藏着很大的不稳定性。资产证券化将有利于影子银行阳光化。首先，商业银行可以通过资产证券化在货币市场和资本市场融资，将流动性差的信贷资产剥离至表外，扩大其信贷投放能力；其次，企业资产证券化将降低企业和地方政府对银行贷款的依赖；再次，资产证券化的信息披露与透明度要求要远远超过当前的银行理财产品与信托产品。

第六章

中国资产证券化衔枚疾进：2012—2020

我国的资产证券化于2005年起步后，随之便在2007年受到美国次贷危机的影响一度陷入停滞。2012年5月，人民银行、银监会和财政部印发《关于进一步扩大信贷资产证券化试点有关事项的通知》，将试点规模扩容到500亿元（人民币，下同），这标志着沉寂了五年之久的资产证券化试点重新启动。

2013年8月，李克强总理在国务院常务会议上表示，要进一步扩大信贷资产证券化试点；12月底，人民银行和银监会印发《关于进一步规范信贷资产证券化发起机构风险自留行为的公告》，进一步为商业银行发起信贷资产证券化的资本占用问题松绑。2014年11月，银监会发布《关于信贷资产证券化备案登记工作流程的通知》，明确信贷资产证券化业务将由审批制改为备案制，同月，证监会发布《证券公司及基金管理公司子公司资产证券化业务管理规定》，取消企业资产支持证券事前行政审批，实行基金业协会事后备案和基础资产负面清单管理。在试点重启了两年之后，我国资产证券化于2014年步入常态化发展阶段。

2015年5月，信贷资产证券化试点规模扩容到5000亿元，并鼓励"一次注册、自主分期发行"，信贷ABS获准在交易所上市交易。2016年5月，银行不良资产证券化试点重启，并在2017年4月成功实现扩围。2018年4月四部委印发的《关于规范金融机构资产管理业务的指导意见》（"资管新规"）豁免了资产证券化产品在期限错配、净值化、多层嵌套等方面的要求，一定程度上有利于资产证券化投资，使得资产证券化成为"非标转标"的有效途径。同年9月银保监会发布的《商业银行理财业务监督管理办法》（"理财新规"）把资产支持证券纳入理财产品投资范围，[①]进一步利好资产证券化业务开展。2020年9月，银

① 参见中央结算公司《2018年资产证券化发展报告》。

保监会发布《关于银行业金融机构信贷资产证券化信息登记有关事项的通知》，开始对信贷资产证券化实行信息登记制度①。2020 年，交易商协会在已有成熟的 ABN 制度框架基础上推出资产支持商业票据(ABCP)，弥补了国内空白，回应了实体经济的现实需要。

受一系列政策利好的推动，我国资产证券化的发展速度明显加快。2014 年资产证券化“衔枚疾进”，出现突破性增长，全年发行规模近 3310 亿元，远超 2005 年至 2013 年的总和。2015 年，我国资产证券化呈现出井喷式发展的态势，全年发行规模近 6135 亿元②，同比增长近 85.3%，除信贷资产证券化(信贷 ABS)规模快速增长之外，企业资产证券化(企业 ABS)发行规模也实现重要突破，达到近 2044 亿元，是上一年的近 5 倍。从 2016 年起，企业 ABS 发行量、存续总量均超过信贷 ABS，开始成为第一大板块。2016 年的企业 ABS 发行量达到 4807.5 亿元，存续总量达到 6134.61 亿元。资产支持票据(ABN)发行规模虽然相对较小，但也呈现稳步上升的发展态势。

从 2014 年到 2020 年，信贷 ABS 年发行量从 2819.8 亿元增长到 8041.9 亿元；企业 ABS 年发行量从 400.83 亿元增加到 15661.58 亿元；ABN 年发行量从 89.2 亿元增加到 5085.78 亿元。截至 2020 年年底，我国信贷 ABS、企业 ABS 和 ABN 的存续总量已分别达 1.59 万亿元、2.29 万亿元和 0.71 万亿元。

此外，近年来资产证券化在发行结构、市场主体、投资者范围等方面都呈现出重要变化，一系列证券化新产品，如 RMBS、REITs、小微企业贷款 ABS、知识产权 ABS、PPP、消费、扶贫、绿色类 ABS 等多点

---

① 自此，银行业金融机构发行信贷资产证券化产品在“银登中心”统一登记。

② 本章所用资产证券化数据如未特别说明，则均来自 Wind 数据库。

开花，反映了经济增速下行期实体经济转型升级以及金融市场深化的客观需要。资产证券化在服务供给侧结构性改革、去杠杆、破解实体企业融资难问题、促进金融市场深化等方面发挥了关键作用。分析2012年至2020年我国资产证券化的发展演变，梳理相关特征事实，有助于把握资产证券化未来的发展方向。

一、2012—2020年中国资产证券化发展概况

迄今为止，我国的资产证券化市场形成了三个标准化类别，分别是银行间市场信贷资产支持证券（信贷ABS/CLO）、以非金融企业为发起主体的企业资产支持证券（企业ABS）和银行间市场资产支持票据（ABN），三者的区别主要是基础资产种类与监管部门存在差异。从2012年到2020年，我国资产证券化的发展呈现出以下特点：

（一）市场规模不断壮大

在2012年信贷ABS试点重启了两年之后，我国资产证券化才步入常态化发展阶段。自2014年以来，资产证券化市场取得突破性进展。从2014年到2020年，信贷ABS年发行量从2 819.8亿元增长到8 041.9亿元，年发行支数从66支增加到184支，其中2019年的发行量高达9 634.59亿元；企业ABS年发行量从400.83亿元增加到

15 661.58 亿元，年发行支数从 28 支增加到 1 472 支；ABN 年发行量从 89.2 亿元增加到 5 085.78 亿元，年发行支数从 10 支增加到 446 支（见图 6-1）。

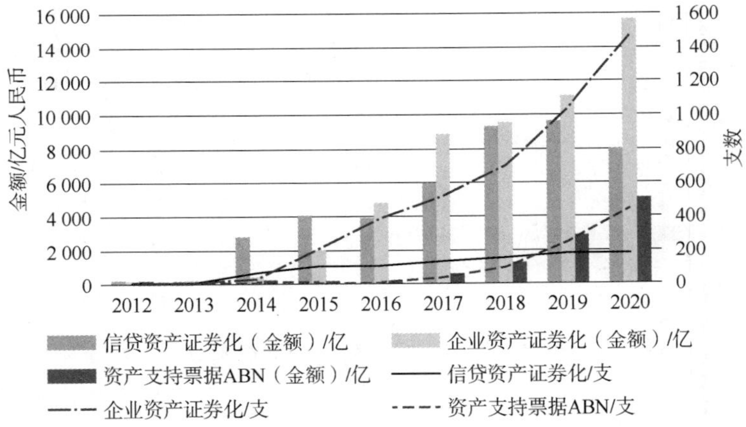

数据来源：Wind。

图 6-1　我国资产证券化产品年发行规模演变（2012—2020）

从存续总量（未偿付余额）上看，2014 年到 2020 年，信贷 ABS 由 2 503.63 亿元增长到 15 918.25 亿元，存续支数从 77 支增加到 475 支；企业 ABS 由 443.27 亿元增长到 22 910.19 亿元，存续支数从 34 支增加到 2 328 支；ABN 由 167.9 亿元增加到 7 060.96 亿元，存续支数从 20 支增加到 666 支（见图 6—2）。

总体来看，在 2016 年之前，信贷 ABS 在年发行量、存续总量上均占据主要地位；企业 ABS 近年来突飞猛进，从 2016 年起发行量、存续总量双双超过信贷 ABS，成为主要板块；资产支持票据 ABN 发行规模虽相对较小，同样呈现稳步上升的发展态势。

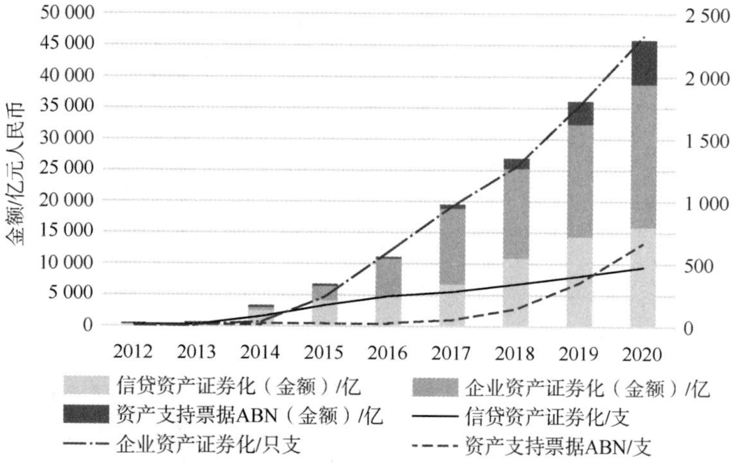

数据来源：Wind。

图 6-2 我国资产证券化产品年度存续总量（2012—2020）

（二）产品种类不断丰富

在总体规模增长背后，三类标准的资产证券化在产品种类与基础资产等维度上不断丰富。

截至 2020 年年底，在信贷 ABS 历史发行的基础资产结构中，个人住房抵押贷款、企业贷款、个人汽车贷款和信用卡分期占主要地位，累计占比达到 92%，相比之下，不良贷款、消费性贷款、小微企业贷款、融资租赁、住房公积金和类 REITs 占比较小。不良贷款资产证券化产品在 2006 年和 2008 年分别发行了 58.5 亿元和 75.65 亿元，随后一度陷入停滞，2016 年重启之后缓慢增长，截至 2020 年累计发行量约为 1 004.8 亿元，仅占信贷 ABS 产品的 2%；消费性贷款和融资租赁资产证券化产品于 2014 年起步，小微企业贷款资产证券化产品于 2017 年起步，截至2020年年末占比分别为2.36%、1.41%和1.86%；住房公积金资产证券化产品仅在2016年和2017年分别发行69.63亿元和347.14亿元，截至2020年年末累计占比仅为0.93%；类REITs产品仅在2017年发行了5.54亿元，占比几乎可以忽略不计，如图6-3所示。

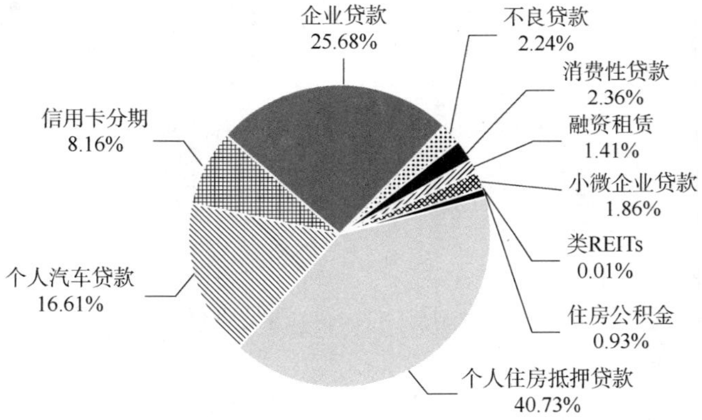

数据来源：作者根据Wind数据计算。

图6-3　信贷ABS产品对应的基础资产结构（累计发行量，截至2020年年末）

从信贷ABS产品结构的变化来看，早期占主导地位的企业贷款ABS产品发行量曾在2014年出现井喷，并于2015年达到3127.7亿元，占当年信贷ABS比重的77.1%，随后企业贷款ABS产品发行量和比重都步入了下行通道；个人住房抵押贷款ABS产品（RMBS）从2014年起快速增长，2017年发行量超过企业贷款ABS产品，并于2018年迎来突破，当年发行量达到5842.6亿元，同比增长近2.4倍。尽管之后其发行量逐年下降，但仍占据主要地位；个人汽车贷款和信用卡分期ABS产品近年来稳步增长，目前两者发行量之和已占信贷ABS产品的四分之一（见图6-4）。

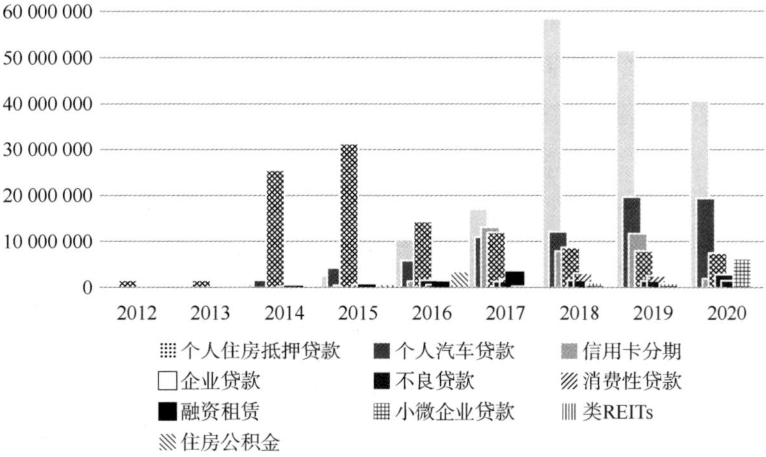

数据来源：Wind，单位：万元。

图 6-4 不同信贷 ABS 产品年度发行量变化

迄今为止，我国已发行了近 30 种企业 ABS 产品[①]，基础资产以企业的债权和收益权为主，而在 2012 年之前，企业 ABS 产品只有租赁资产、基础设施收费、应收账款、BT 项目回购 4 种。截至 2020 年年底，在企业 ABS 产品的基础资产结构中，供应链账款、个人消费贷款、租赁资产、应收账款、商业房地产抵押贷款、小额贷款、特定非金款项、企业债权、信托受益权占主要地位，发行量累计占比达到 82%，其余的项目占比较小（见图 6-5）。近年来企业 ABS 产品种类不断增加、规模不断增长，主要反映了我国实体经济及中小企业旺盛的融资需求以及居民消费等普惠金融发展的活力。

从企业 ABS 主要产品的结构变化来看，占 2020 年底发行比重最大的供应链账款 ABS 产品首次发行于 2016 年，当年发行规模为

① 根据 Wind 数据库中的分类。

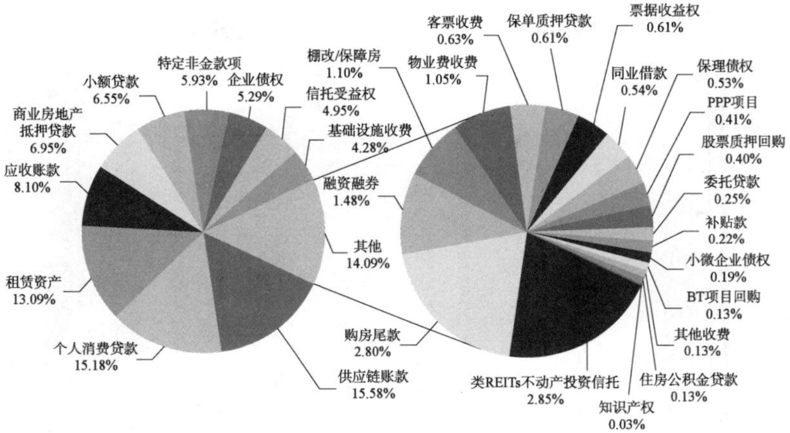

数据来源：作者根据 Wind 数据计算。

图 6－5　企业 ABS 产品对应的基础资产结构（累计发行量，截至 2020 年年末）

97.38 亿元，到 2020 年其发行规模增加到 3 232.37 亿元，增长了 30 多倍；个人消费贷款 ABS 产品发行量稳步增加，从 2016 年的 20 亿元增长到 2020 年的 2 590.72 亿元，发行占比近年来稳定在 10%以上；租赁资产 ABS 产品发行量在 2013 年重启之后从当年的 11.14 亿元增加到 2020 年的 1 630.47 亿元，占比达 13%；应收账款 ABS 产品发行量从 2014 年的 29.41 亿元增加到 2020 年的 1 816.2 亿元，占比达 8.1%；商业房地产抵押贷款 ABS(CMBS)发行量从 2014 年的 15 亿元增加到 2020 年的 1 242.11 亿元，占比达到 6.95%(见图 6－6)。

交易商协会数据显示，截至 2020 年年末，ABN 累计发行超过万亿元，存量超过 7 000 亿元；2020 年发行量超过 5 000 亿元，净融资额 3 000 亿元，支持了超过 9 000 家小微企业融资，有力盘活了企业存量资产。[①]

---

① 常佩琦：《交易商协会试行 ABN 尽调指引》，上海证券报，2021 年 1 月 6 日，http://news.cnstock.com/news，bwkx-202101-4641221.htm。

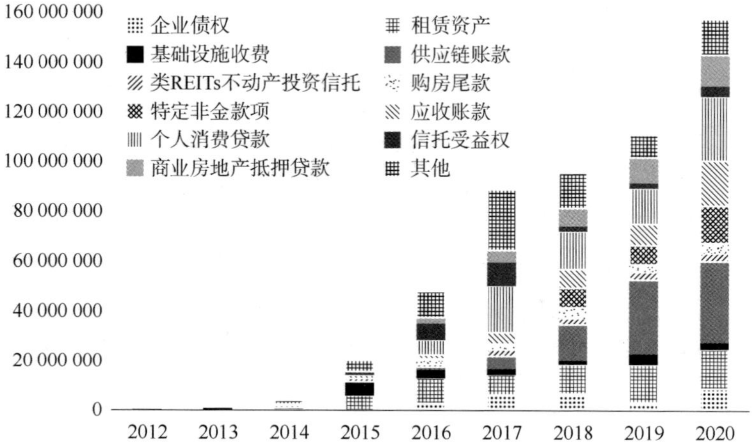

数据来源：Wind，单位：万元。

图 6-6 不同企业 ABS 产品年度发行量变化

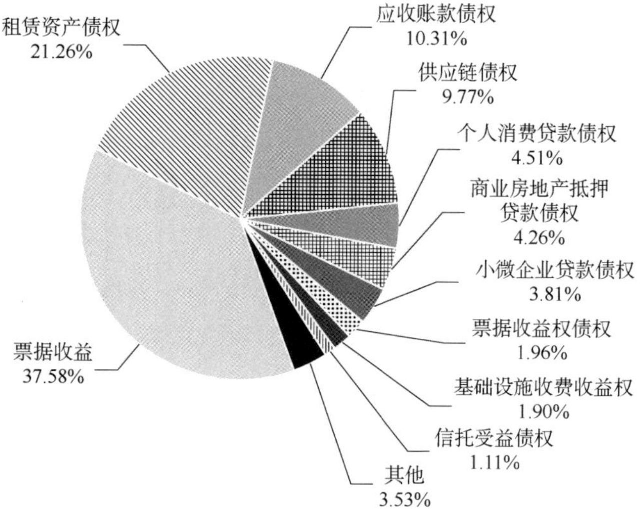

数据来源：作者根据 Wind 数据计算。

图 6-7 ABN 产品对应的基础资产结构（累计发行量，截至 2020 年年末）

2020 年交易商协会在已有成熟的 ABN 基础上推出 ABCP，进一步回应了微观主体的现实需要。截至 2020 年年底，在银行间市场累计发行的 ABN 产品的基础资产结构中，排在前 7 位的分别是票据收益、租赁资产债权、应收账款债权、供应链债权、个人消费贷款债权、商业房地产抵押贷款债权和小微企业贷款债权，合计占比超过 90%（见图 6 - 7）。其中票据收益 ABN 发行量在 2020 年实现爆发式增长，一跃超过租赁资产债权 ABN 成为发行量最大的产品，当年发行量 3 155.92 亿元，同比增长了 6.7 倍。而在 2017 年到 2019 年，租赁资产债权 ABN 发行量一直位居第一，尽管在 2019 年发行额下降到 620.95 亿元，但在 ABN 板块中的占比仍超过 20%。应收账款债权和供应链债权 ABN 产品分别首发于 2016 年和 2017 年，之后经历了快速增长，截至 2020 年年底，累计发行量已分别达到 1 055.32 亿元和 1 000.11 亿元，累计占比和已经接近 ABN 板块的 20%（见图 6 - 8）。

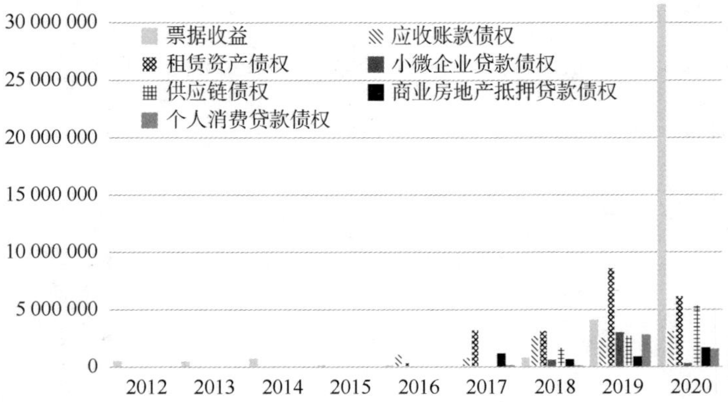

数据来源：Wind，单位：万元。

图 6 - 8　不同 ABN 产品年度发行量变化

（三）发行利率和收益率波动下行

以资产支持证券为例。总体来看，近年来其发行利率呈震荡下行的态势；与市场利率（如 1 年期 AAA 级中短期票据的收益率）相比，资产支持证券的发行利率存在溢价，企业 ABS 的发行溢价高于信贷 ABS 的发行溢价（见图 6－9）。

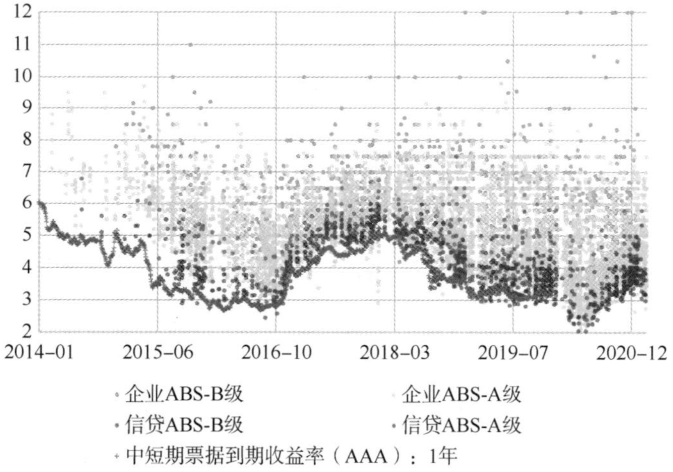

数据来源：Wind，单位：%，起息日。

图 6－9　中短期票据到期收益率与 ABS 发行票面利率

在 2014 年到 2015 年期间，受政策利好以及高收益资产短缺的影响，投资者对资产支持证券的投资热情提高、下调了对资产的预期收益率，资产证券化市场呈现爆发式增长的同时，资产支持证券发行利率总体呈震荡下行的态势。2016 年，随着信贷 ABS 发行从快速扩张转入稳定期，发行利率有所上行。而企业 ABS 发行继续在政策红利和市场热情的推升下放量增长，发行利率继续下行。2017 年，在去杠杆、严监管的背景下，资产支持证券发行利率整体呈现上升的趋势。2018 年，资产支持证券发行利率总体下行，2019 年资产支持证券发行利率呈现分化态势，信贷 ABS 平均发行利率微弱上升，企业 ABS 平均发行利率出现下降。2020 年，资产支持证券发行利率先抑后扬，整体呈上升态势。从 2015 到 2020 年，信贷 ABS 优先 A 档平均发行利率从 3.94％下降到 3.45％，信贷 ABS 优先 B 档平均发行利率从 4.97％下降到 3.92％，企业 ABS 优先 A 档平均发行利率从 5.65％下降到 4.1％，企业 ABS 优先 B 档平均发行利率从 7.15％下降到 5.58％，同期各类 ABS 发行利率累计变动分别为＋11、－127、－256 和－424 个基点（见表 6－1）。

表 6－1　历年资产支持证券平均发行利率及发行利率全年累计变动（bp）

年份/类别			2015	2016	2017	2018	2019	2020	累计
信贷ABS	优先A档	平均发行利率/%	3.94	3.49	5.05	4.49	3.57	3.45	—
		发行利率变动	－117	＋71	＋127	－125	＋20	＋35	＋11
	优先B档	平均发行利率/%	4.97	4.11	5.46	4.84	3.88	3.92	—
		发行利率变动	－144	＋11	＋122	－118	＋41	－39	－127
企业ABS	优先A档	平均发行利率/%	5.65	4.43	5.42	5.49	4.53	4.1	—
		发行利率变动	－179	－39	＋115	－82	－85	＋14	－256
	优先B档	平均发行利率/%	7.15	5.55	6.06	6.84	6.07	5.58	—
		发行利率变动	－252	－178	＋60	－49	－95	＋90	－424

数据来源：整理自中央结算公司历年《资产证券化发展报告》。

与发行利率相对应，近年来资产支持证券的收益率曲线呈现波动下行的趋势，资产支持证券与国债的信用利差总体在缩小。中央结算公司数据显示，从2015年到2018年，5年期AAA级固定利率ABS收益率累计下行79个基点，其与5年期固定利率国债收益率的信用溢价累计缩小20个基点；从2019年到2020年，5年期AAA级别RMBS收益率累计下行16个基点，其与5年期固定利率国债收益率的信用溢价累计缩小31个基点。

（四）产品结构设计推陈出新

近年来，我国资产证券化的产品结构设计不断呈现新的亮点，完善了资产证券化产品期限结构设计、外部增信、风险隔离和对冲的方式（见表6-2）。例如，2013年7月发行的"阿里巴巴1号专项资产管理计划"是国内首单采用"循环结构设计"的专项计划产品；2015年7月发行的"永盈2015年第一期消费信贷资产支持证券"是国内银行间市场第一单采用"循环结构设计"的ABS产品。"循环结构设计"适用于数额小的信贷类基础资产，采用循环购买的动态池结构可以有效克服期限短的基础资产的早偿风险，弥补基础资产与ABS产品期限不匹配问题。又如，2015年3月获准的企业ABS产品"南方骐元-远东宏信（天津）1号资产支持专项计划"通过引入有偿流动性支持的增信机制[①]，首次在交易所资产支持证券中引入了"真实出表设计"，满足了原始权益人的出表要求。[②] 再如，2016年6月，国内首单信托型ABN产品"远东国际租赁有限公司2016年第一期信托资产支持票

① 该企业ABS引入了有偿流动性支持的增信机制，由原始权益人的关联方为计划提供上限为总规模8%（5 032万元）的流动性支持，并由该计划支付流动性支持服务费。参见中央结算公司《2015年资产证券化发展报告》。

② 参见中央结算公司《2015年资产证券化发展报告》。

据"在交易商协会注册，这是国内ABN的首次公开发行。它通过引入特定目的信托（SPT）作为发行载体，在当时的法律制度下实现了有效的破产风险隔离，满足了企业的资产出表需求，具有良好的示范效应。

表6-2　近年来国内资产证券化产品结构设计创新

时间	项目/计划	创新点
2013年7月	阿里巴巴1号专项资产管理计划	国内首支采用"循环结构设计"的专项资产管理计划
2015年3月	南方骐元-远东宏信（天津）1号资产支持专项计划	首次在交易所资产支持证券中引入了真实出表设计
2015年3月	2015年第一期开元信贷资产支持证券	国内首支次级档采用认购金额方式公开发行的ABS产品
2015年7月	永盈2015年第一期消费信贷资产支持证券	银行间市场首支采用"循环结构设计"的ABS产品
2016年6月	远东国际租赁有限公司2016年第一期信托资产支持票据	ABN首次公开发行，国内首支信托型ABN产品；引入特定目的信托（SPT）作为发行载体
2017年6月	民生2017年第一期企业应收账款资产支持票据	国内首支采用批量发行模式的信托型ABN
2017年7月	德邦证券浙商银行池融1号资产支持专项计划	国内首支同时涵盖4种基础资产的贸易融资类应收账款储架式ABS
2017年8月	福元2017年第二期个人汽车抵押贷款资产支持证券	国内首支通过债券通机制引入境外投资者的ABS
2018年4月	兴元2018年第一期个人住房抵押贷款资产支持证券	国内首支通过债券通机制引入境外投资者的RMBS
2018年7月	海通恒信国际租赁股份有限公司2018年第一期资产支持票据	国内首支通过债券通机制引入境外投资者的ABN

续　表

时间	项目/计划	创新点
2018 年 8 月	深圳市世纪海翔投资集团有限公司 2018 年第一期资产支持票据	首单不依赖主体信用的 CMBN（商业地产抵押贷款支持票）项目，引入了外部增信和特殊资产服务机构
2019 年 3 月	标的债务为“海通恒信小微 3 号 ABS”优先 A－3 级的信用保护合约（CDS）	首单基于资产支持证券的信用保护工具
2019 年 9 月	兴银 2019 年第四期信贷资产支持证券	国内首单挂钩 LPR 的浮动利率信贷 ABS 产品
2020 年 6 月	包钢股份供应链第一期资产支持商业票据	差额配售信用风险缓释凭证（CRMW），国内首单标的债务为 ABCP 的 CRMW
2020 年 12 月	国金-徐工租赁八期资产支持专项计划	首单短期限、可滚动发行的企业 ABS 产品

资料来源：作者整理自中央结算公司历年《资产证券化发展报告》。

2019 年 3 月和 5 月，上交所和深交所先后发行了基于资产支持证券的信用保护合约（CDS）工具①，为 ABS 发行成本的降低注入了新活力。2019 年 9 月发行的“兴银 2019 年第四期信贷资产支持证券”是国内市场首支证券端和资产端利率均挂钩 LPR 的浮动利率信贷 ABS 产品，该项目采用的“ABS＋LPR-Swap（掉期）”组合投资模式可以对冲产品存续期间利率风险。另外，2020 年 6 月发行的“包钢股份供应链第一期资产支持商业票据”差额配售了信用风险缓释凭证

① 两支 CDS 分别为海通证券在上交所创设的标的为“海通恒信小微 3 号 ABS”优先 A－3 级的信用保护合约，以及华泰证券在深交所创设的标的为“京东数科-华泰资管 24 号京东白条应收账款债权资产支持专项计划”中间级资产支持证券的信用保护合约。参见中央结算公司《2019 年资产证券化发展报告》。

(CRMW)[1],成为国内首创,同年银行间市场又分别发行了针对不良RMBS的CRMW和中间档个人消费贷款ABS的CRMW。CRMW丰富了资产支持证券和资产支持票据的风险对冲手段。

二、中国资产证券化迅速发展的原因

2014年以来,我国资产证券化市场迅速发展的原因主要有以下几点:

(一)中小企业融资难、融资贵问题突出,推动了资产证券化的发展

近年来,中小企业融资难一直困扰着我国经济转型。在市场成熟的发达经济体,例如欧洲,资产证券化成为其中小企业的主要融资方式之一,2012年欧洲SME Sec的发行量已高达570亿欧元。在国务院提出为缓解中小企业融资难、融资贵现象,加强金融支持实体经济发展的目标之后,资产证券化作为一种直接融资的重要形式和"盘活存量"的重要手段,开始得到我国政府的高度重视。

目前,我国供应链金融ABS、保理ABS、应收账款ABS等的发行方兴未艾,一定程度上缓解了中小企业融资难问题。例如,通过供应链金融ABS融资,上下游中小企业可以抱团取暖,依托核心企业提高

---

① CRMW是由标的实体之外的机构创设的有价凭证,可交易流动,为持有人提供针对标的债务的信用风险保护,在一定意义上可以分离债券发行和定价中的风险和资金成本。

信用并获得融资。资产证券化也是一种信用增级的方式，如果企业有定期产生现金流的资产，则可以基于该资产发行资产支持证券，而且证券化后的债券等级一般高于企业直接发行的债券。

（二）利率市场化促使商业银行拥抱资产证券化

归根到底，资产证券化是金融市场发展到一定阶段的产物。在金融抑制的环境中，商业银行缺乏动力开展资产证券化，因为利率管制为商业银行营造了足够的利润空间。近年来，我国利率市场化改革持续进行，2013 年 7 月放开了金融机构贷款利率管制，2015 年 10 月放开了存款利率浮动上限，商业银行获得的存贷款息差收入大幅缩小，融资成本的提高迫使商业银行通过开展资产证券化等业务以提高中间业务收入占比。

另外，与利率市场化相伴而生的“金融脱媒”现象，例如银行代客理财产品等影子银行业务的兴起，进一步挤出了商业银行负债端的存款。由于间接融资在我国仍然占据主流地位，商业银行通过资产证券化将信贷资产打包分割成标准化的债券资产，有利于其拓宽融资来源，服务实体经济的融资需求(张明等，2015)。

（三）影子银行的风险化解为资产证券化提供了机遇

影子银行业务链条复杂、期限错配严重、杠杆率高，隐藏的流动性风险极易扩散到整个金融市场，诱发系统性金融风险。我国影子银行在 2008 年后迅速膨胀，每年以超过 20%的速度增长，到 2016 年年底，广义影子银行规模超过 90 万亿元，狭义影子银行达到 51 万亿元。[①] 随着我国潜在经济增速下行，处于监管力度薄弱环节的影子银行成为金融风险上升的重点领域。自 2014 年起，监管部门不断出台多个文件规范影子银行体系的发展，2016 年中央把防范化解金融风险列为重要任务[②]，尤其是 2018 年“资管新规”和“理财新规”的推出，既精准打击了影子银行，又成功为资产证券化的发展铺路。截至 2019 年年末，广义影子银行规模相比 2017 年年初 100.4 万亿元的峰值减少了近 16 万亿元[③]，与此同时，从 2017 年到 2019 年银行业向实体经济多投入了 64 万亿元资金，资产则少扩张了 88 万亿元[④]。对影子银行体系监管的加强，激发了商业银行通过信贷资产证券化将非标资产(经银行理财或通道业务持有的资产)转化为标准化资产的动力，从 2014 年到 2020 年，仅信贷资产证券化产品的年发行规模就从 2819.8 亿元增长到 8041.9 亿元。

我国的影子银行依附于商业银行，又被称为“银行的影子”。从资产负债表看，影子银行业务具有资产证券化的特点：在负债端，发行银行理财产品成为融入资金的主要工具(肖立晟，2013)；在资产端，通过银信合作(陈思翀，2013)、银证合作(高海红和高蓓，2014)和银银合作(张明和郑联盛，2014)，表内资产转移至表外，成功规避了监管。尽管

① 中国银保监会政策研究局课题组，中国银保监会统计信息与风险监测部课题组：《中国影子银行报告》，《金融监管研究》2020 年第 11 期。

② 2014 年 4 月五部委联合发布《关于规范金融机构同业业务的通知》(127 号文)，要求商业银行将不合规业务到期清理，按标的资产业务的实质计提资本金及不良贷款拨备；2016 年中央经济工作会议把防范化解金融风险列为当年五大结构性改革任务之一。

③ 狭义影子银行规模降到 39.14 万亿元，与峰值相比减少了 12 万亿元。其中，同业理财从 6.8 万亿元降至 2019 年年末的 0.84 万亿元，同业特定目的载体投资从 23.05 万亿元降至 15.98 万亿元。参见：中国银保监会政策研究局课题组，中国银保监会统计信息与风险监测部课题组：《中国影子银行报告》，《金融监管研究》2020 年第 11 期。

④ 2017 年至 2019 年，银行业向实体经济提供的信贷资金和债券投资年均增速分别高达 12.1%和 13.9%，而资产年均增速只有 7.7%。参见冯樱子：《影子银行隐遁》，华夏时报，2020 年 8 月 21 日。

有研究把资产证券化归类为广义影子银行，但在规范性和透明度上，资产证券化和影子银行又有着重要区别。资产证券化的发展部分归功于影子银行的有序化发展，同时，也推动着影子银行的“阳光化”。

三、中国资产证券化存在的主要问题

自2012年信贷资产证券化试点重启以来，尤其是从2014年以来，我国资产证券化市场实现了较快发展，但目前看来仍需解决以下几个主要问题：

（一）基础资产的违约风险仍停留在商业银行体系内部

近年来，商业银行一直是我国资产支持证券的最主要持有者。截至2020年9月，商业银行持有的信贷ABS规模约为1.1万亿元，占比近56%，如果把银行理财持有的0.17万亿元非法人产品计算在内，则商业银行合计持有约1.27万亿元的信贷ABS，占比近65%；从2018年备案的企业ABS的认购资金来源看，即便不考虑资管计划中的银行资金，商业银行自营和银行理财的占比仍达到36.4%。[①]

由于银行体系交叉持有大量的ABS，基础资产违约风险仍主要停留在银行内部，理论上资产证券化分散风险、降低融资成本、加速银行体系资金周转的作用仍不能得到有效发挥，这一点与2014年前后相

① 杨业伟等：《固定收益专题：方兴未艾、渐趋成熟的资产证券化市场》，国盛证券研究所，2020年10月28日。

比没有明显改善。

（二）不良资产证券化水平较低

迄今为止，我国资产证券化产品的基础资产仍然以优质资产为主，不良资产证券化占比较小。我国不良贷款资产证券化虽起步较早，但长期以来发行量始终有限。不良贷款资产证券化产品在2006年和2008年分别发行58.5亿元和75.65亿元，随后一度陷入停滞。2016年5月，不良资产证券化在时隔八年重启之后缓慢增长，截至2020年，累计发行1 004.8亿元，仅占信贷ABS产品的2%。

资产证券化是化解不良资产的一剂良药。从理论上看，商业银行通过证券化可将流动性差的信贷资产剥离出资产负债表，一方面将缩小商业银行资产端规模、提高资本充足率；另一方面银行将不良资产真实出售给SPV，可以提升资产流动性，进而提高放贷能力和资金使用效率。从国际经验看，20世纪60年代，在利率市场化进程及通胀高企的背景下，美国政府曾通过住房抵押贷款证券化成功将不良资产从银行资产负债表中剥离，进而缓解了由"金融脱媒"现象引发的储贷协会流动性危机。从现实看，一方面，在监管趋严的背景下，商业银行提高资本充足率变得更加迫切；另一方面，近年来商业银行不良贷款率持续攀升，商业银行处置不良资产也变得更加迫切；[①]银保监会数据显示，截至2020年年末，商业银行不良贷款余额高达2.7万亿元，商业银行不良贷款率达到1.84%，与2015年年末相比，商业银行不良贷款余额在短短

① 近年来，随着我国经济增速放缓、房地产调控政策保持高压态势，在前期4万亿元刺激政策出台后流入房地产市场和地方融资平台的部分信贷资产沦为不良资产，由此推高了商业银行的不良贷款率。

的五年时间内增加了 1.43 万亿元。因此,作为我国资产支持证券最主要发行人的商业银行,理应充分利用资产证券化处置不良资产的功能。

(三) 资产证券化二级市场流动性有限

与一般债券的收益率相比,资产支持证券存在明显的发行溢价,溢价部分由信用风险溢价和流动性补偿组成(姜超等,2018),ABS 持续存在的发行溢价表明其在二级市场的流动性有限。而且,目前对证券化产品的估值很大程度上停留在发行利率层面(钮楠等,2014),这表明市场中对持有至到期投资者进行估值是困难的,同样揭示了二级市场不活跃的现实。

表 6-3 中央结算公司托管的信贷 ABS 现券结算量及其换手率与债券整体换手率比较

年度	2015	2016	2017	2018	2019	2020
信贷 ABS 现券结算量/亿元	394.29	1 435.28	1 390.75	2 487.87	4 730.42	4 762.93
换手率/%	7.44	24.93	15.95	16.81	24	21.83
债券整体换手率/%	172.7	187.87	102.48	135.26	214	198.54

数据来源:中央结算公司。2015—2017 年的债券整体换手率为债券市场数据,2018—2020 年为中央结算公司托管的债券整体换手率。

事实上,尽管近年来我国资产证券化二级市场的流动性不断上升,交易活跃度总体上在波动中走强,但是资产支持证券的流动性水平仍然显著偏低,这在很大程度上制约了资产证券化市场的纵深发展。以中央结算公司托管的信贷 ABS 为例,从 2015 年到 2020 年,其现券结算量从 394.29 亿元增长到 4 762.93 亿元,增长了近 11 倍,相应的换手率在波动中从 7.44%增长到 21.83%,与债券整体换手率相比还有显著差距。投资者意愿度低在很大程度上制约了资产证券化二级市场交易的活跃程度，背后的部分原因在于，证券化产品的基础资产信息披露穿透性不强、标准化水平较低、披露格式不便于抓取，投资者难以对风险进行定价。[①]

对风险进行准确定价的重要前提是历史违约数据。但由于我国资产证券化市场起步时间短，加之在严格的监管下我国证券化的基础资产以优质资产为主，资产支持证券违约历史数据匮乏（张明等，2015），因而对风险较难进行准确定价。

四、 前景展望及政策建议

尽管我国资产证券化发展较快，但与其他国家相比，资产证券化的市场规模仍相当有限。截至 2020 年年底，我国信贷 ABS、企业 ABS 和 ABN 的发行余额分别达 1.59 万亿元、2.29 万亿元和 0.71 万亿元，占 2020 年年末债券市场托管余额（117 万亿元）的比重分别约为 1.36%、1.96%和 0.6%。而美国的资产支持证券规模占其债券市场的比重最高时近 40%，尽管次贷危机后一度萎缩，但截至 2019 年年底占债券市场的比重仍为 27.7%（杨业伟等，2020）。

从社会融资规模的角度看，资产证券化市场的深度也亟待提高。2018 年 7 月起，人民银行将“存款类金融机构资产支持证券”（信贷 ABS）纳入社会融资规模统计，2019 年 9 月起进一步将“交易所企业资

① 参见中央结算公司《2020 年资产证券化发展报告》。

产支持证券”(企业 ABS)纳入社会融资规模中的“企业债券”指标。自此,我国绝大部分资产支持证券已纳入社融统计。截至 2020 年年末,我国社融规模存量约为 284.83 万亿,而信贷 ABS 与企业 ABS 发行余额合计 3.88 万亿元,占社融的比重很小。这表明信贷资产的表外流转尚不普遍,资产证券化仍无法有效发挥盘活企业存量资产、解决融资难问题等功能。

自资产证券化试点重启以来,多个领域的基础资产证券化先后顺利启航,有力支撑了供给侧结构性改革、重点行业和社会发展的需要。展望未来,笔者认为至少以下几个领域的资产证券化有望实现重要突破:

其一,住房抵押贷款证券化(RMBS)在我国资产证券化市场发展潜力仍比较大。近年来,RMBS 增长迅速,2020 年发行量突破 4 000 亿元,在信贷 ABS 发行量中占 51%。2015 年 11 月住房公积金 RMBS 正式起步,但住房公积金中心和商业银行分开发行 RMBS,标准尚难统一,因此 RMBS 市场需要整合。受多年来房价上涨的影响,住房抵押贷款风险低,银行将其“出表”的动力有限,RMBS 信用风险也较低。随着“房住不炒”调控政策的长期化、居民可支配收入放缓,RMBS 资产池面临违约率上升的风险。另外,银行在金融改革深入的背景下将面临更多流动性压力,因此有更大动力将住房抵押贷款证券化,以置换出更多的信贷额度。

其二,基础设施领域不动产投资信托基金(REITs)有望成为资产证券化主要产品之一。目前,我国已经在企业 ABS 和 ABN 中将基础设施收益权、公用事业未来收益权和政府回购应收款等未来现金流进行证券化,2020 年 4 月起证监会与国家发改委联合发布了一系列政策推动 REITs 试点落地。基础设施投资回收期长、现金流稳定,在基础设施建设融资中引入资产证券化有助于降低地方政府财政负担，对推进城镇化也具有重要意义，但整体来看，目前我国基础设施相关资产证券化的规模仍然很小，尚有很大的发展空间。

其三，我国中小企业融资难的问题是长期的，因此中小企业证券化（SME Sec）有望成为我国资产证券化市场的重要方向之一。中小企业融资难、融资贵一直困扰着我国的经济社会发展。尽管近几年我国成立了村镇银行、小额贷款公司等普惠性金融机构解决这一问题，但这些机构同样面临融资来源不足的问题。未来，应加大公共部门对中小企业贷款证券化的支持力度，例如，可以借鉴欧洲中小企业贷款证券化的经验，由政府成立中小企业贷款和“三农”贷款证券化平台，为中小企业提供信用增级，促进中小企业贷款和农业贷款证券化。

在未来，破除制约资产证券化发展的体制机制障碍将有助于释放我国资产证券化市场的活力。为此，笔者提出如下政策建议：

第一，完善统一的资产证券化法律制度和政策。在 2019 年 12 月 28 日新修订的《证券法》中，资产支持证券被纳入证券法的适用范围。但目前尚未在立法上形成统一的针对资产证券化的法律法规及会计条例，资产证券化市场的健康发展离不开标准及监管的统一。

第二，应尽快破除制约 RMBS 发展的房地产质押权集体转让问题。尽管笔者已经呼吁多年，但迄今为止住房抵押贷款仍然难以实现质押权的批量集中变更登记，质押权无法真正转移到 SPV，也即未能实现真实出售与破产隔离，业务开展存在不确定性与法律风险。

第三，应尽快解决资产证券化产品可能面临的重复征税等问题。在 2006 年规范了信贷资产证券化的征税方法后，我国尚未针对资产证券化做税收政策调整。近年来资产证券化市场复杂性已经大增，在“营改增”实施后，部分证券化交易环节纳税主体与开票主体间存在刚性矛盾，资产证券化产品增值税属性判定存在困难，多环节存在潜在重复征税等问题[①]，对市场良性循环形成阻碍。应努力解决这一环节的问题，激发市场主体的积极性。

① 参见中央结算公司《2018年资产证券化发展报告》。

第七章

不动产证券化三种模式比较：MBS、CB和REITs

不动产证券化是指将流动性较差的不动产转化成流动性较高的证券资产的过程。从国际经验来看，不动产证券化主要有三种模式，即住房抵押贷款支持证券（MBS）、担保债券（CB）和不动产投资信托基金（REITs）。本章将比较分析不动产证券化三种模式的区别与联系，并为我国开展不动产证券化提供政策建议。

一、住房抵押贷款支持证券

抵押贷款支持证券是指将住房抵押贷款出售给特殊目的载体（SPV），经过打包和分层等措施，使得该组资产在可预见的未来产生相对稳定的现金流，并在此基础上通过信用增级提高其信用评级，最终在债券市场进行出售的过程。

根据基础资产类型，可将 MBS 分为 RMBS 和 CMBS 两类，前者的基础资产为居民住房抵押贷款（residential mortgage），后者的基础资产为商业地产抵押贷款（commercial mortgage），RMBS 的规模远大于 CMBS。根据现金流拆分方式的不同，MBS 可以分为过手型 MBS、担保抵押贷款凭证（Collateralized Mortgage Obligations，CMO）和剥离式 MBS。其中，过手型 MBS 不对抵押贷款资产池产生的现金流进行任何剥离和重组，直接将本息按比例支付给投资者；CMO 会根据投资者对风险、收益和期限等的不同偏好，对抵押贷款资产池产生的现金流进行剥离和重组，再分配给对应的投资者，剥离重组后产生的高等级债券，现金流较为稳定，风险较低；剥离式 MBS 将抵押贷款资产池产生的现金流本金和利息进行分离，并支付给相应的投资者，因此又进一步分为本金型(Principle Only, PO)和利息型(Interest Only, IO)两种。

MBS是最普遍的不动产证券化模式。2019年末,美国、欧洲和日本MBS余额分别为10.3万亿美元、0.67万亿欧元和19.5万亿日元[①]。美国是MBS的发源地,也是全球最大的MBS市场。

在实践中,MBS以RMBS为主。RMBS的发行人可以分为两类:一类是政府支持机构,例如美国的房地美和房利美、日本的住房支援机构(Japan Housing Financing Agency, JHF),商业银行等信贷机构可以将符合要求的优质居民住房抵押贷款出售给政府支持机构,由其实施证券化,这类机构在证券化方面拥有显著的规模优势、风险分散优势和担保优势;另一类是私人金融机构,包括商业银行、储蓄贷款协会和信托银行等。在美国和日本,政府支持机构是RMBS最主要的发行人,私人金融机构发行的RMBS所占比重则较小,2008年全球金融危机之前,私人金融机构发行的RMBS占比显著增加,但是美国次级贷款危机爆发,暴露出资产证券化中存在的逆向选择和道德风险问题,金融市场对资产证券化,特别是私人部门资产证券化产生质疑,私人部门资产证券化显著萎缩。在欧洲,则没有与两房或JHF类似的政府支持机构作为RMBS的发行人。

二、担保债券

担保债券是指商业银行以住房抵押贷款、对公共部门贷款以及船

① 日本的数据截止日期为2019年财年,即2020年3月。

舶贷款等高质量信贷资产构建担保池而发行的一类融资债券。MBS对应的基础资产可以出表,但CB对应的基础资产仍然保留在银行资产负债表内,CB投资者不仅对基础资产具有追索权,对发起人也具有追索权,因此CB又被称作表内双担保债券。

CB的基础资产以优质的住房抵押贷款和对公共部门贷款为主,另外也有少量的船舶贷款。据统计,以住房抵押贷款为基础资产的CB占比逐渐上升,2005年至2019年,以住房抵押贷款为基础资产的CB余额从7721亿欧元上升至2.4万亿欧元,占CB余额的比重从46%上升至89%。

虽然欧洲以外的地区也有CB的发行,但欧洲一直是CB最主要的市场,欧洲CB余额占全球担保债券余额的比重超过90%。欧洲国家对CB的发展非常重视,许多国家都针对担保债券制定了专门的法律法规。CB在丹麦、西班牙、瑞典以及一些中、东欧国家居民住房贷款来源中的比重都超过了30%,成为这些国家金融机构外部融资的主要渠道(宜昌能、王信,2009)。

与MBS相比,CB具有两大特点:其一,MBS属于表外证券化,而CB属于表内证券化,即担保资产仍然位于银行资产负债表内,投资者不仅对基础资产具有优先追索权,对发起人也有追索权,这种安排降低了投资者面临的违约风险。其二,担保债券的资产担保池是动态的,如果担保池中某些资产的质量下降,银行必须用其他优质资产、现金或现金等价物替代不良资产,而且发起人必须自始至终维持超过资产担保债券名义价值的资产池,公共或独立的监督机构将定期对担保池的资产价值进行检测并向投资者报告。相比之下,MBS的基础资产池一般是静态的,没有类似的资产替换机制,该机制进一步提高了CB的安全性。因此,金融危机爆发后,虽然投资者风险偏好下降,CB

的吸引力却不降反升。

三、不动产投资信托基金

不动产投资信托是一种证券化的产业基金，它通过发行收益凭证汇集投资者的资金，并将其用于购买不动产项目，委托专门从事不动产经营活动的投资公司进行经营管理，再将投资收入通过派息的方式分配给投资者(古川令治和张明，2006)。REITs 一般为公开发行，投资者既可以长期持有收益凭证，也可以在证券市场上转让收益凭证。因此，与直接投资不动产相比，REITs 的流动性更强。REITs 在大大降低不动产投资资金门槛的同时，充分发挥了不动产投资的规模效应和专业化优势。REITs 免交企业所得税，但必须满足以下条件：必须将 90%以上的年度应税收入作为股息分配给投资者；必须将 75%以上的资产配置于不动产、住房抵押贷款、其他 REITs 份额、现金或政府债券；总收入中至少有 75%来源于租金、抵押贷款利息以及不动产物业出售实现的利得，至少有 95%是来源于以上资源加上股息、利息及证券出售的利得(布洛克，2014)。

REITs 分为权益型(equity)、抵押型(mortgage)和混合型(hybrid)三种，权益型 REITs 自己持有并运营房地产，将房地产租金等收入作为主要来源，主要投资对象包括购物中心、公寓、医疗中心、写字楼、工业区、酒店、游乐区等。目前，美国权益类 REITs 中，以零售类地产为标的的 REITs 支数最多，其次是办公类地产和居民住房类地产(见图 7-1)。抵押型 REITs 将资金以抵押贷款的形式借贷给房地产开发商，或是购买抵押贷款、MBS，以赚取利息为主要收入来源。混合型REITs是前两类REITs的组合。随着时间的推移，权益型REITs逐渐占据主导地位，2020年美国权益型REITs占美国REITs总市值的94.8%。

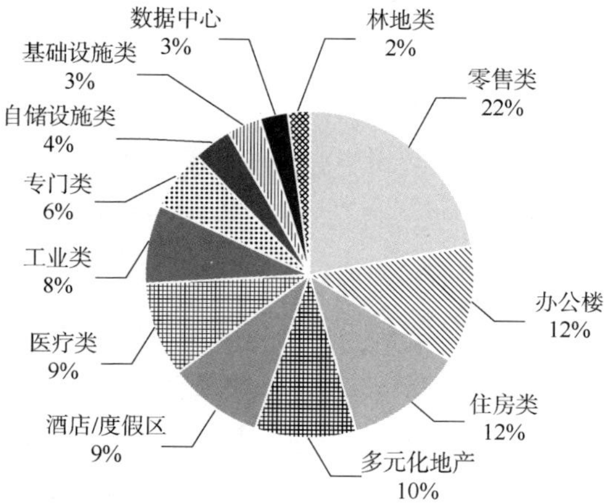

数据来源：Nareits。

图7-1　美国权益类REITs构成：支数（2021年2月）

目前，全球已有三十多个国家和地区相继推出REITs。美国是最早推出REITs的国家，也是全球REITs规模最大的国家，截至2020年，美国共有223支上市的REITs，市值约为1.3万亿美元。日本是亚洲第一个拥有REITs的国家，截至2020年12月，日本拥有62支上市REITs，市值约为14.4万亿日元。

与MBS和CB相比，REITs有三方面的不同：其一，MBS和CB属于固定收益类产品，而REITs属于股权类产品，可像股票一样在交易所挂牌上市，市值波动较大。其二，MBS和CB的基础资产主要以居民住房抵押贷款为主，商业住房抵押贷款为辅，收入来源主要是贷款利息，而 REITs 的投资对象主要是商业地产项目，收入来源主要是商业地产经营中产生的租金、物业费和资产增值等收益。其三，经营方式有所不同。一般而言，REITs 有两种典型的运作方式，一种是成立特殊目的载体向投资者发行收益凭证，将所募集的资金集中投资于房地产及其相关金融资产，并用获得的收益向投资者支付股息；另一种是由房地产或物业开发商将旗下部分或全部经营性物业资产打包，设立专门的 REITs，将 REITs 均等地分成若干份出售给投资者，定期派发红利。而 MBS 和 CB 一般是先构建资产池，再以该资产池为基础在金融市场发行债券，即先有资产后有负债（见表 7－1）。

表 7－1　不动产证券化三种模式比较

	MBS	CB	REITs
收益类型	固定收益类	固定收益类	股权类
基础资产	住房抵押贷款	住房抵押贷款	主要为商业性地产项目
收入来源	利息收入	利息收入	租金、物业费、资产增值等
运营方式	先构建资产池，再发行债券	先构建资产池，再发行债券	（1）先募集资金，再投资运营地产项目 （2）先划定所经营的不动产，再募集资金
是否出表	基础资产将转移至 SPV	基础资产保留在表内，但隶属于担保池	
对发起人的追索权	没有	有	
资产池管理	静态的	动态的	

四、 中国不动产证券化发展现状

当前,我国不动产证券化在整个资产证券化中所占的比重不算高,主要包括 MBS 和少数类 REITs 产品。

(一) MBS

我国金融市场发行的 MBS 产品主要包括三类:商业性个人住房抵押贷款支持证券、公积金贷款支持证券和商业房地产抵押贷款支持证券。

1. 商业性个人住房抵押贷款证券化

商业性个人住房抵押贷款证券化的发起人为商业银行,基础资产为商业性个人住房抵押贷款。我国于 2005 年启动资产证券化,截至 2020 年年底,累计发行了 220 支商业性个人住房抵押贷款支持证券(RMBS),累计发行规模达 1.82 万亿元。2014 年及以前,我国仅发行了三支 RMBS(2005 年、2007 年和 2014 年各一支),2015 年开始,我国 RMBS 的发行开始加快,2018—2020 年,年发行数量跃升至 50 支以上,年发行规模超过 4 000 亿元。截至 2020 年年底,我国 RMBS 余额约为 1.2 万亿元,在全部资产证券化市场中占 25.9%(见图 7-2)。

总体来讲,我国商业性个人住房抵押贷款证券化业务发展相对缓慢。与美国、日本、欧洲资产证券化市场以 RMBS 占主导不同,RMBS 在我国资产证券化市场的占比相对较低。商业银行发行 RMBS 的积极性较低,主要原因包括:其一,住房的集体质押转让问题尚未得到妥

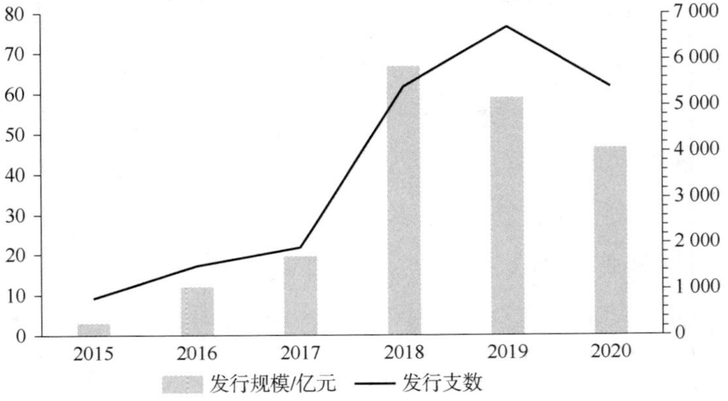

数据来源：Wind 数据库。

图 7－2　我国 RMBS 历年发行规模及数量

善解决。在我国现行法律环境下，住房抵押贷款难以实现质押权的批量集中变更登记，这导致质押权不能从发起人手中真正转移至 SPV 手中，会产生较大的不确定性与法律风险；其二，住房抵押贷款的利率低于一般贷款利率，这种基础资产的低收益对投资者吸引力不大；其三，住房抵押贷款属于银行内部的优质贷款，商业银行缺乏将其证券化的动力；其四，我国购房者提前还款的概率远高于国外居民，造成 RMBS 面临较高的提前偿付风险。

2. 住房公积金贷款证券化

住房公积金是单位及其在职职工缴存的长期住房储金，由职工本人和职工所在单位按职工工资一定比例共同缴存，由各地级市设立住房公积金管理中心，实施统一管理和运作的资金。缴存资金全部归缴存者所有，缴存者不仅可以提取所缴资金，还可以向住房公积金管理中心申请个人住房贷款，用于购买、建造、翻建、大修自住住房。公积金贷款是我国居民住房金融体系的重要组成部分，截至 2019 年年底，我国住房公积金个人住房贷款(以下简称“公积金贷款”)余额为5.6万亿元,约占同期全国个人住房贷款余额的五分之一。

我国住房公积金贷款证券化起步于2015年。2014年10月,住建部、财政部和央行联合下发《关于发展住房公积金个人住房贷款业务的通知》,鼓励住房公积金个贷率在85%以上的城市,主动采取措施盘活存量贷款资产,积极探索发展公积金贷款证券化业务。武汉市住房公积金管理中心于2015年6月尝试发行了我国第一笔公积金贷款支持证券,发行总额为5亿元。2015年9月,住建部、财政部和央行联合发布《关于切实提高住房公积金使用效率的通知》,提出要拓宽贷款资金筹集渠道,有条件的城市积极推行住房公积金个人住房贷款资产证券化业务。截至2020年年底,我国共发行16支公积金贷款支持证券,累计发行额483.5亿元。其中,有7支通过银监会,以信贷资产证券化的方式完成;有9支通过证监会,以资产支持专项计划的方式完成。16支住房公积金贷款证券化发行交易都是在2015年和2016年。2017—2020年,住房公积金贷款证券化的发行规模为零。公积金贷款证券化业务停滞,主要原因可能与住房公积金贷款政策性强、利率低有关。通常来讲,住房公积金个人住房贷款利率要比同期商业性个人住房贷款基准利率低1.65至2个百分点。公积金贷款利率低很可能导致资产池的收益难以覆盖所发行的RMBS融资成本。

3. 商业地产抵押贷款证券化

商业地产抵押贷款是指以商业地产为抵押,以相关商业地产未来收入(如租金、物业费、管理费等)为偿还本息来源的金融产品。商业地产抵押贷款支持证券(CMBS)即是指以商业地产抵押贷款为基础资产的证券化产品。我国CMBS的发行较为特殊。其一,主要采取由证监会主管的券商专项资产证券化(俗称企业ABS)的方式发行。其二,采用“信托计划＋专项计划”双 SPV 结构，即资产支持专项计划的原始权益人向商业地产企业发放信托贷款，形成信托计划（SPV1），商业地产企业获得资金并将商业地产抵押给信托计划（SPV1），资产支持专项计划的原始权益人成为信托计划的受益人。原始权益人（SPV1 受益人）将信托受益权出让给资产支持专项计划（SPV2），SPV2 以此信托受益权为基础资产，发行 CMBS。如图 7－3 所示，CMBS 发行从 2016 年起快速增加，年发行规模从 2016 年的 211 亿元增加至 2020 年的 1 194 亿元，发行数从 5 支增加至 56 支。截至 2020 年年底，CMBS 余额占全部资产支持证券余额的比重约为 7％。

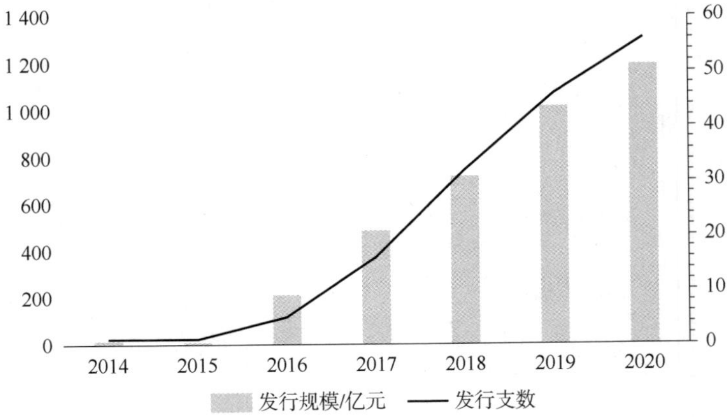

数据来源：Wind 数据库。

图 7－3　我国 CMBS 历年发行规模及数量

（二）REITs

1. 类 REITs

我国从 2014 年 1 月起先后发行了中信启航专项资产管理计划等

数十支类 REITs 产品，都是通过券商专项资产证券化的方式发行。这些产品相当于房地产信托，有明确的期限，为固定利率，均为私募发行。2014—2020 年，我国累计发行了 83 支、1 512 亿元类 REITS 产品（见图 7－4）。2015 年 6 月，我国发行了国内第一支标准意义上的 REITs，鹏华前海万科 REITs。该基金为公募发行，封闭期 10 年，封闭期结束后会转为上市开放式基金。

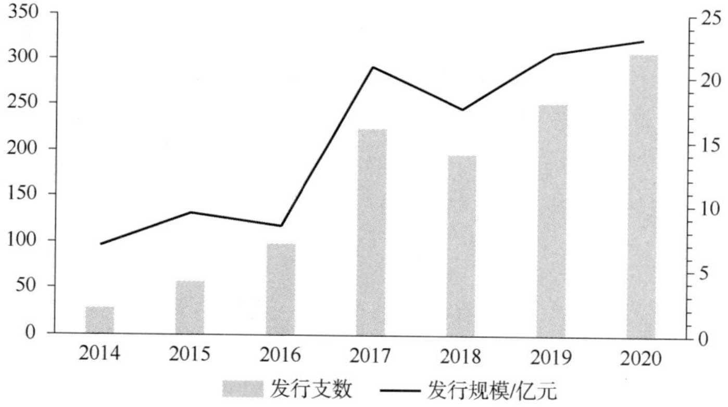

数据来源：Wind 数据库。

图 7－4　我国 REITs 历年发行规模及数量

2．基础设施 REITs

为了促进基础设施领域存量资产盘活，广泛调动各类社会资本参与基础设施投资建设，促进基础设施高质量发展，2020 年 4 月，我国证监会、国家发改委联合发布了《关于推进基础设施领域不动产投资信托基金（REITs）试点相关工作的通知》，决定在全国范围内选取符合条件的基础设施资产开展基础设施 REITs 试点。证监会同时发布了《公开募集基础设施证券投资基金指引（试行）（征求意见稿）》，境内基础设施领域公募 REITs 试点由此正式起步。我国拟试点的基础设施

REITs 规定 80%以上基金资产持有单一基础设施资产支持证券全部份额，基础设施资产支持证券持有基础设施项目公司全部股权；基金通过资产支持证券和项目公司等载体穿透取得基础设施项目完全所有权或特许经营权；基金管理人积极运营管理基础设施项目，以获取基础设施项目租金、收费等稳定现金流为主要目的；采取封闭式运作，收益分配比例不低于基金年度可供分配利润的 90%。文件明确规定，基础设施包括仓储物流，收费公路、机场港口等交通设施，水电气热等市政设施，产业园区等其他基础设施，不含住宅和商业地产。

五、发展和推动不动产证券化的意义和建议

（一）当前我国开展不动产证券化的意义

首先，有利于缓解我国房地产去库存压力。目前，我国房地产市场仍旧存在较大的去库存压力，特别是在三四线城市，与此同时，又有大量居民尚无住房。发展住房抵押贷款证券化有助于增加商业银行等住房抵押贷款发放机构信贷供给，释放居民合理的住房需求；发展 REITs 有助于增加商业地产市场的资金供给，增加商业地产的需求。由此可见，开展不动产证券化有助于房地产平稳去库存，避免房地产市场出现崩溃，从而避免商业银行不良贷款率大幅上升，维持金融稳定。

其次，巩固并加快我国城镇化进程。2019 年，我国常住人口城镇

化率首次超过 60%，户籍人口城镇化率不到 45%。我国目前的城镇化水平远低于欧、美、日等发达国家，城镇化的潜力巨大，每年新增城镇人口超过 1 000 万。住房抵押贷款证券化有助于提高商业银行的信贷意愿，从而可以扩大住房抵押贷款的覆盖范围，满足部分新市民的购房需求。“居者有其屋”将从根本上提高我国城镇化的质量，巩固并加快我国城镇化进程。

再次，发展不动产证券化有助于拓宽居民的投资渠道。目前，我国居民可投资的金融资产种类较为欠缺，多样化程度低，发展不动产证券化有助于降低居民投资房地产的门槛，获取房地产市场发展过程中带来的收益，拓宽居民的投资渠道。

（二）推进不动产证券发展的政策建议

首先，消除不动产证券化过程中存在的法律障碍。例如，妥善解决我国住房集体质押转让问题。在我国现行法律环境下，住房抵押贷款难以实现质押权的批量集中变更登记，导致质押权不能从发起人手中真正转移至 SPV 手中；制定 REITs 专属立法，规范 REITs 监管机制和信息披露机制，使我国 REITs 从产品的设计、资产结构、运营，到收益分配、税收优惠均有法可依。

其次，对符合标准的 REITs 免征企业所得税，避免双重征税。从国外经验来看，推行 REITs 的国家都在 REITs 层面上给予了免征所得税等优惠政策。而我国目前尚无针对 REITs 的税收优惠，REITs 将面临双重征税的窘境。

再次，成立全国性的、大型的政府支持机构实施住房抵押贷款证券化。例如，可考虑先从公积金贷款入手，成立专门的政府支持机构负责公积金贷款证券化，并提供信用担保，这一方面有利于降低公积金贷款证券化的成本，另一方面有利于我国 RMBS 市场的培育，带动商业性居民住房抵押贷款证券化的发展。

第八章

不良资产处置与不良资产证券化：国际经验及中国前景

受经济潜在增速下降、新旧产业转型影响，生产者经营困难；同时，政府税收减少、债务增加，加之美联储进入加息通道，导致国内金融风险大幅上升。主要表现为商业银行不良贷款率和不良贷款余额自2012年持续上升。不良资产的出现和累积，不仅导致商业银行的经营风险上升，利润水平下降，而且影响银行对实体经济的支持，以及中国金融系统的稳定性。

因此，有效处置不良资产问题，无论对中国金融业的稳定，还是中国经济的长远发展都具有重要意义。回顾中国经济在21世纪初期之所以能取得快速发展，金融业之所以能迎来稳定发展的黄金十年，都与20世纪末期中国政府对银行不良资产及时处置密切相关。2016年年初召开的国务院常务会议明确"支持银行加快不良贷款处置"，但考虑到商业银行不良资产的产生背景、银行经营环境以及中国政府债务负担都与20世纪末期完全不同，不良资产处置难以重复历史老路，如何有效处置不良资产是当前中国政府面临的一大挑战。

对此，人民银行等八部委联合发文，提出审慎"开展不良资产证券化试点"的意见，并首批试点工行、建行、中行、农行、交行和招行。与此同时，银行间市场交易商协会发布《不良贷款资产支持证券信息披露指引（试行）》，为进一步推动不良资产证券化业务的高效、有序发展奠定基础。不良资产证券化作为当前金融改革的一项重要举措，在有效化解金融风险的同时，有助于降低杠杆率，盘活存量资产。2017年不良资产证券化试点范围进一步扩大，但离全面实施仍有一定距离。例如，不良资产证券化的特殊性决定了其可能存在的风险，此外，法规和监管的不健全也将制约不良资产证券化的大力推进。

一、不良资产处置的国际经验

他山之石可以攻玉，为了找到中国处置不良资产的有效途径，本节梳理了不良资产处置国际经验，通过分析历史上主要国家如何成功处置不良资产，发现资产证券化在以美、韩为代表的基于市场规则的不良资产处置中作用巨大。

（一）不良资产处置方式的分类

从国际上对商业银行不良资产处置的经验来看，不良资产处置的分类方法有多种。按照处置主体的不同，可以分为银行自主处置模式、托管集中治理模式和坏账直接剥离模式。银行自主处置模式包括两类：一类为商业银行减计资产或增加坏账准备金，对不良资产进行核销，最终所产生的损失由银行自己承担；另一类是在银行内部设立正常信贷部门之外的坏账处理部门，专门负责处理本银行内部的不良资产，即在银行内部区分“好银行和坏银行”。托管集中治理模式，即成立专门的机构托管银行，由此机构对所有银行产生的不良资产进行集中处置，即在银行外部区分“好银行和坏银行”。实践中托管集中治理模式是比较常见的模式，例如“好/坏银行模式”“资产重组信托公司(RTC)模式”和“共同收购机构(CCPC)模式”，三者的区别主要在于托管机构成立方式的不同，例如“好/坏银行模式”成立的托管机构主要由原来的好银行进行控股，“RTC 模式”主要由政府控股，“CCPC 模式”由所有银行共同控股。坏账直接剥离模式即直接将银行的所有坏账剥离并转移给国家，其中最典型的是智利在解决 1975—1985 年银行危机中的做法。

按照不良资产处置中资金流向的不同，可以分为流量法模式和存量法模式。流量法模式即中央银行对不良资产处置提供流动性支持，例如允许银行通过高利差，由其他借款人或贷款人承担不良资产处置损失，但这种做法只在金融抑制且实行利率管制的国家可行。存量法模式指对银行不良资产存量进行处置，以提高银行资产质量，满足银行资本充足率要求，包括对不良资产剥离并进行处置、由政府或社会资本注资等。一般来说，存量法模式在实践中应用更为广泛。

按照不良资产处置中市场化程度的不同，可以分为依靠市场的处置模式和依靠政府的处置模式。依靠市场处置模式指不良资产处置主要按照市场规则进行，不良资产处置损失由银行自行承担，如不良资产竞拍、资产证券化等。依靠政府处置模式指政府在不良资产处置中占据主导地位，不良资产处置损失很大程度上由政府承担，如中国在 2000 年处置银行政策性不良资产时，政府承担了主要损失。一般来说，依靠市场处置模式适应于市场化程度比较高且银行商业化程度高的国家；依靠政府处置模式适应于市场化程度比较低、银行商业化程度低且与政府关系密切的国家，或者在发生重大危机等特殊情况时期。

但在不良资产实际处置时，处置方式并没有进行如上所述的明确划分，往往是不同分类的混合。例如不良资产的银行自主处置模式有些是流量法模式，有些是存量法模式；而存量法模式中有些是依靠市场处置，有些是依靠政府处置。因此，在梳理国际上不良资产主要处置方式后，还需要具体研究较为常用的、有代表性的几种不良资产处置方式。

（二）国际上不良资产处置的主要模式

国际上认为不良资产处置比较成功且有代表性的国家有美国、韩国和波兰，这三个国家分别采用了不同的处置模式。其中，美国为“RTC模式”，韩国为“资产管理公司模式”，波兰为“国有企业与银行重组模式”。

1. 美国“RTC模式”

美国为了解决20世纪80年代中后期出现的储贷机构信用危机问题，建立联邦存款保险公司（FDIC）救助面临倒闭的会员银行，之后在1989年成立重组信托公司（RTC），初期附属于FDIC，1991年开始独立，在运营6年成功完成不良资产处置后，于1995年底自行关闭。凭借法律规定的强化、行动的果断和成熟的资本市场运作，美国不良资产很快得到控制。

具体运作过程如下：首先，美国国会于1989年向RTC注资500亿美元，使其接管所有储贷机构的不良资产，即将储贷机构的好资产与坏资产进行分离；其次，RTC将所有接管的不良资产进行集中处理。为了将不良资产以最高回报进行处置，RTC采取了包括公开拍卖、暗盘竞标、资产管理合同、证券化和合伙经营等在内的多种资产处理手段。在短短几年时间内，RTC成功处置了4 026亿美元资产，为美国20世纪90年代的经济发展奠定了基础。

2. 韩国“资产管理公司模式”

韩国为了处理国有韩国发展银行（KDB）的不良贷款，于1992年成立资产管理公司（KAMCO），1996年将不良贷款处理范围扩大到其他金融机构。亚洲金融危机爆发后，为了处理危机中产生的大量不良贷款，KAMCO 在 1997 年再次进行重组，重组后韩国政府、KDB 和其他金融机构各持股 38%、31%和 31%，使 KAMCO 成为韩国不良资产处置的重要机构。KAMCO 对有担保的不良贷款按面值的 3/4 购买，无担保的不良贷款按面值的 1/4 购买，沉淀不良贷款按面值的 3%购买。不良资产处置主要包括两种手段：第一种是进行两次大规模拍卖，并大力鼓励外资进入；第二种是资产证券化，其为韩国不良资产处置的重要手段。据统计，1/3 韩国不良资产是通过资产证券化进行处置的。

3. 波兰"国有企业与银行重组模式"

波兰是转轨国家不良资产处置的代表。受波兰经济体制转轨影响，企业债务问题日益严重，贷款多数转化为银行不良资产；而且由于转轨过程中，约束机制的软化和风险监管体系的缺乏，加剧了银行资产负债表的恶化。为了进一步推动波兰银行改革和企业改革，波兰各界对银行不良资产处理达成共识，决定对波兰银行实行"重组计划"。

"重组计划"的具体措施包括：首先，由政府向控股 50%以上的银行提供财政注资，作为之后债务重组的基础；然后，采取包括调解协议、司法程序以及债转股在内的多种途径处置银行不良资产，实施"重组计划"；同时还组建了工业发展局，专门处理不良贷款。"重组计划"简化了债务人和债权人之间的矛盾，波兰政府在其中发挥了积极的主导作用。

通过比较上述三种不良资产处置模式，可以发现三种模式既有一定共性，又有各自特点，不同国家对不良资产处置模式的选择与国家之间经济金融发展水平的差异密切相关。

首先，三种模式均为存量处置模式，核心都是将不良资产进行剥离，并折价销售，同时成立了专门处理不良资产的机构。在处置过程中，政府和市场均发挥了作用，而且在不良资产处置初期，政府发挥作用较大。例如，美国成立重组信托公司，韩国成立资产管理公司，波兰对银行提供财政注资。

其次，美国、韩国和波兰由于市场化程度不同，市场在其中发挥作用不同。其中，美国市场化程度最高，韩国居中，波兰最低，因此市场在其中的作用也依次减弱。但总体来说，三者不良资产处置的效果都非常显著，为之后国家的经济发展奠定了基础。因此并没有任何一种"放之天下而皆准"的模式，必须根据不同国家的不同情况选择适合的模式。

再次，韩国在不良资产处置中引入外资也是其成功的一个原因。韩国与日本在亚洲金融危机后都产生了大量不良资产，而且都采用不良资产剥离后集中处理的方式进行处置，但不同的是，韩国由于引入了外资，在不良资产定价和处置中学习先进经验，最终取得了成功；相反，日本在外资引入中较为保守，自身市场发展水平又无法保证其对不良资产合理定价，而且在不良资产剥离中有所隐瞒，导致不良资产处置效果比韩国差。因此，及时、果断且不隐瞒的态度是成功处置不良资产的关键。

最后，美国和韩国在不良资产处置中都进行了金融创新，大量利用证券化对不良资产进行处置。这也是资产证券化之后在这些地方发展比较快的原因。

（三）不良资产处置中的资产证券化

作为20世纪最重要的金融创新之一，资产证券化在以美国和韩国为代表的基于市场原则的不良资产处置中发挥了重大作用，是最重要的不良资产处置手段之一。不良资产证券化，顾名思义，即资产所有者通过组合打包，将资产池中流动性较差的部分以证券化的方式使其在金融市场上流动，从而提高资产流动性。

不良资产证券化最早起源于美国 RCT 公司推出的“N”系列计划。这一计划对与房地产相关的不良贷款进行了总计 14 亿美元的证券化，加快了不良资产处置进度，同时也推动了美国住房抵押贷款证券化的发展。目前美国是资产证券化的最大发行国，发行额占全球一半以上。

不良资产证券化在欧洲的发展以意大利为代表。意大利受 20 世纪 90 年代早期经济衰退和监管不严影响，银行系统积累了大量不良贷款，为解决不良贷款问题，意大利大力推动资产证券化，并通过证券法，于 1997 年发行了第一支不良资产证券化，之后相继发行了 30 多支不良资产证券化。

不良资产证券化在亚洲的发展主要在 1997 年亚洲金融危机之后。为了处理金融系统大量不良资产，日本、韩国开始修订或重新制定资产证券化相关法律，资产证券化由此在这两个国家得到快速发展。随后，2002 年印度制定《金融资产证券化与重组法案》，同年，中国台湾地区发布了金融资产证券化规定，促使不良资产证券化在印度、马来西亚和中国台湾省也出现较快发展。

具体来说，不良资产证券化的作用如下：第一，提高资产处置效率。一般来说，证券化过程需要参与者充分竞争，通过竞争在降低道德风险的同时，可以依赖市场力量实现资产回收价值最大化。第二，降低不良资产处置成本。通过证券化实现不良资产变现与其他不良资产处置方式相比，交易成本较低，同时变现速度较快。第三，促进资产流动性。资产证券化能够彻底改善商业银行不良资产状况，在提高银行经营业绩的同时，降低银行由于资产负债期限结构不匹配带来的各种风险。第四，不良资产证券化将不良债权转化为可流通的有价证券，将潜在风险分摊给愿意承担的投资者，在降低银行风险、改善资产负债结构的同时，拓宽了银行融资渠道，丰富了市场投资品种。

资产证券化能够在不良资产处置中发挥作用与政府的支持密切相关。首先，对美国和韩国来说，不良资产处置初期的载体或由政府注资成立（如 RTC），或由政府参股成立（如 KAMCO），但无论哪种方式，政府对不良资产证券化都给予了积极支持，其中韩国政府允许 KAMCO 以政府信用发行债券，并利用发债资金购买银行不良资产，政府在提供信用担保的同时承担部分债券利息；其次，不良资产证券化的大力发展得益于政府对法律环境的保障。例如美国颁布的《金融机构改革、复兴和实施法案》及之后的相关法案，为不良资产证券化在美国的发展铺平了道路，而 RTC 的成立也完全基于此法案。韩国在成立 KAMCO 处理不良资产的同时，快速颁布了《资产证券化法案》，这个法案除了规定证券化的资产、特别载体、发起人外，还特别规范了不良资产证券化行为，为不良资产证券化在韩国的发展提供了有力依据，同时促进了韩国资产证券化的快速发展；再次，对新兴市场国家韩国来说，不良资产证券化的成功与政府鼓励外资进入有关。由于韩国国内机构投资者缺乏足够的资金和技术支持，为了成功处置不良资产，政府放松对外资进入的管制，鼓励其积极参与不良资产证券化，如韩国的大部分不良资产证券化都是针对欧美投资者发行，外资的参与使得韩国不良资产问题得到快速有效处理。总之，政府在不良资产证券化初期发挥了主导作用，之后随着立法和市场环境的改善，基于市场规则的不良资产证券化活动成为市场主体。

二、中国不良资产处置的道路选择

本节通过对比当前商业银行不良贷款处置与2000年前后的不同，认为由于不良资产产生背景、银行经营环境以及政府债务负担的不同，当前不良资产处置难以重复历史老路。相对来说，不良资产证券化将更为可行和有效。

（一）不良资产处置难以重复历史

回顾中国金融发展历程，最主要的一次不良资产处置是在2000年前后。考虑到当时中国金融市场发展状况，以及不良贷款产生的原因，处置不良资产的主要做法是国家成立资产管理公司，由其对所剥离不良资产进行处置，处置方式主要为债转股。在此之前，中央政府于1994年对国有商业银行政策性业务与商业性业务进行了分离；并在1998年发行特别国债2700亿元，对国有商业银行进行注资。这些措施虽然没有实质性减少银行快速增加的不良贷款，但却为之后成立资产管理公司、进行资产剥离奠定了基础。

1999年信达、东方、长城和华融四家资产管理公司成立，分别接收和处置从工商银行、农业银行、中国银行和建设银行等银行剥离出的不良资产。不良资产剥离和处置可以分为三个阶段：即银行政策性剥离，资产管理公司政策性接收，按照"两率"承包经营阶段；银行政策性剥离，资产管理公司商业化接收，自负盈亏阶段；银行商业化剥离，资产管理公司商业化购买，自负盈亏阶段。

在第一、二阶段，银行主要进行政策性剥离，针对的是商业银行承担政策性功能所产生的呆坏账。但不同的是，在第一阶段（1999—2000年），银行按账面值剥离不良资产，资产管理公司按账面值接收，并根据资产回收率和现金回收率等考核指标进行承包经营，最终损失由国家承担。在这一阶段，四家资产管理公司累计从四大国有银行接收 14 322 万亿元政策性不良资产。在第二阶段（2004—2005 年），银行按账面值或账面值的一半剥离不良资产，资产管理公司按市场规则接收，最终损失（或盈利）由资产管理公司承担。在这一阶段，四大国有银行共计剥离 7 791 亿元政策性可疑类不良资产。第三阶段（2005 年之后）的不良资产剥离是考虑国有银行改制、重组和上市需要的主动行为。这一阶段的不良资产剥离主要是商业化剥离，针对的是商业银行自身经营过程中所产生的呆坏账。资产管理公司对银行所剥离的商业性不良资产按市场规则购买，最终损失由银行自行承担。在这一阶段，四家资产管理公司进行的不良贷款交易累计约 1 008 亿元（见表 8－1）。截至 2009 年，四家资产管理公司累计接收、收购和受托管理的不良资产达 34 038 亿元（见表 8－2）。

此外，为了配合国有银行改制、重组和上市的需要，2004 年中国政府向五家国有银行共计注资 450 亿美元。

由于各种原因，我们无法准确获得政府此次不良资产处置成本的相关数据。但通过初步估算可以得知[①]，在不计算资产管理公司运营

① 首先，政府两次分别对银行注资 2 700 亿元人民币和 450 亿美元，按照 2004 年人民币兑美元平均汇率 8.7 计算，两次合计注资 6 615(＝2 700＋450×8.7)亿元。其次，估算不良资产处置成本，假设截至 2009 年资产管理公司接收的 34 038 亿元不良资产，有 14 000 亿元无法处置，其他 20 000 亿元不良资产以不超过 30%的资产回收率进行处理，那么国家、资产管理公司和银行为此付出的成本估算为 28 000[＝14 000＋20 000×(1－30%)]亿元，即不良资产处置直接成本为 34 615(＝6 615＋28 000)亿元。

成本的前提下，20世纪末期不良资产处置直接成本约为34 615亿元，与标普2003年对中国不良资产处置5 000亿美元的成本估算基本相符。

表8-1 资产管理公司不良资产处置阶段汇总

	第一阶段	第二阶段	第三阶段
时间	1999—2000年	2004—2005年	2005年之后
坏账性质	承担政策性功能产生的坏账		自身经营中产生的坏账
处置目的	处置不良资产		配合国有银行改制、重组和上市
剥离性质	政策性剥离		商业化剥离
接收方式	政策性接收	商业化接收	商业化购买
接收价格	账面价值	账面值的一半	商业化原则
损失承担	国家承担	资产管理公司自负盈亏	
接收规模	14 322万亿元	7 791亿元	1 008亿元

资料来源：作者整理。

表8-2 资产管理公司不良资产处置情况

项目	2003	2004	2005	2006年第一季度
累计处置/亿元	5 093.7	6 750.4	8 397.5	8 663.4
其中：现金回收/亿元	994.1	1 370.0	1 766.0	1 805.6
阶段处置进度/%	41.1	54	66.7	68.61
资产回收率/%	27.8	25.5	24.6	24.2
现金回收率/%	19.5	20.3	21	20.84

资料来源：作者根据《中国金融年鉴》整理。

虽然中国在早期不良资产处置中付出了巨额成本，但总体仍然是利大于弊。首先，因为政府审时度势，及时彻底地处置了大量不良资产，中国银行业不良贷款率从2001年开始稳步下降，资产质量大为改善，并在成功股改上市后，盈利能力增强，股权增值，为国家贡献了大量税收，促进了国有企业的进一步改革；其次，在不良资产成功剥离后，银行长期保持经营稳定性，即使在2008年全球金融危机中，依然保持了强劲的扩张能力和盈利能力，保障了国民经济的平稳增长。事实证明，组建资产管理公司，实施政策性不良资产剥离，并对其进行债转股处置，是符合中国国情和当时实际的正确做法。

在2000年初不良资产处置完成后十年，中国银行业再次面临不良贷款上升问题。而正确及时处理不良贷款问题，无论对中国经济的再次快速发展，还是银行业的长期可持续发展都至关重要。目前，中国信贷增速远高于经济增速，但经济增速不升反降，同时信贷成本持续高企。有研究认为，这主要是因为2008年政府4万亿元财政刺激计划导致信贷过快增长，信贷质量下降，虽然在中国高储蓄率支撑下，信贷链条依然能够运转，但信贷效率低下，大量资金被用来偿还债务，占用了可以真正用来投资的部分，同时也推高了信贷成本①。如果这种隐性不良贷款问题无法得到彻底解决，那么长久下去，即使银行愿意为债务人提供新增贷款，不断增长的债务和利息负担也会越来越压抑企业的投资意愿和创新能力，阻碍中国经济健康可持续发展；而过高的债务本身也不利于银行长期稳定。因此，处理包括隐性不良贷款在内的不良资产对当前中国来说重要且迫切。

那么如何处理当前银行不良资产问题便是摆在中国决策者面前

① 张军：中国经济的“非常态”，网易财经，2015年3月18日。

的一道难题，是否可以延用之前的不良资产处置模式？在得到任何结论前，我们首先对前后两次银行不良资产做一比较。通过比较可以发现，两者在很多方面都大不相同。

首先，债务产生背景不同。之前不良贷款产生于计划经济盛行时期，银行在很大程度上作为政府财政的补充，为企业发展提供了资金，但同时也产生了大量政策性不良贷款；同时，由于银行本身产权结构不明晰，内控制度形同虚设，诱发银行逆向选择，导致不良贷款产生。相比之下，当前银行市场化运作，银行对企业的贷款与财政基本无关，因此，不存在政策性不良贷款问题，而更多是经济周期和结构性调整的结果。

其次，银行经营环境发生巨大变化。目前，包括交通银行在内的五家主要商业银行已经实现成功上市，完全按照市场规则运营。虽然国家在其中占有大量股份，但银行与政府的关系与之前相比完全不同。因此，在这种大背景下，不可能按照之前的模式处理当前银行不良贷款。

最后，也是最重要的一点，政府债务负担较高。按照估算，上一轮不良资产直接处置成本为 34 615 亿元，占 2000 年全国财政收入的 25.8%，直接导致各级政府总债务占 GDP 比重从 1997 年开始大幅上升（见图 8-1），考虑到 1990 年至 2007 年中国经济保持了年均 10.2% 的高速增长，各级政府总债务占 GDP 比重处于相对较低水平，因此高额不良资产处置成本仍可接受。2008 年金融危机后，GDP 增速出现明显下降，各级政府总债务占 GDP 比重快速上升，2010 年各级政府总债务占 GDP 比重接近 1997 年的 3 倍，加之其他一些隐性债务，当前政府债务负担非常沉重，不可能采取之前的不良资产处置手段。

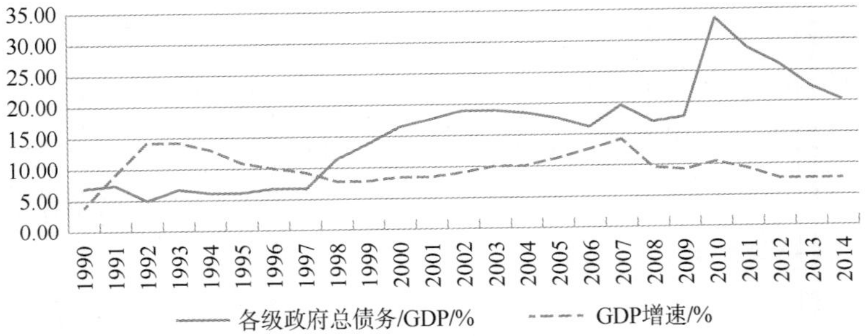

数据来源：Wind 数据库。

图 8－1　中国各级政府总债务占 GDP 比重与 GDP 增速

（二）不良资产证券化是正确选择

基于对当前形势的分析，我们认为中国未来不良资产处置必定是依靠市场规则对存量资产进行处置，例如，债转股模式和不良资产证券化模式。

对银行来说，以市场为导向的债转股虽然可以作为不良资产处置的一个可选途径，但并没有绝对优势。第一，资本消耗明显。《商业银行资本管理办法》规定，商业银行被动持有的对工商企业股权投资在法律规定处分期限内（两年）的风险权重为 400%，之后将升至 1 250%，对商业银行资本消耗巨大；第二，对商业银行价值提升有限。对中国银行业来说，其核心竞争力在于风险管理，而非产业整合，因此，在现有制度框架下，债转股很难使银行从一般债权人转化为战略投资者；第三，股权退出机制存在挑战。债转股是否可以拯救债务人，对此没有确切答案，而两年后，银行所持股权如何转让，也是未知数；

第四，债转股实际操作中有可能产生逆向选择和道德风险。目前，对债转股对象的选择没有明确标准，有可能导致在某些极端情况下出现腐败，或仅选择国有企业的债转股。因此，债转股与其他不良资产处置方式相比，并没有绝对优势。

而相对来说，不良资产证券化模式与其他不良资产处置方式相比，优势较为显著。

第一，不良资产证券化能高效处置银行不良资产。不良资产作为存量资产的一部分，在消耗银行资本的同时，也不利于银行资产结构的调整。不良资产证券化一次性将不良资产大规模出表，能直观降低银行的不良贷款率，改善银行的资本充足率和拨备覆盖率，腾挪被不良资产占用的准备金和授信空间，显著优化财务数据，降低经营成本。

第二，不良资产证券化处置手段丰富。与资产管理公司处置不良资产相比，银行作为贷款的发放机构，对贷款人及不良资产本身更为了解，因此在制定清收方案时能更好地贴合实际情况。而且由于银行集中掌握着金融资源，具有较强的社会地位，能够协调到有利于自身的资源，从而提高资产处置的效率和回收水平。

第三，不良资产证券化能够满足众多投资需求。资产证券化作为标准化的投资工具，拉近了银行信贷市场与资本市场之间的关系，在保障银行信贷流动性的同时，增加投资工具，扩大投资渠道。此外，不良资产证券化的分级功能及高流动性，可以满足多数投资者的不同需求。

第四，不良资产证券化处置成本低，潜在收益高。与其他不良资产处置方式相比，不良资产证券化处置成本固定，当处置金额较大时，处置成本会显著降低。而其超额服务费的设计机制，保留了发起机构对超出预期回收金额之外的剩余价值进行分配的权利，从而增加了发起机构的发行动力和尽职意愿。

第五，不良资产证券化的公开发行数据为不良资产处置提供了数据，积累了经验。按照现行规则要求，不良资产证券化不仅需要在发行时进行信息披露，而且在证券存续期内应持续披露不良贷款的处置状况。这种全面信息披露机制为未来不良资产处置中信用评级和价值评估的准确进行提供了可能。因此，利用资产证券化模式处置不良资产是当下较好的选择。

（三）中国推进不良资产证券化的可行性

早在2000年前后，已有学者提出利用资产证券化处置商业银行不良资产，如周小川(1999)通过分析资产证券化在不良资产处置中的国际经验，提出中国可学习这些经验处置银行不良资产，谢平(1999)对如何进行商业银行不良资产证券化进行了具体分析，李小鹏(2002)分析了资产证券化在资产管理公司不良资产处置中的作用及具体模式选择。但由于当时中国资本市场发展的不成熟以及银行不良资产的特殊产生根源，不良资产证券化没有实现(何德旭，2000)。

这些分析在当时来看，具有一定合理性和前瞻性，即使在十多年后的今天，仍然十分适宜。目前，考虑中国资本市场发展更为成熟、银行实现商业化运营、投资者得到培育以及政府对资产证券化的支持，提出利用资产证券化处置不良资产具有较强可行性。具体来说：

中国资本市场发展逐渐成熟。中国多层次资产市场已经初具规模，包括主板市场、中小板和创业板市场、新三板市场和地方股权交易市场，资本市场总市值超过50万亿元，与GDP规模相当，在全球资本市场中的地位不断提高，甚至产生了一定外溢性。中国资本市场发展日益成熟，为不良资产证券化创造了基本条件。

银行实现商业化运营。伴随资本市场的发展，四大商业银行在经过十多年的改革后，于 2006 年、2007 年成功实现整体上市，完成商业化转制。至此，商业银行的运营完全基于市场规则，不再承担政府提款机职能，而相应地，商业银行的不良贷款完全与经济发展和自身运营相关。因此，本次不良资产处置只能基于市场规则，利用资产证券化实现。

投资者得到培育。伴随着中国资本市场的发展，成长了一批个人和机构投资者，这些投资者经过资本市场多年的历练，已经具有了一定的风险防范意识以及成熟的投资理念，因此对不良资产证券化更容易接受。未来不良资产证券化的发行将使得投资品种更为丰富，在低利率时期提供高收益产品，由于不良资产证券化能够实现分层，可以为不同投资者提供相应的投资选择。

政府对资产证券化发展的支持。2012 年资产证券化在沉寂了五年时间后重新启动，得到了政府的大力支持，例如将资产证券化的发行由审批制改为备案制，不断扩大资产证券化试点规模，使得资产证券化在 2014 年出现爆炸式增长，3 310 亿元的发行规模远超 2005 年至 2013 年的总和。因此，政府的政策支持是不良资产证券化推行的重要保障。

国际上成熟的不良资产证券化经验。放眼全球，包括美国、意大利、韩国等在内，历史上成功的不良资产处置均离不开资产证券化的身影。而无论是美国的“RTC 模式”，还是韩国的“资产管理公司模式”，资产证券化都是不良资产处置的重要工具。未来，这些成熟的经验必将为我所用，以帮助中国更好地处置即将到来的大量不良资产。

三、中国不良资产证券化的现状及前景

为了遏制商业银行持续不良双升，2016 年初，央行联合各部委重启不良资产证券化，并在 2016 年成功发行 14 支。与此同时，不良资产证券化的发行效果显著，仅半年时间，商业银行不良贷款比例下降了 0.2 个百分点。2017 年不良资产证券化试点范围进一步扩大，但距离全面推进仍然有一段距离，需要解决各种潜在风险和问题。

（一）不良资产证券化的潜在风险及面临问题

通常来说，作为不良资产处置的重要工具，不良资产证券化的目的是为了分散风险，以避免危机的爆发。但实际上，不良资产证券化是将单个银行的风险转化和分散。如果在不良资产证券化发行过程中出现监管缺位或过度证券化，反而可能导致资产价格的泡沫和失真，继而引发更大系统性风险的爆发，例如美国 2008 年次贷危机(Mascia & Bruno，2012)。

此外，除不良资产证券化自身可能带来的潜在风险外，我国不良资产证券化处于初期试点阶段，仍然在各种问题上面临一系列挑战，这些问题如果处理不好，也会导致风险的产生。

第一，机制不完善影响不良资产证券化估值的准确性。准确估值是不良资产证券化成功的前提和关键，但目前，由于相关机制的不完善很难做到对其准确估值。其一，信息披露机制不完善。信息透明是准确定价的基础，在现有信息披露机制下，风险无法被充分揭示，多数投资者因恐惧风险谨慎参与，导致市场参与者较少，定价不准确。其二，缺乏统一交易市场。目前，资产证券化市场被人为割裂，而且交易规模较小，二级市场发展的不完善必定会影响一级市场的准确定价。其三，无外部独立估值机构。不良资产证券化的定价完全基于不良资产可回收现金流的多少，但实际上，不良资产可回收现金流受多重因素影响，需要专业机构估值。其四，利率市场化改革不彻底。收益率数据是对不良资产证券化进行估值的基础，但由于我国利率市场化改革尚未彻底完成，国债发行规模较小，因此尚未建立完整的收益率曲线。

第二，不良资产证券化产品流动性较低。目前，中国不良资产证券化产品重启发行，但规模有限，流动性较低，无法为一级市场的发行提供定价帮助。造成这种局面的原因在于：其一，不良资产证券化产品的持有者单一，多为大金融机构，且产品规模较小，品种较少，因此，投资者多互持产品，且持有至到期。其二，不良资产证券化产品主要在银行间市场发行，参与主体受金融市场分业经营分业监管制度限制，只能有有限的投资者购买。其三，不良资产证券化产品投资需要较高专业知识和操作经验，但目前多数金融机构人才积累不足，尤其是中小银行，限制了其深入参与。

第三，投资者群体及市场成熟度有待进一步提高。不良资产证券化产品一般被分为优先级和次级，通常优先级债券由于收益有保障，受到包括银行、基金和券商等金融机构的欢迎，而相对来说，次级债券由于存在高风险，要求投资者能够理性评估风险和收益，对其风险承受能力和投资能力均有较高要求。但目前由于缺乏成熟的投资群体，多数次级债券主要以打包方式转让给各家资产管理公司，限制了不良资产证券化的规模扩张。此外，未来最值得关注的是投资者对风险的认知程度，如果投资者对不良资产证券化的潜在风险没有充分认识，很可能在风险爆发时向不良资产证券化发行银行进行索赔，导致风险不能真正出表，以及可能存在的刚性兑付问题，反而加剧风险。

第四，法律机制的不完善影响不良资产证券化的大力推进。不良资产证券化过程涉及众多交易主体，交易结构复杂，需要完善的法律法规体系来保证其运作，否则很容易将局部风险演化为系统性风险。其一，SPV 设立存在法律障碍。目前公司型 SPV 的设立很难满足我国法律对股份公司在注册资本等方面的要求，与不良资产证券化成本低、效益高的特点完全违背，需要从法律制度建设方面彻底改变。其二，信托受益权的法律地位需要进一步明确。不良资产证券化依赖信托制度而存在，但我国目前的法律对信托收益权证是否属于有价证券并没有明确立法，其资金募集方式类似于私募，在购买和营销中都受到限制。最后，不良资产证券化抵押权登记变更问题也导致不良资产证券化存在一定法律风险和瑕疵。

（二）中国推进不良资产证券化的策略及主体选择

未来，不良资产证券化将成为我国不良资产处置的重要工具，但考虑到所面临的各种问题，在不良资产证券化产品设计中应采取相应策略，为不良资产证券化的全面推进奠定基础。

第一，不良资产证券化发展需要以保障金融体系的安全为前提，应将风险隔离（或风险分散）作为基本原则。即保证处置后的银行不良资产与银行正常资产之间风险隔离，贷款人被证券化的资产与其他资产之间的风险隔离，以及不良资产发起人和持有人之间的风险隔离。目前我国普遍采用的通过资管计划或信托计划进行隔离的做法缺乏法律支持,可能将风险留在发起人银行中,但却没有相应资本支持。因此,为了保证风险被真实有效隔离,需要成立独立的特殊目标载体(SPV)。

第二,为了真正实现发行主体和持有主体的风险隔离,应推动投资者结构多元化。目前,我国现有证券化产品主要为信贷资产证券化,其基础资产均为优质资产,风险较低,加之其主要在银行间市场交易,发行者和投资者均为银行,因此超过一半的证券化产品仍然保留在银行内部,被不同银行交叉持有。未来,如果不良资产证券化产品仍然以这种模式销售,将失去风险隔离(或风险分散)的初衷。因此,随着资产证券化市场的深入发展,以及不良资产证券化的开展,应允许包括券商、基金、保险等在内的更多投资者进入,实现持有主体多元化,甚至可模仿韩国做法,引入外国投资者持有不良资产。

第三,对不良资产证券化而言,风险分散的关键是合理定价。只有合理的价格才能使得风险在买卖双方间达到平衡,否则或因投资者缺乏购买兴趣,或因银行没有进行资产证券化的动力,最终都无法实现不良资产证券化风险分散的目的。目前,不良资产证券化定价的基本思路是在相同评级、相同期限的银行间中短期票据的利率基础上增加包括流动性补偿和风险补偿在内的利差补偿,体现了高风险高收益原则。定价方式分为银行聘请独立评级机构开展调查、SPV 聘请第三方独立机构开展调查和潜在购买者投标竞价三种,三种定价方式虽各有利弊,但都依赖金融中介服务机构。因此,对不良资产证券化进行合理定价,除了需要培育国内金融中介机构外,还可考虑引入国外相应金融中介机构。

第四,避免不良资产证券化风险传染的最重要举措是信息披露透明。受美国次贷危机影响，国内投资者对不良资产证券化投资较为谨慎，而实际上，次级贷款证券化与不良资产证券化存在较大差异，例如，定价方式和交易结构的不同。但两者最根本的差异在于信息披露程度的不同，其中，次级贷款证券化隐瞒了基础资产的真实情况，没有进行充分的信息披露，使得定价按照一般资产证券化的定价方式进行，明显存在价格高估和风险低估；相反，不良资产证券化明确告诉投资者基础资产为不良资产，定价方式也不同于一般资产证券化，风险与收益相匹配。因此，信息的足够透明，将有助于投资者更好地理解所投标的，消除对不良资产的误解和风险恐惧，避免更大的风险积聚。

第五，关于发行主体，商业银行和资产管理公司均可成为不良资产证券化的发起人。在 2005 年至 2008 年我国首次资产证券化试点期间，发行了四支不良资产证券化产品①，其中三支的发起人为资产管理公司，一支的发起人为商业银行。商业银行作为不良贷款的实际持有人，有优先选择是否作为不良资产证券化发起人的权利，但在已发行四支中仅选择了一支作为发起人，说明商业银行和资产管理公司作为发起人各有利弊。

商业银行虽然可将不良资产打包处置给资产管理公司，但同时也必须向资产管理公司让渡一部分利益。另一方面，商业银行自己对不良资产进行证券化，需要具有相关能力和技术的人力投入，而这可能不是所有银行都具备的，尤其对中小银行来说，当不良资产规模没有足够大时，由自己作为发起人的成本会比较高。因此，对大银行来说，可以选择自己作为不良资产证券化的发起人，也可以将不良资产打包

---

① 包括东方资产管理公司所发行的“东元 2006－1 重整资产支持证券”、信达资产管理公司所发行的“信元 2006－1 重整资产支持证券”和“信元 2008－1 重整资产证券化信托”、建设银行所发行的“建元 2008－1 重整资产证券化信托”。

处置给资产管理公司；但对中小银行而言，将不良资产打包处置给资产管理公司或者其他大银行将是最优选择。

四、 结论与建议

通过上述分析，可得到以下结论：第一，资产证券化是依靠市场力量处置不良资产的主要工具；第二，经济下行期中国银行业不良资产快速增加，及时处置不良资产对金融稳定和经济发展至关重要；第三，当前中国不良资产处置不可重复历史老路，应推行资产证券化方式；第四，中国当前推进不良资产证券化应基于风险分散原则，发行主体可为商业银行和资产管理公司，持有主体应多元化。

目前，资产证券化在中国尚处于起步阶段，市场发展潜力巨大，但由于法律、监管等方面的缺陷，发展受到一定制约。不良资产证券化作为一种特殊的资产证券化模式，与一般资产证券化相比，除了基础资产性质和定价方式不同外，其他方面没有区别。因此，制约一般资产证券化的问题对不良资产证券化同样存在，而不良资产证券化的特殊性决定了其在实践过程中将更为复杂。2016 年 5 月 27 日，招商银行和中国银行同时发布不良资产证券化产品的最终发行文件，标志着不良资产证券化在时隔八年后正式重启。未来，为了进一步推进资产证券化在中国银行不良资产处置中发挥重要作用，我们提出以下建议：

第一，合理定价是资产证券化市场发展的前提。常言道“没有卖不出去的产品，只有定价不合理的产品”，这句话对资产证券化产品同样适用，只要具有合理的价格，便可以找到相匹配的投资者，因此合理的定价是资产证券化流通的关键。资产证券化产品合理定价需要拥有充分的披露信息、基准收益率曲线、历史违约数据以及适合本土的定价技术，但这些因素在当前中国均较为欠缺，未来应有针对性地采取相应措施，如加快利率市场化及配套改革，以完善收益率曲线；打破刚性兑付，允许违约出现；建立专业的外部独立估值机构，甚至可吸引外国金融中介机构进入；加强信息披露可借鉴国际债券市场电子化交易平台的经验，为所有投资者提供更多的包括数据信息、交易分析与管理等在内的服务，同时对虚假信息的提供者实行无限期追责的严厉惩罚。

第二，提高产品流动性是资产证券化市场发展的根本。资产证券化产品根据发行主体的不同，分为信贷资产证券化、企业资产证券化和资产支持票据，三种产品被人为分割在银行间市场和交易所市场。市场之间无法流动，加之资产证券化产品本身存量较小，导致资产证券化流动性较低。对此，短期可借鉴企业债做法，允许资产证券化产品进行跨市场发行，长期可统一资产证券化交易平台。此外，可从一级市场扩容和多样化投资者结构着手。当前虽然资产证券化市场发展迅速，但与其他产品相比，市场规模仍然较小，对此可从便利化发行程序以及降低发行成本等方面着手，鼓励企业通过发行资产证券化产品融资，尤其对于不良资产问题严重的金融机构，资产证券化更是较好选择。最后，针对投资者多为大金融机构的现状，需要考虑如何降低资产证券化市场进入门槛，引导包括外国投资者在内的更多投资者进入，并通过回购、做市商以及第三方流动性支持等制度安排提高二级市场流动性。

第三，有效监管是资产证券化市场健康发展的保障。不良资产证券化的基本原则是风险分散，但实际上，从美国次贷危机的爆发可以看出，资产证券化市场如果没有强有力的监管护航，就有可能集聚风险。资产证券化产品将资本市场和货币市场相结合，业务链条较长，涉及多个监管部门。但目前国内无相匹配的监管模式，多头监管容易造成监管过度或者监管缺失，因此未来短期内需要在一行三会间建立针对资产证券化的有效监管协调机制，长期可选择建立统一监管模式。此外，在资产证券化的监管中，应时刻防范风险，包括加强信息披露，尤其是与基础资产有关的信息，这一点对不良资产证券化尤为重要；对投资者进行风险识别教育，强化行业自律行为；加强对具有系统重要性的金融机构监管，以及避免外部评级机构评级中的利益冲突。

第四，政府出台相关政策是资产证券化发展的关键。美、韩不良资产之所以能够成功处置，与政府适时颁布了资产证券化相关法案密切相关，这些法案除了对资产证券化进行规范外，对不良资产证券化行为更有专门提及，为不良资产证券化的发展提供了依据。而在中国，除了缺乏专门的法律规范外，现行立法中还存在一些阻碍证券化发展的规定，例如，房地产质押权的集体转让及证券化产品重复征税等问题。因此，未来除了需要对阻碍证券化发展的规定进行改革外，还应对资产证券化行为进行专项立法，包括明确信托受益权的法律地位，规范不良资产证券化行为等。

第九章

资产证券化的供给与需求：文献综述

资产证券化是指将之前由金融中介持有至到期的信贷资产打包并分割成标准化的债券，最终在资本市场上出售的过程。资产证券化的实质是通过结构化安排将低流动性的非标准化资产转变为高流动性的标准化资产。资产证券化模糊了贷款和债券之间的界限，改变了金融中介的运行模式，对传统金融中介理论提出了很大的挑战(Gorton & Metric, 2012b)。因此，资产证券化被视为最近几十年以来全球金融市场最重要的金融创新之一。

资产证券化起源于20世纪70年代初，从20世纪90年代起加速发展，并在美国次贷危机爆发的前几年经历了突飞猛进式的发展。次贷危机爆发前，美国资产支持证券的规模已相继超越公司债、市政债和国债，一举成为美国债券市场上规模最大的品种。然而，资产证券化被普遍认为与美国次贷危机的爆发和传染有着密切的联系(Brunnermeier, 2008; Gorton, 2008; Criado & van Rixtel, 2008)。次贷危机爆发后，美国资产证券化的规模显著萎缩。人们对资产证券化的认识也随之发生了深刻的变化，特别是经济学界涌现出了很多与资产证券化相关的新研究。

为了更深刻地理解资产证券化的本质以及更好地促进我国的相关实践，我们不仅需要总结发达国家资产证券化的发展历程与经验教训，而且需要掌握与资产证券化有关的理论与实证分析。本章试图对迄今为止与资产证券化相关的文献进行梳理与评述。而之所以分别综述与资产证券化相关的理论研究与实证研究，原因在于，迄今为止，与资产证券化相关的理论研究和实证研究存在明显的脱节。

一、资产证券化的理论述评

与资产证券化起源和兴起相关的理论假说主要有四个：信息不对称假说、监管套利假说、风险重置假说和便利收益假说。这四种理论假说分别从资产证券化的供给和需求层面提供了解释。其中，信息不对称假说与监管套利假说从供给层面分析了资产证券化的兴起，而风险重置假说和便利收益假说则从需求层面分析了资产证券化的兴起。

（一）资产证券化的兴起：供给层面的解释

1. 信息不对称假说

信息不对称假说强调资产证券化可以降低交易双方的信息不对称，从而提高信贷资产的流动性并帮助发起人在资本市场上筹集资金。根据阿克罗夫的柠檬市场理论，当交易双方存在信息不对称时，很可能会出现逆向选择，最终导致特定商品的交易市场萎缩（Akerloff, 1970）。传统金融中介理论认为，银行在信用评估和贷款监督执行等方面具有优势，要使得银行在上述方面采取有效行动，银行必须持有贷款至到期，或是保留与贷款相关的风险。[①]

（1）通过打包和分层等步骤构造信息不敏感资产有助于提高资产

① Gorton & Pennachi(1995)指出，理论上而言，银行贷款是不能在金融市场上出售的。作者通过建立与贷款销售有关的激励相容模型，指出发起人如果保留部分贷款或是向贷款购买者提供隐性担保，则贷款销售市场可以存在。

的流动性。与贷款销售不同，资产证券化将分散的基础资产打包(pooling)与分层(tranching)，这样可以消除单个资产的异质性风险(idiosyncratic risk)，从而降低证券价值的信息敏感度以及信息优势方拥有的信息价值，最终提高相关资产的流动性。Myers & Majluf(1984)认为，分层设计将违约风险集中在资产的某一部分，其余部分资产的风险显著降低，这有助于降低投资者的柠檬贴现率(lemons discount)。Gorton & Pennachi(1990)指出，将基础资产产生的现金流进行拆分，并发行以这些现金流为支持的证券，可以减少信息不对称造成的交易损失。因为，上述证券的价值并不依赖于信息优势方拥有的信息。De Marzo(2005)宣称，组建资产池具有“信息毁灭效应”(information destruction effect)和“风险分散效应”(risk diversification effect)。如果基础资产剩余风险的相关性较低，那么分层可以帮助发起人充分利用打包的风险分散效应，创造出低风险、高流动性的证券。DeMarzo & Duffie(1999)的研究显示，发起人拥有的私人信息将会降低证券的流动性，换句话说，证券的流动性取决于证券价值对发行人拥有的私人信息的敏感度。

根据信息不对称假说，资产证券化实际上是一个创造信息不敏感(information insensitive)资产的过程。资产证券化通过将流动性较差的、信息敏感(information sensitive)的信贷资产变成高流动性的、信息不敏感的债券资产，将信贷市场、资本市场和货币市场联系起来，从而提高信贷市场的流动性、拓宽金融中介的融资来源。

我们可以通过一个简单的例子来说明这一点。假设存在三件相同且相互独立的信贷资产，不违约时的收益为 1，违约时收益为 0，单件资产的违约率为 $p=0.1$。

在情景Ⅰ中，我们以上述三件信贷资产构建资产池，并进行分级发行债券。其中，优先级债券只要有一件基础资产不违约，收益就为 1，那么优先级债券发生损失的概率为 $p^3=0.001$；中间级债券只要有两件基础资产不违约，收益就为 1，那么中间级债券发生损失的概率为 $3p^2(1-p)=0.027$；股权级债券只要有一件基础资产违约，收益就为 0，那么股权级债券发生损失的概率为 $1-(1-p)^3=0.271$。不难看出，优先级和中间级债券的违约风险都显著低于单件资产的违约率，特别是优先级债券。

在情景Ⅱ中，我们再用情景Ⅰ中产生的三件股权级债券作为基础资产，构建一个新的资产池，进行分级，且收益分摊规则与情景Ⅰ相似。那么优先级债券发生损失的概率为 0.02，中间级债券发生损失的概率为 0.161，股权级债券发生损失的概率为 0.61。不难看出，即使以风险程度较高的股权级债券作为基础资产来进行证券化，所构造出来的优先级债券的违约风险依然显著低于单件资产的违约率。

(2) 外部冲击可能将信息不敏感资产变成信息敏感资产，从而引发危机。次贷危机爆发后，很多研究开始剖析证券化产品作为信息不敏感资产存在的一大缺陷，即在面临显著不利冲击时，资产支持证券可能从信息不敏感资产转变为信息敏感资产，从而导致投资者和金融机构对资产支持证券的需求短期内显著下降。

Gorton & Ordonez(2012)指出，在担保融资的过程中，如果投资者不愿花费成本获取与担保品相关的信息，那么短期担保债务是有效的。当经济运行依赖于这些信息不敏感债务时，信息并不会随着时间的推移得到更新，这意味着担保品质量较差的企业也能获得融资，从而造成信贷供给膨胀。在信贷扩张期间，产出和消费都会增加，但同时金融体系的脆弱性也会上升。在这种环境下，一个很小的冲击就可能导致信息环境的显著改变，一旦投资者愿意花费成本掌握担保品的信息，那么其将不愿意进行再融资，造成产出和消费下降。Gordon & Ordonez（2013）进一步指出，经济体需要以安全资产作为担保品进行融资，而私人提供的担保品质量各不相同。如果投资者不愿意花费成本去获取与担保品质量相关的信息，那么低质量的担保品也可以用于担保融资，从而增加产出和消费。一旦投资者掌握了与私人提供的担保品有关的信息，无疑将引发危机。

Dang 等（2012）的研究表明，货币市场运行的关键特征之一就是投资者既没有必要也没有激励去获取与证券价值有关的私人信息，因为保持流动性供给过程中的对称性无知（symmetric ignorance）有利于增加福利。然而，与基础资产有关的不利的公共信息可能造成信息不敏感债券转变成信息敏感债券，进而导致债券的期望价值下降。为了防止内生的逆向选择，投资者将降低债券的预期收益，从而导致债券的交易量下降，这将导致冲击被放大，甚至引发金融危机。

Hanson & Sunderam（2013）构建了一个与逆向选择相关的跨期模型来分析证券化市场的崩溃。在经济繁荣时期，发起人通过资产证券化发行了太多的信息不敏感证券，降低了投资者获得信息的激励，导致经济体中知情者稀缺。上述情形将在经济不景气时导致资产证券化的一级市场崩溃。作者认为，知情者的资金来源比无知者的资金来源更稳定。因此，应当在经济繁荣时期限制金融机构发行过多的安全债券，并对证券化相关机构的资本结构进行更严格的监管。

2. 监管套利假说

监管套利（regulatory arbitrage）假说强调商业银行进行资产证券化的目的是为了规避商业银行面临的资本充足率监管，而不是为了转移风险。该假说认为，通过将信贷资产出售给特殊目的机构（Special Purpose Vehicle，SPV）并以此来构造高评级证券，资产证券化可以帮助商业银行规避最低资本监管。

(1) 资产证券化能够帮助商业银行进行监管套利。让我们以图 9－1 中的案例为例。假定贷款的风险权重为 100%，证券的风险权重为 20%，现金的风险权重为 0，商业银行的法定资本充足率为 8%。证券化之前，商业银行的最低资本要求为 $CR=0.08(L+0.2S)$；证券化后，商业银行的最低资本要求为 $CR_S=0.08[(L-L^0)+0.2S]$。这意味着商业银行可以节约多达 $0.08L^0$ 的资本。通过将风险权重较高的信贷资产转换成 AAA 评级的资产支持证券，再在金融市场上买入，这种操作可以显著降低商业银行的风险加权资产①。因此，这种监管套利又被称为评级套利(rating arbitrage)。

商业银行

资产	负债和权益
现金（$C+L^0$） 证券（S） 贷款（$L-L^0$）	存款（C） 权益（E）

SPV

资产	负债
贷款（L^0）	*ABS*

图 9－1　商业银行和 SPV 各自的资产负债表

Greenbaum & Thakor(1987) 指出，证券化可以帮助商业银行将金融资产转移至资产负债表表外，从而降低存款保险费和法定资本要求。他们认为，低质量的贷款应该留在表内通过存款融资，而高质量的贷款应该被证券化。Acharya & Schnabl(2009) 区分了资产支持商

① 风险权重一般由资产的种类和风险程度决定。例如，政府债券的风险权重是零；机构支持债券具有政府的隐性担保，风险权重为 20%；AAA 和 AA 级的资产支持证券的风险权重为 20%，A 级的风险权重为 50%。

业票据(Asset Backed Commercial Paper, ABCP)发行过程中的信用担保(credit guarantee)和流动性担保(liquidity guarantee)。流动性担保的资本要求低于信用担保,因此前者成为ABCP发行中最主流的信用增级方式。商业银行通过这种做法既规避了资本监管要求,又保留了相关风险。Acharya等(2013)进一步利用美国ABCP管道的相关数据进行实证检验后发现,资本充裕程度越低的商业银行,其发起的ABCP管道就越多。

Benmelech & Dlugosz(2009)将结构性融资产品的评级称作炼金术(alchemy),并指出CLO的平均评级显著高于基础资产的加权信用质量。在作者的分析样本中,85%的CLO资产池的加权平均信用评级为B,8%为BB,但却有70.7%的CLO拥有AAA评级。Ordonez(2013)指出,针对商业银行的各种监管将限制其投资,而通过影子银行体系融资,商业银行的投资抉择不会受到限制。鉴于声誉可以增加银行的价值,如果银行在意其声誉,它们就能做到自律并进行有效的投资。在这种情况下,影子银行体系的存在与发展很可能会增进社会福利。

(2) 隐性担保破坏了资产证券化的风险转移功能,导致发起人风险缓冲不足。Gordon & Souleles(2006)利用委托代理模型分析了资产证券化过程中的隐性担保问题。他们指出,隐性担保是投资者和发起人之间重复博弈的结果。发起人之所以选择隐形担保,是因为隐性担保可以被用来应对相应的会计和监管要求。Stein(2010)指出,监管套利和隐性担保违背了资产证券化的风险转移功能,因为与基础资产有关的风险仍然与发起人有关。在承担的实际风险没有显著改变的情况下,法定资本降低将导致发起人的风险缓冲不足。Calomiris & Mason(2003)也认为,资产证券化虽然能够帮助商业银行将相应资产转移至表外，但是隐性追索权的存在使得基础资产的风险仍然停留在作为发起人的商业银行内部。

让我们再次来看图 9-1 中的案例。将发起人和 SPV 的资产负债表进行合并后可知(见图 9-2)，商业银行的实际风险加权资产为 $RWA=L+0.2S$，需要的风险缓冲应为 $0.08(L+0.2S)>CR_S$。Acharya 等(2013)的实证结果显示，发起 ABCP 管道越多的银行，在金融危机期间的表现越糟糕。Erel 等(2011)的实证研究则表明，持有私人高评级证券化产品越多的银行，在金融危机期间的表现就越糟糕。

合并报表

资产	负债和权益
现金（$C+L^{\circ}$） 证券（S） 贷款（L°）	存款（C） ABS 权益（E）

图 9-2　商业银行和 SPV 合并后的资产负债表

（二）资产证券化的兴起：需求层面的解释

1. 风险重置假说

(1) 资产证券化可以满足投资者对安全资产的需求。风险重置假说强调投资者是风险规避的(risk-averse)，而相比之下金融中介是风险中立的(risk-neutral)。该假说认为，资产证券化是为了满足投资者对安全资产的需求，因此，资产证券化有利于风险在投资者和金融中介之间进行更好的分配，从而增加社会福利。Gennaioli 等(2011)认为，投资者是绝对风险规避型的，他们只对无风险资产感兴趣。金融机构可以将风险资产进行证券化，并以此作为抵押品向投资者发行固定收益负债，以满足投资者对安全资产的需求。当投资者的财富水平较低时，现存的安全资产以及金融中介的初始资本就能满足投资者的相关需求。随着投资者财富水平增加，超过某一临界值时，金融机构就会通过证券化来满足投资者对安全资产的需求。随着投资者财富的进一步增长，证券化程度将持续增加，金融市场利率也将随之下降，全社会杠杆率随之上升，从而更多的风险资产也将获得融资。在理性预期下，资产证券化有助于风险转移，从而促进投资并提高社会福利。

(2) 忽略尾部风险将损害金融稳定。然而，物极必反。Shin(2009)分析了资产证券化和金融稳定的关系。他指出，证券化扩大了金融机构的外部融资来源，在单个金融机构杠杆率不变的情况下，金融部门从外部获得的融资越多，金融部门的杠杆率也会越高。如果金融机构在扩张资产的过程中降低了信贷标准，那么证券化本身非但不能增加、反而会损害金融系统的稳定性。Coval 等(2009)从结构性融资产品的构造及评级等角度分析了结构性融资产品固有的不稳定性。作者指出，分层使得很多结构性资产的安全性高于资产池的平均安全性，这意味着证券化(特别是重复证券化)可以最大化安全资产的供给。但是，证券化放大了风险评估参数一旦失误可能造成的影响，提高了证券化产品价格对评级结果的敏感度。换句话说，结构性融资产品用系统性风险代替了个体性风险，使得优先级结构性融资产品的违约风险集中在系统性冲击层面。Gennaioli 等(2011)进一步指出，如果投资者和金融中介忽略尾部风险，向无风险债务提供过高的收益率，将不利于金融稳定。一旦尾部风险爆发，金融市场将面临崩溃的危险。资产证券化的程度越高，金融市场出现崩溃的概率与破坏性就越大。刘吕科、王高望(2014)通过构建一个三期模型,刻画了银行证券化资产出售与非同质投资者和金融稳定性的关系。研究显示,资产证券化在一定程度上降低了系统性风险发生的概率,但在投资者非同质的情况下,当发生较大的负面冲击时,次级投资者将首先陷入金融混乱,进而带来整个金融体系的不稳定。因此,作者提出政策制定者应根据不同投资者的资产利用能力,设置不同的投资门槛,促进金融稳定。

2. 便利收益假说

(1) 资产证券化可以满足金融交易对担保品的需求。资产证券化能够将流动性差的信贷资产转化成高流动性的、高评级的标准化资产。由于这些标准化的资产支持证券不易受异质性风险的影响,证券价值比较稳定,所以被广泛运用于担保融资和衍生品交易中。例如,回购协议和 ABCP 管道通常会大规模地使用资产支持证券。Gorton & Metric(2012b)将其称作资产支持证券的便利收益(convenience yields)。便利收益假说与风险重置假说都是讨论金融体系对安全性资产的需求,但前者更加强调证券化产品在担保品交易中的作用。

Pozar & Singh(2011)认为,影子银行体系是担保品密集型的,养老基金、保险公司等资产管理机构除了进行长期投资外,对短期投资也有巨大的需求,而由私人担保的批发性融资工具(如回购协议和 ABCP)就成为其主要选择。Pozar(2011)指出,伴随着全球化和资产管理的兴起,机构资金池的规模大幅增加。机构资金池的投资以安全性和流动性资产为主,但由于存款保险的额度有限,不能满足机构资金池对安全性和流动性资产的需求,因此,资产管理者倾向于投资存款替代品。短期政府担保债券是最好的存款替代品,但短期政府担保债券的供给依然与机构资金池的需求之间存在巨大缺口。正是在这一背景下,影子银行通过信用转换、流动性转换和期限转换等操作创造出一种新的、短期的、私人担保的存款替代品来成功地填补了这一缺口。作者进一步指出，回购交易可以将中长期国债和机构债转换成安全的、短期的、高流动性的资产，但是，外国中央银行大量购买并持有中长期美国国债和机构债这一现实，使得回购交易中的担保品变得更加稀缺，因此，资产支持证券等结构性融资产品逐渐发展成为主要的抵押融资担保品。Gordon & Metric(2012)的研究表明，对担保品的需求来源于以下三个方面：衍生品交易，清算和结算以及回购交易。这三种交易对担保品的需求不断扩大，但是国债和机构债等传统担保品的供给已经远远不能满足金融市场对安全资产的需求，从而造成资产支持证券的吸引力显著上升。Claessens 等(2012)认为，资产证券化既满足了企业和资产管理公司对安全的、短期的、高流动性的准货币资产的投资需求，也满足了银行和投资银行等金融机构的担保品需求。

(2) 期限错配、重复抵押和顺周期性不利于金融稳定。以回购和 ABCP 为主的批发融资工具存在显著的期限错配，一旦融资来源枯竭，金融机构将不得不抛售资产，导致资产价格下跌，从而引发去杠杆化的恶性循环。

Gorton & Metrick(2009)指出，在金融危机期间，回购交易中抵押品的折扣率(haircut ratio)大幅上升，有些资产甚至失去了抵押品的资格。其中，资产支持证券的折扣率变化尤为明显。抵押品的折扣率与金融机构的杠杆率负相关。例如，当折扣率为 2%时，金融机构的杠杆率最高可达 50 倍，而当折扣率上升为 20%时，金融机构的最高杠杆率将下降至 5 倍，这将迫使金融机构抛售资产，导致危机加剧并进一步蔓延。Singh & Aitken(2010)分析了影子银行体系中的重复抵押问题。他们指出，重复抵押使得负面冲击的影响具有乘数效应。Gorton & Metrick(2011)利用数百个资产支持证券的信用利差，追踪了金融危机从次级抵押贷款市场向其他与次级抵押贷款没有直接关系的资产市场的蔓延过程。

Covitz 等(2012)和 Anderson & Gascon(2009)在分析 2007 年上半年的 ABCP 市场危机时指出，由于受到不利冲击的影响，投资者不愿意再为新发行的 ABCP 融资，这将导致商业银行不得不履行其担保义务，向投资者支付商业票据的本息。而 ABCP 市场的融资枯竭正是导致次贷危机爆发的直接原因之一。

Shleifer & Vishny(2009)通过引入一个与证券化有关的金融中介模型，分析了证券化如何导致信贷和投资的顺周期性以及金融部门的高杠杆。结果显示，银行业的不稳定性既不是因为非理性预期，也不是因为羊群效应，而是银行业利用证券化赚取利润所致。证券化增加了社会的投资水平，增加了投资和利润的顺周期性，但却降低了金融机构的信贷质量。在经济繁荣时期，银行将充分利用其信贷扩张能力进行投资，而在经济萧条时期，银行会转为收缩贷款。尤其是当资产价格下跌时，为了满足杠杆率要求，银行不得不清算资产。这意味证券化将成为银行业不稳定的新来源。

（三）资产证券化的兴起与安全资产

其实，资产证券化起源和兴起的四种相关理论均与安全资产有关。信息不对称假说和监管套利假说侧重于安全资产的供给，而风险重置假说和便利收益假说侧重于安全资产的需求。

IMF(2012)指出，从理论上来讲，安全资产是指在任何情况下投资收益都相同的资产，它能让投资者免受信用风险、市场风险、通胀风险、货币风险和异质性风险的影响，从而具有很高的流动性。但是在现实世界里，安全资产是相对的。安全资产是现代金融体系的基石，是可靠的价值储藏工具，是诸多金融交易的担保品，不但能够满足审慎监管要求，而且还是其他金融产品的定价基准。Gorton & Metric (2012)将安全资产定义为安全的、信息不敏感的、由政府（公共部门）或金融机构（私人部门）发行的债务，包括国债、联邦机构债、市政债、资产支持证券、高评级的金融企业债、银行存款、货币市场共同基金、商业票据与回购协议等。公共部门和私人部门提供的安全资产可以相互替代。金融业的发展使得存款占金融部门安全资产的比重逐渐下降，影子银行体系随之成为安全资产最主要的提供者。Gourinchas & Jeanne(2012)认为，安全资产具有信用风险和市场风险低、市场流动性高、抗通胀能力强、汇兑风险低和异质性风险低等特点，不同类型的投资者看重安全资产的不同特性。虽然安全资产是一个相对概念，但是大多数文献均认为，信息不敏感是安全资产最核心的特征(Gorton，2010；Dang 等，2009；Gorton & Ordonez，2012)。

资产证券化是影子银行体系创造安全资产的主要手段，这是因为，质量较差的资产经过多次证券化就可以获得较高评级。资产支持证券是金融机构重要的融资工具，是投资者重要的投资产品，也是金融交易中重要的担保品。Caballero(2006)最早提出了安全资产短缺假说，他认为全球经济面临严重的安全资产短缺问题，即安全资产的供给难以跟上全球居民、企业、政府、保险公司和金融机构对价值储藏工具和担保品的需求。在均衡条件下，安全资产短缺将会导致现存的资产价格上涨，无疑将对全球宏观经济产生显著影响。Caballero 等人随后发表了一系列文章详细阐释了安全资产短缺对主要经济变量的影响（Caballero 等，2006；Caballero & Krishnamurthy，2009；Caballero 等，2010）。这些文章均指出，资产证券化的兴起与安全资产的短缺密切相关。例如，Caballero & Krishnamurthy(2009)的研究表明，全球金融危机爆发的重要结构性因素之一是美国之外的经济体对无风险资产的需求大量增加，这导致大量资本流入美国，从而促进了美国资产证券化的爆炸式发展。Caballero等(2010)认为，新兴市场经济体对美国安全资产的需求高涨，这给美国金融体系造成很大的压力，美国金融机构利用证券化手段从风险资产中分离出无风险资产，以此来弥补安全资产供需缺口。证券化使得金融市场对基础资产的需求增加，导致房地产与其他基础资产大幅升值，基础资产的快速升值反过来又进一步证明了结构性资产的安全性。这就在金融市场上形成了一个与安全资产有关的正反馈环。Bernanke(2011)也指出，2002年至2007年期间，欧美金融市场通过将风险资产证券化，制造出大量的私人安全资产。资产证券化无论是在弥补传统的安全资产短缺方面还是在为金融市场提供流动性方面都发挥了非常重要的作用。

二、资产证券化的实证研究

与资产证券化有关的实证研究兴起于2000年以后，而且主要以对微观数据的分析为主。与资产证券化有关的实证研究可划分为四个部分：一是资产证券化的决定因素，也即从事资产证券化的金融机构具有哪些特征；二是资产证券化对发起人(主要是商业银行)的影响，包括资产证券化对金融机构稳定性、信贷供给和盈利能力的影响等；三是资产证券化过程中的逆向选择和道德风险问题，也即发起人是否倾向于将质量差的贷款进行证券化，以及资产证券化是否降低了银行的信贷标准；四是其他实证研究。

（一）资产证券化的决定因素

Martin-Oliver & Saurina(2007)利用西班牙银行业数据，分析了银行从事表外证券化和表内证券化的决定因素，其结果显示，无论表外证券化还是表内证券化都是银行解决流动性需求的工具，风险转移和监管资本套利对银行是否从事资产证券化的影响不明显，但是监管资本套利对资产证券化的规模有显著为正的影响。Bannier & Hänsel(2008)分析了欧洲银行进行贷款证券化的决定因素，他们发现银行规模、信用风险、流动性和绩效是银行进行资产证券化的主要决定因素，而监管套利的作用较小。Agostino & Mazzuca(2009)将证券化的动机归纳为增加融资、专业化和监管套利，并利用意大利的银行业数据进行了实证分析。结果显示，拓宽融资来源是意大利银行业进行证券化的主要动机，而其他两个动机并不明显。此外，规模越大的银行进行证券化的概率越高。

Affinito & Tagliaferri(2010)、Cardone-Riportella 等(2010)均将资产证券化的动机归纳为拓宽融资来源、分散风险、增加利润和监管资本套利。Affinito & Tagliaferri(2010)运用 Probit 和 Tobit 模型分析了意大利银行业贷款证券化的决定因素。结果显示，银行进行资产证券化的程度与资本充足率、利润率和流动性比率负相关，与不良贷款率正相关。Cardone-Riportella 等(2010)利用 Logist 模型分析了西班牙银行进行资产证券化的动机。结果显示，证券化的主要动因是拓宽融资来源和提高经营业绩，而非信用风险转移和监管资本套利。倪志凌(2011)利用美国银行控股公司的季度数据，探讨了资产证券化造成银行动机扭曲的根源。其研究结果显示，资产证券化主要是通过增加银行资产的流动性而非转移银行资产的风险来对银行的行为动机造成影响。

从研究资产证券化决定因素的文献来看，它们一致认为拓宽融资来源是银行进行资产证券化的主要动机，而关于监管套利和风险分散等动机的实证结果却存在较大差异。此外，迄今为止的文献均缺乏针对风险重置假说与便利收益假说的实证研究。

（二）资产证券化对发起人的影响

在美国次贷危机爆发之前，针对资产证券化对发起人影响的量化研究相对较少。次贷危机后，这方面的文献逐渐增多，并大多集中在三个方面，即对商业银行稳定性，信贷供给和盈利能力的影响。

1. 资产证券化与商业银行稳定性

金融危机前，资产证券化被普遍认为有助于金融稳定。但当时已经有一些文献开始对资产证券化与商业银行稳定性之间的关系进行初步探讨。Dionne & Harchaoui(2003)以 1988 年至 1998 年期间的加拿大商业银行为样本，分析了资产证券化程度、银行资本充足率和银行风险之间的关系。其结果显示，资产证券化将会降低商业银行的资本充足率，从而导致银行经营风险上升。Franke & Kranhnen(2005)用商业银行股票的 beta 系数来衡量其系统性风险，并利用 1999 年至 2002 年间 27 家欧洲商业银行 73 笔担保债务凭证(Collateral Debt Obligation, CDO)数据分析了资产证券化对商业银行系统性风险的影响，结果显示，在 CDO 发行之后，商业银行的系统性风险会增加。Hansenl & Krahnen(2007)再次证实了该结论。作者认为，商业银行可能将通过证券化获得的流动性资金重新投资于风险更高的项目，这将削弱资产证券化的风险降低作用。Uzun & Webb(2007)认为银行规模是决定一家银行是否进行证券化的关键因素。他们基于 2001 年至 2005 年期间美国商业银行的数据进行研究发现，资产证券化程度与商业银行的资本充足率负相关，尤其是对于信用卡贷款的资产证券化而言。Jiangli 等(2007)构建了一个包含债务、股权、贷款销售和资产证券化等要素的银行模型。该模型的分析结果显示，证券化不仅有助于提高银行的盈利能力，还能够增加银行的杠杆率，并降低破产风险。Jiangli & Pritsker(2008)进一步利用 2001 年至 2007 年期间的数据，分析了抵押贷款证券化对银行控股集团破产风险、盈利能力和杠杆率的影响，其研究结果显示，抵押贷款证券化能够降低破产风险、增加杠杆率、提升银行盈利能力。

全球金融危机爆发引起了人们对资产证券化和金融稳定性关系的深度反思，Uhde & Michalak(2010)利用欧盟 15 国和瑞士 54 个商业银行 1997 年至 2007 年之间的 592 笔证券化业务数据分析了资产证券化对商业银行系统性风险(股票的 beta 值)的影响，发现资产证券化提高了商业银行的系统性风险。Michalak & Uhde(2012)利用欧盟 13 国及瑞士商业银行的数据分析了资产证券化对欧洲商业银行稳健性(Z 指数和 EDF[①])的影响。结果显示，资产证券化与商业银行稳健性负相关，从 Z 指数的子项来看，资产证券化与商业银行盈利性(ROA)负相关，与资本比率负相关，但同时与商业银行收益的波动性正相关。Battaglia & Gallo(2013)利用意大利商业银行的数据分析了资产证券化对商业银行系统性风险(预期损失和边际预期损失)的影

① Z 指数=(平均资产回报率+平均资本比率)/平均资产回报率的标准差；EDF 为预期违约率(Expected Default Frequency)。

响。结果显示,从事证券化的银行在极端事件下的预期损失较高,据此,作者认为通过资产证券化实现的风险转移比起保留的风险来讲是不重要的。Battaglia 等(2014)进一步利用意大利银行业的数据分析了资产证券化对银行系统性风险和个体风险的影响。结果显示,资产证券化活动既增加了商业银行的系统性风险(股票的 beta 系数和边际预期损失),也增加了商业银行的个体风险(CAMP 模型残差项的加权平方、股票收益与市场收益利差平方和),其中,系统性风险主要受当前资产证券化活动的影响,个体风险主要受之前资产证券化活动的影响。2007 年至 2009 年金融危机使得证券化对商业银行系统性风险和个体风险的影响增加。Salah & Fedhila(2012)以 2001 年至 2008 年期间美国商业银行数据为样本,分析了资产证券化对银行风险承担(风险加权资产占比)和银行稳定性(Z 指数)的影响。其研究结果显示:一方面,资产证券化会造成商业银行的信贷质量恶化,以及资产负债表的信用风险上升;另一方面,资产证券化会显著增加商业银行的稳定性;作者进一步指出,上述矛盾关系源于不同类型的资产证券化对商业银行稳定性的影响大相径庭。住房抵押贷款证券化能够显著提高商业银行的稳定性,而非住房抵押贷款的证券化则不利于银行稳定。与之形成鲜明对比的是,Casu 等(2010)利用美国 2001 年至 2007 年期间银行控股公司的数据研究了资产证券化对银行风险承担行为的影响。研究发现,对资产证券化程度越高的银行而言,其风险加权资产占比就越低。这种负相关关系主要体现在住房抵押贷款和房屋净值贷款这两大类贷款上,其他类型证券化的影响不显著。据此,Casu 等认为资产证券化过程中的追诉权等担保措施可能改变了发起行的风险偏好。换言之,证券化对银行风险的影响最终取决于证券化的交易结构。Casu 等(2013)进一步指出,尽管从理论上来看,资产证券化有利于金融机构降低融资成本、改善风险管理与提高盈利水平，但在实践中，很多因素可能起到相反的效果。换言之，资产证券化对银行业绩的净影响很可能是不确定的。Casu 等以 2001 年至 2008 年期间美国商业银行为样本，运用倾向评分匹配方法寻找控制组进行单变量分析。研究结果显示，对证券化活跃程度更高的银行而言，其利润更高、信用风险头寸更高、融资成本更高。因此，Casu 等认为资产证券化并不比其他的融资、风险管理和利润提升方法更优秀。

2. 资产证券化与信贷供给

研究资产证券化与信贷供给的文献大致可以分为两个方面：

第一，直接研究资产证券化对商业银行信贷增速和质量的影响，进而探讨资产证券化与金融稳定的关系。Carbó-Valverde 等(2011)以西班牙为例，分析了资产证券化、银行信贷和信贷质量的关系。结果显示，资产证券化增加了商业银行的信贷增速，但是信贷增速会在两年后对商业银行的表内贷款质量产生显著的负面影响。Bedendo & Bruno(2012)利用危机期间美国商业银行的数据，分析了以资产证券化、贷款销售和信用衍生品为主的信用风险转移工具(Credit Risk Transfer tool, CRT)对银行信贷和风险的影响。结果发现，在信用崩溃时期，获得融资是商业银行从事 CRT 的主要因素，无论是在繁荣还是衰退时期，CRT 都有助于增加信贷供给。CRT 增加了风险，降低了信贷质量，导致商业银行在危机期间违约率上升。然而，也有文献得出了截然不同的结论。例如，Scopelliti(2013)指出，一方面，证券化为商业银行提供了新的融资渠道，银行可以利用资产证券化的收益扩大贷款供给；另一方面，资产证券化增加了银行信用衍生品的风险敞口，这将会降低银行的信贷供给。Scopelliti 基于 1998 年至 2008 年期间美国银行业数据的研究发现，受与表外活动有关的潜在和实际损失影响，表外信用敞口对银行贷款增长率的影响为负。作者进一步区分了短期贷款和长期贷款，发现表外信用敞口对短期贷款有正面影响，而对长期贷款有负面影响。

第二，引入货币政策变量来分析资产证券化对货币政策有效性的影响。Altunbas 等(2007)以欧洲银行业为样本，分析了证券化对货币政策信贷传导渠道的影响。结果显示，对证券化活动越活跃的金融机构而言，其信贷供给受货币政策变化的影响就越小。Gambacorta & Marques-Ibanez(2011)也通过实证检验证明资产证券化降低了货币政策变量对银行信贷供给的影响。他们进一步指出，在金融危机期间，证券化活跃的银行与其他银行之间的上述差距明显缩小。Loutskina (2011)通过构造一个反映商业银行信贷资产证券化潜能的指数，研究了资产证券化对银行流动性管理和信贷供给的影响。实证结果显示，信贷资产证券化潜力越高的银行，其资产负债的流动性比率就越低，信贷供给受货币政策变量的影响也就越小。Loutskina & Strahan (2006)对比分析了金融条件对大额抵押贷款(jumbo mortgage)和非大额抵押贷款(non-jumbos)接受率的影响[①]。研究结果显示，当资金成本下降时，银行审批大额抵押贷款的意愿增加，但对非大额抵押贷款的审批意愿几乎没有变化。据此，作者认为资产证券化降低了货币政策对信贷供给的影响。

3. 资产证券化与商业银行盈利水平

专门研究资产证券化与银行盈利水平的文献偏少。Jiangli 等(2007)构建了一个包括债务、股权、贷款销售和资产证券化的银行模型。该模型分析结果表明，有机会通过证券化融资的银行更倾向于用

---

① 根据规定，房利美和房地美只购买贷款额度较小、质量较优的住房抵押贷款(non-jumbo mortgage)，其余不符合要求的贷款只能通过私人市场进行证券化。

证券化而不是贷款销售进行融资，这是因为证券化不但有助于提高银行的盈利能力，而且还能增加银行的杠杆率以及降低银行的破产风险。Jiangli & Pritsker(2008)利用2001年至2007年的美国银行业数据，分析了抵押贷款与其他资产的证券化对银行破产风险、盈利能力和杠杆率的影响。研究结果显示，抵押贷款证券化可以降低破产风险、增加杠杆率以及提高银行的盈利能力。Michalak & Uhde(2012)利用欧盟13国及瑞士商业银行的数据分析了资产证券化对欧洲商业银行稳健性(Z指数和EDF)的影响。结果显示，资产证券化与商业银行稳健性负相关，从Z指数的子项来看，资产证券化与商业银行盈利性(ROA)负相关，与资本比率负相关，但同时与商业银行收益的波动性正相关。刘琪林和李富有(2013)利用美国银行控股公司的季度数据，分析了资产证券化对银行盈利水平、风险水平和流动性水平的影响。结果显示，资产证券化可以有效提升银行的流动性，但对银行盈利水平和风险水平的影响则取决于银行规模。

(三) 资产证券化过程中的激励扭曲

迄今为止，有不少研究试图通过分析资产证券化过程中的激励扭曲来探讨资产证券化对金融稳定的影响。资产证券化过程中的激励扭曲主要包括道德风险和逆向选择。前者是指资产证券化是否降低了商业银行的信贷审核标准和执行标准，后者是指商业银行是否利用其拥有的优势信息将低质量贷款证券化。虽然道德风险和逆向选择产生的机理不同，但其造成的后果都是被证券化贷款的表现落后于保留在表内的贷款，因此很难将两者严格区分开来。例如，Berndt & Gupta(2009)分析了“发起并销售”模式兴起后信贷市场的变化。作者在分析了银团贷款的表现后发现，在二级市场上出售的贷款的表现每年要比表内贷款差大约 9%。这要么是因为银行利用其拥有的不可观测的私人信息发起并出售低质量贷款（逆向选择），要么是因为贷款被销售出去之后导致银行对贷款的监督力度放松（道德风险）。Jiang 等(2010)对两者进行了明确的区分，将道德风险归纳为证券化和信贷质量的事前（贷款发起前）关系，将逆向选择总结为证券化和信贷质量的事后（贷款发起后）关系。

在道德风险方面，Mian & Sufi(2009)在比较美国不同地区的证券化程度和违约率后，发现次级抵押贷款证券化扩张最迅速的地区也是后来违约率上升最快的地区。因此，作者认为资产证券化降低了银行的信贷标准。Keys 等(2010)用信用分数在 620 分以下的贷款表示难以证券化的贷款。他们随即分析了信用分数在 620 分附近的贷款违约率。结果显示，信用分数在 620 分以下的贷款违约率的确低于 620 分以上的贷款。Jiang 等(2010)的类似研究发现，银行在发起贷款时会降低对被证券化可能性较高的贷款的审查力度，这是因为证券化削弱了银行仔细审查贷款人资格以及提供合适贷款的激励，这无疑会造成贷款质量显著下降。Rajan 等(2011)的实证研究发现，在证券化活动频繁时期，贷款发起人更多地关注需要包含在合同中、向投资者汇报的信息，而对决定贷款质量的软信息或无需向投资者汇报的信息的关注程度则显著降低，这自然会导致贷款的质量下降。Nadauld & Sherlund(2013)研究了证券化活动和次级抵押贷款扩张之间的因果关系。结果显示，资产证券化活动将会导致低质量信贷的扩张，这是由于证券化降低了发起人仔细审查贷款申请者的激励。总体而言，在道德风险问题上，各方的结论比较一致。相关研究大多认同资产证券化降低了商业银行的信贷标准，进而导致贷款质量恶化。然而

Albertazzi 等(2011)则认为上述研究都是基于美国次级抵押贷款市场得出的结论,他运用意大利优级抵押贷款数据进行的分析表明,如果发起人能够出售更加透明的贷款或者保留部分股权级 ABS,那么其信贷标准未必会降低。

在逆向选择方面,Ambrose 等(2005)比较了单个发起人的证券化贷款和未被证券化贷款的条件违约率,发现证券化贷款的违约率低于未被证券化的贷款的违约率。Ambrose 等认为,这可能是发起人的监管套利动机所致,也可能是信誉约束能有效地限制发起人利用其拥有的私人信息。Jiang 等(2010)的研究发现,银行资产负债表上保留的贷款质量低于被证券化的贷款,这是因为贷款发起和证券化之间存在时滞,而在此期间内投资者逐渐获得了优势信息。Benmelech 等(2012)以担保贷款凭证(CLOs)为例进行的分析显示,逆向选择问题在企业贷款证券化中不明显。这可能是因为 CLOs 的基础资产大多属于联合贷款,而联合贷款的相应机制能够有效降低证券化过程中的逆向选择。然而,Elul(2011)基于住房抵押贷款数据的分析发现,被私人部门证券化的贷款的表现确实比未被证券化的类似贷款更差,而且该现象在优质住房抵押贷款市场(prime mortgage market)上最为明显。被私人部门证券化的优质贷款的违约率要比未被证券化的高出20%,这意味着发起人的确在利用其拥有的优势信息,将风险更高的贷款证券化。Agarwal 等(2012)基于住房抵押贷款数据的研究发现,对优质抵押贷款而言,银行倾向于将违约风险低的贷款证券化,将违约风险高的贷款留在表内,将提前偿付风险高的贷款证券化,将提前偿付风险低的贷款留在表内。Agarwal 等将其归因于两房等政府支持机构(GSE)对抵押贷款支持证券的违约风险进行了控制,而没有对提前偿付风险进行控制。

总体而言，在逆向选择问题上，各项研究结果的分歧较大，这可能与不同文献研究的证券化产品种类、使用的方法和地区不同有关。

（四）其他研究

An 等(2009)、Nadauld & Weisbach(2011)分析了资产证券化对企业融资成本的影响。两项结果均显示，在其他条件相同的情况下，通道贷款(被证券化的贷款)的利率会比表内贷款(未被证券化的贷款)的利率低 11 至 20 个基点；此外，容易被证券化的企业贷款的利率显著低于不容易被证券化的贷款。这意味着资产证券化有利于降低企业的融资成本。

Piskorski 等(2010)运用 2005 年和 2006 年期间的抵押贷款数据，分析了资产证券化对丧失赎回权率的影响。结果显示，违约的表内抵押贷款的丧失赎回权率要比同等条件的违约的证券化抵押贷款的丧失赎回权率低 3%至 7%，而且初始贷款的质量越高，上述差距就越大。作者认为，这可能是因为贷款服务者在执行通道贷款和表内贷款时面临的激励不同，他们会对违约的表内贷款执行丧失赎回权的收益和成本内部化，也可能是由于证券化相关协议限制了贷款服务者的再谈判能力。

三、问题与建议

本章从供给和需求层面梳理了与资产证券化有关的理论文献。

在供给层面，信息不对称假说认为打包和拆分有利于克服信息不对称造成的逆向选择，从而提高资产的流动性；监管套利假说认为证券化能够帮助银行规避最低资本监管，从而优化资本结构。在需求层面，风险重置假说认为资产证券化满足了投资者对安全资产的需求，而便利收益假说则认为资产支持证券满足了金融交易中的担保品需求。

然而，美国次贷危机的爆发揭露出资产证券化过程中的若干重要问题：第一，在面临不利冲击时，资产支持证券可能从信息不敏感型资产转变为信息敏感型资产，从而导致对资产支持证券的需求短期内显著下降；第二，发起人通常会向资产支持证券提供隐性担保，而隐性担保将会破坏证券化的风险转移功能，导致金融机构的风险缓冲不足；第三，忽略尾部风险会导致金融体系发行过多的证券化产品，从而有损金融稳定；第四，担保品交易中的期限错配、重复抵押和顺周期性问题也不利于金融稳定。

大量实证研究的结果表明：首先，拓宽融资来源、提高流动性是资产证券化的最主要动机；其次，资产证券化对商业银行的稳定性、信贷供给和盈利能力均具有显著影响；再次，证券化过程中存在显著的激励扭曲，尤其是道德风险。

迄今为止，证券化相关研究文献依然存在一些局限，这集中表现在如下几点：第一，与证券化相关的理论研究和实证研究存在显著的分割，大多数实证文献都是以缩减式的回归分析和对比分析为主，回归方程的设定缺乏充分的理论支持。第二，有关实证研究主要集中在微观层面，缺乏对资产证券化和宏观变量之间的具体关系与影响机制的研究。例如，资产证券化与经济增长、资产价格、经常账户等宏观变量之间究竟存在什么样的关系，而这些关系对衡量资产证券化的社会收益和成本具有很大帮助。第三，目前的文献基本上都从信贷渠道来研究资产证券化对货币政策影响，很少考虑货币政策的其他传导机制（如利率传导机制）。在以证券化为核心的影子银行体系蓬勃发展的背景下，中央银行货币政策的中间目标是否依然有效，是未来研究需要关注的重要方向。第四，对公共部门的资产证券化研究不足。由于以两房为代表的政府支持机构在美国的资产证券化过程中发挥了重要作用，因此有必要加强对政府支持机构所从事的资产证券化及其影响的研究。第五，对如何选择资产证券化具体模式的研究不足。例如，是否应该对以资产支持证券为代表的表外证券化和以担保债券为代表的表内证券化进行比较分析，探讨哪种证券化模式更有利于促进金融稳定与经济发展？考虑到我国目前正在开展资产证券化试点，回答清楚上述问题具有重要的现实意义。

第十章

中国商业银行信贷资产证券化的驱动因素研究——基于 2012 年试点重启以来的实证数据检验

利率市场化是推进供给侧结构性改革的核心环节之一，是我国实现经济结构转型升级、优化资金配置的重要基础。商业银行信贷资产证券化作为贯通信贷市场、货币市场和资本市场的重要渠道，不仅有助于商业银行盘活存量信贷资产，而且可以推动信贷资产二级市场的建立和发展，发挥市场对存量信贷资金的定价功能，在健全反映市场供求关系的国债收益率曲线等方面均具有积极作用。

2005 年我国启动信贷资产证券化业务试点。受美国次贷危机和国际金融危机影响，2009 年后试点一度暂停。2012 年 5 月，中国人民银行、银监会、财政部印发《关于进一步扩大信贷资产证券化试点有关事项的通知》，我国商业银行重启信贷资产证券化业务。此后相关鼓励政策暖风频吹①，推进信贷资产证券化迈向常态化发展阶段。

从产品发行总量上看，自重启以来至 2016 年 6 月末，各类金融机构②共发行 150 余支信贷资产证券化产品，发行总额超过 4 900 亿元，是首轮试点阶段发行总额(约 668 亿)的 7 倍多，同时发起主体显著增多。但从各家商业银行发起信贷证券化产品的支数和规模来看，则参差不齐。如招商银行、民生银行、兴业银行等股份制商业银行参与证券化的积极性很高，发行支数均超过 8 支，但在发起过信贷资产证券化的商业银行中，有超过 3/4 的仅发行了不超过 2 支证券化产品。造成这种差别的原因是什么？或者说我国商业银行信贷资产证券化的

① 2013 年 8 月国务院印发《关于金融支持经济结构调整和转型升级的指导意见》，要求逐步推进信贷资产证券化常规化发展，盘活资金支持小微企业发展和经济结构调整；2013 年 12 月底，中国人民银行、银监会印发《关于进一步规范信贷资产证券化发起机构风险自留行为的公告》，对商业银行作为发起机构持有的次级档比例做出了规定，使商业银行发起信贷资产证券化降低资本占用问题成为可能；2014 年 11 月，银监会下发《关于信贷资产证券化备案登记工作流程的通知》，明确信贷资产证券化业务将由审批制改为备案制。

② 除商业银行以外，发起机构还包括政策性银行、资产管理公司、汽车金融公司等。

驱动因素是什么？即商业银行满足何种条件时，则更有可能发起信贷资产证券化，且发起规模更大？厘清这些问题，对于我国商业银行信贷资产证券化的持续稳健发展，进一步优化金融资源配置，用好增量、盘活存量，更有力地支持经济转型升级，更好地服务实体经济发展都具有重要意义。

本章利用2012年初至2016年6月末我国商业银行发起信贷资产证券化和银行主要财务指标数据，研究分析了我国商业银行信贷资产证券化的驱动因素，以及我国商业银行信贷资产证券化总体动力不足的原因，并提出了我国商业银行信贷资产证券化的潜在发展方向。

一、 文献回顾和理论假设

20世纪70年代以来，住房抵押贷款证券化的强势发展促使美国商业银行经营模式出现根本性转变，即从“发放贷款并持有”(originate-and-hold)的传统模式转变为“发放贷款为出售”(originate-to-distribute)的新模式，那些曾经被认为缺少市场流动性的贷款资产，在二级市场实现了流动和转让。这种变化一定程度上使银行的两大典型功能，即流动性转换功能(Diamond & Dybvig, 1983)和受托监督功能(Diamond, 1984)失去了重要性。这种变化最先引起了美国学者的关注，并试图分析是什么因素导致商业银行选择将信贷资产出售或者对其实施证券化。随着欧洲信贷资产证券化市场的蓬勃发展，西班牙、意大利等欧洲国家的学者也开始研究决定商业银行发起信贷资产证券化的因素。从已有的欧美文献来看，商业银行主要是基于四个方面考量，来决定是否进行信贷资产证券化，即融资需求动机、风险管理动机、利润动机和资本约束动机。

（一）融资需求动机

一些研究者认为资产证券化对银行来说，是对传统存款融资方式的一种补充或替代。当银行可吸收的存款短缺或成本较高时，则倾向于采用信贷资产证券化的方式，回收贷款占用的资金，以满足融资需求（James，1988；Stanton，1998，2002；De Young & Rice，2004；Parlour & Plantin，2008）。此外，银行选择信贷资产证券化而非吸收存款的方式解决融资问题，可能是因为投资者对银行发行的商业票据存在强烈需求，而发行商业票据和吸收存款之间存在竞争关系。而且信贷资产证券化的方式作为银行内部的结构性融资手段，不会受到存款保险和储备要求的限制（Estrella，2002；Loutskina & Strahan，2009）。Loutskina（2011）则利用美国 1976 年到 2007 年银行资产证券化季度数据，验证了市场流动性状况和银行强流动性资产规模之间具有显著的负相关性。

（二）风险管理动机

信贷资产证券化被普遍认为是银行分散信用风险的重要手段之一。当银行风险资产的占比较高时，则可能倾向于开展贷款证券化业务，从而减轻其资产负债表的负担和资本压力（Cumming，1987；Flannery，1994；Dell'Ariccia 等，2008），或者减少预期损失（Dahiya

等,2003; Marsh, 2006)。相反,也有文献表明银行有动机对优质信贷资产进行证券化,而保留低质量的信贷资产,而这种情况往往发生在银行经济资本远小于监管资本的情况下,即银行内部对贷款整体风险的评估要远优于监管当局要求的风险计量水平,允许银行可以在更高的资产收益水平和贷款安全之间做出平衡。Greenbaum & Thakor (1987)则提出银行可以在监管资本限定的范围内,通过出售高质量贷款回收资金,并贷款给更高风险和收益的借款人,从而提高资产收益率。Kohen & Santomero(1980),Kim & Santomero(1988),Flannery (1989) & Blum(1999)也证实了这种情况,并指出如果监管资本的风险计量权重设计不当,会促使银行倾向于承担过多的风险。

(三)利润动机

Bannier & Hänsel(2008)指出银行开展证券化的一个可能的原因是改进自身的经营绩效。信贷资产证券化对应的"真实出售"允许银行提前确认会计收益。因此,当贷款的市场公允价值高于其历史账面价值时,银行开展信贷资产证券化可以将贷款资产的溢价部分变现(如 Donahoo & Shaffer, 1991; DeMarzo, 2005; Karaoglu, 2005; Niinimaki, 2009)。Greenspan(2004)则指出,银行还可以利用信贷资产证券化取得的收入,投入到资产回报率更高的业务领域。Drucker & Puri(2006)则进一步指出,影响银行开展信贷资产证券化的直接因素不是贷款质量,而是监管资本的约束和利润动机。Duffie(2008)提出银行在设置贷款发放标准时,会根据能否通过 SPV 等中介机构实施证券化并获利,而非长期持有的原则来进行设计。

（四）资本约束动机

一般来说，为了满足监管资本，即资本充足率的要求，银行会在资本金一定的情况下降低风险加权资产，如压缩贷款规模或者将资金从高风险权重的资产转入低风险权重的资产，而贷款证券化的方式则是调整贷款结构的重要手段，从而减少银行面临的监管资本约束压力(Berger & Udell, 1993; Froot 等，1993; Jagtiani 等，1995; Carlstrom & Samolyk, 1995; Berger 等，1995; Allen 等，1996; Froot & Stein, 1998; Jackson 等，1999; Jones, 2000; Altunbas 等，2007)。

（五）多重因素共同驱动

与美国学者强调商业银行发起信贷资产证券化的单一决定因素不同，以银行间接融资为主的西班牙、意大利等欧洲国家学者的研究表明，商业银行信贷资产证券化的决策往往是多重因素共同驱动的结果，比较典型的研究包括：

Riportella 等(2010)利用 2000 年至 2007 年西班牙银行的证券化数据，通过 Lcgistic 模型证明了融资动机、利润动机是西班牙银行发起信贷证券化的决定性因素，但没有证据支持信用风险转移和监管资本约束因素的决定性作用。

Agostino & Mazzuca(2008)则利用 1999 年至 2006 年意大利银行证券化的数据，通过 Probit 模型的回归分析表明，银行发起贷款证券化的概率与特定的资产负债指标相关，如融资假说、专业化和监管资本套利假说。结论既证实了融资动机，也表明一家银行在交易所的地位和银行规模本身也会对证券化产生积极影响，这可能是由于“市场知识效应”导致的，因为银行的规模越大，越可能承受发起贷款证券化操作的高固定成本。Affinito & Tagliaferri(2010)利用 2000 年至 2006 年意大利商业银行的证券化数据，通过 Probit 和 Tobit 模型进行了证券化驱动因素的综合研究，认为资本充足率较低、盈利能力较弱、不良贷款水平较高的商业银行倾向于更早地发起信贷证券化，并且证券化的规模也比较大。

从国内研究的情况看，有关商业银行信贷资产证券化的研究文献已经对信贷资产证券化的概念内涵、交易实践以及我国开展信贷资产证券化的必要性和可行性研究问题等进行了较为详尽的论述(如张明等 2013,2015)，而基于我国商业银行信贷资产证券化的实证研究尚显不足，这主要是由于我国开展信贷资产证券化时间还比较短暂，微观经验数据相对有限等。但国内一些学者对美国资产证券化数据进行的研究分析，仍为我国商业银行发起信贷资产证券化提供了重要参考。如王志强(2007)和车坦阳等(2008)利用美国银行业的数据，对比分析了我国信贷资产证券化基本动因，认为由于我国银行业整体流动性充足，因此流动性和融资需求并非我国银行发起信贷资产证券化的主要因素。邹晓梅等(2015)和高蓓等(2016)则通过对美国资产证券化的实践分析，分别对我国商业银行基于利润动机和资本约束动机发起信贷资产证券化提供了有益参考。随着我国信贷资产证券化实践的发展，相关实证数据得到积累和丰富，国内学者也开始关注我国商业银行开展信贷资产证券化的驱动因素问题，如刘红霞、幸丽霞(2015)利用 2005 年至 2014 年间 42 家商业银行(含国家开发银行)的证券化数据，通过 Logistics 模型回归得出结论认为，较低的不良贷款率和较高的资产收益率是我国商业银行开展信贷资产证券化的主要驱动因素。

基于以上的文献回顾，结合我国商业银行遵循的安全性、流动性、效益性经营原则①，笔者首先提出如下的驱动因素分析框架，试图找到我国商业银行信贷资产证券化的主要驱动因素（衡量指标）及其传导路径。

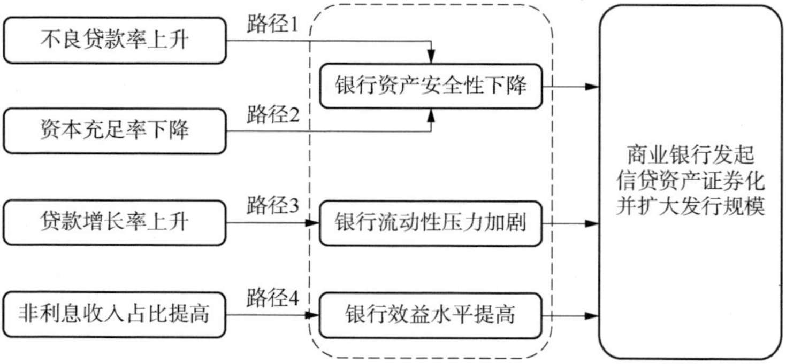

图 10-1　我国商业银行信贷资产化的驱动路径

如路径 1 所示，商业银行不良贷款率不断上升，将导致商业银行资产质量承压，威胁其稳健运营，降低了商业银行的安全性。商业银行会倾向于实施信贷资产（包括不良信贷资产）证券化，回笼资金或处置不良贷款，从而抵御风险。这与 Avery & Berger（1991），Boot & Thakor（1991），Gorton & Pennacchi（1995）的研究结论相似。据此提出如下假设：

H1：商业银行不良贷款率越高，其发行信贷资产证券化的可能性越大、信贷资产证券化的规模越大。

---

① 《中华人民共和国商业银行法》（2015 版）总则第四条规定："商业银行以安全性、流动性、效益性为经营原则，实行自主经营，自担风险，自负盈亏，自我约束。"这要求商业银行的稳健经营必须寻求资本、风险、收益三者间的平衡，在风险可承受、资本可支撑的范围内赚取利润。

如路径 2 所示,充足的资本水平是商业银行满足监管要求,抵御风险损失,保障自身稳健运营的基础。当资本充足率下降且外部融资受到限制时,内源结构性融资就成为商业银行补充资本的重要渠道。将信贷资产以证券化的方式真实出售,降低了风险加权资产的规模,释放了资本占用,从而缓解资本充足压力,为银行稳健经营提供支撑。据此提出如下假设:

H2: 商业银行资本充足率越低,其发行信贷资产证券化的可能性越大、信贷资产证券化的规模越大。

如路径 3 所示,随着商业银行贷款规模的扩大,其流动性将面临压力,往往需要补充更多资金。作为存款的一种补充和替代,信贷资产证券化可以盘活商业银行存量贷款资金,从而用于发放新的贷款。同时,信贷资产证券化还可以有效调节商业银行贷款结构,降低特定类型贷款规模。据此提出如下假设:

H3: 商业银行贷款增长率越高,其发行信贷资产证券化的可能性越大、信贷资产证券化的规模越大。

在利率市场化背景下,我国商业银行依靠传统信贷模式的盈利空间不断缩小,尽管在短期内净利差收入仍为利润的主要构成,但各家商业银行均将增加非利息收入占比作为维持和提升效益水平的重要手段。从商业银行财务报告的统计口径来看,非利息收入包括手续费及佣金净收入和其他非利息净收入两个部分。

在手续费及佣金净收入中,银行卡手续费、结算与清算手续费等主要和商业银行传统的发放贷款以及垫款业务关联度较强,在营业收入中的占比变动不大,增幅较小。理财产品业务收入则在近年来始终保持高速增长,对非利息收入的贡献显著。按投资标的分类,理财产品包括投资于标准化债权资产的理财产品和投资于非标准化债权资产的理财产品（简称“非标理财产品”）。与合约规范、定价清晰的标准化债权资产不同，非标准化债权资产则缺少银行间和交易所市场约束，不但涉及信贷资产、信托贷款、委托债权、承兑汇票和信用证等，还涉及地方融资平台或相关企业设立的单一资金信托计划受益权，甚至以债权资产的名义直接发放贷款。这种花样繁多的非标理财产品既为商业银行带来可观利润，也造成商业银行以理财名义变相“放贷”，规避信贷额度控制及国家宏观调控政策等问题，同时该类产品由于缺少统一监管标准，且具有法律关系不明晰、市场交叉程度高等特点，其潜在风险隐患逐渐受到监管机构的重视。对此，银监会于 2013 年 3 月出台《关于规范商业银行理财业务投资运作有关问题的通知》（银监发〔2013〕8 号），对非标准化债权资产做出了明确定义和投资规模比例限制，同时要求商业银行对非标理财产品进行充分的压力测试，根据银监发〔2013〕8 号文的规定，比照银行贷款计量风险加权资产并计提资本。因此，商业银行在发行理财产品获取高收益的同时，也会形成资本占用，这就促使面临资本约束的商业银行通过发起信贷资产证券化的方式，释放存量信贷资产的资本占用，从而支持开展高收益业务。

在其他非利息收入净收入①中，投资收益对非利息收入占比的贡献同样比较显著，它反映了商业银行出售部分可供出售金融资产时实现的收益。这种变化主要和连续多年债券市场的火热表现相关，商业银行为实现更高的效益水平往往会将大量资金投资于债券市场，并根据需要出售获利，这也促使商业银行通过证券化的方式扩展资金来源，并缓解债券投资对资本占用形成的压力。基于以上分析，提出如

① 其他非利息净收入包括投资收益、公允价值变动损益、汇兑损益等。与投资收益相比，公允价值变动损益、汇兑损益主要受外部市场环境影响，并不能充分反映商业银行在投资管理、创造收入上的主观能动性，因此本章不做讨论。

下假设：

H4：商业银行非利息收入占比越高，其发行信贷资产证券化的可能性越大、信贷资产证券化的规模越大。

二、研究设计

（一）样本选择和数据来源

笔者选取了我国已经发行过信贷资产证券化的 58 家代表性商业银行作为研究对象，其中包括 6 家大型商业银行、12 家股份制商业银行、31 家城市商业银行和 9 家农村商业银行。参与发起信贷资产证券化的国家开发银行、中国进出口银行因其政策性银行属性，未包含在研究对象中。研究时间为 2012 年 5 月试点重启以来至 2016 年 6 月末，未包含首轮试点期间即 2005 年至 2008 年的数据。这主要基于两点考虑：一是首轮试点期间参与证券化的发起银行数量且发行规模均有限；二是与首轮试点期间相比，我国商业银行面临的宏观经济背景显著变化，如 GDP 增速理性回落，利率市场化改革全面推进等因素。因此，选择试点重启以来的时间范围保证了商业银行面临的宏观经济背景的一致性。

笔者采用半年数据进行研究。以半年度对研究时间进行分割，这是由于在商业银行的实际运营中，董事会或高管层会在中期或年度财务数据形成后，对前半年的财务状况和经营策略进行总结，对下半年的重要经营策略进行部署和安排，即根据 $t-1$ 期的财务指标，对 t 期是否发起信贷资产证券化进行决策。

商业银行发起的信贷资产证券化数据主要来自Wind数据库和资产证券化分析网站(www.cn-abs.com)。商业银行财务数据来自Wind数据库、商业银行年报等资料,个别商业银行的财务数据仅包括年度数据,本研究采用算数平均的方式对其半年度财务数据进行补充。

表10-1　主要商业银行(58家)

商业银行类别	机构名称(简称)
大型商业银行	工商银行、农业银行、中国银行、建设银行、交通银行、邮政储蓄银行
股份制商业银行	招商银行、浦发银行、中信银行、光大银行、华夏银行、民生银行、广发银行、兴业银行、平安银行、恒丰银行、浙商银行、渤海银行
城市商业银行	包商银行、北京银行、成都银行、富滇银行、贵阳银行、桂林银行、哈尔滨银行、汉口银行、杭州银行、河北银行、华融湘江银行、徽商银行、江苏银行、江西银行、锦州银行、晋商银行、南充市商业银行、南京银行、宁波银行、青岛银行、上海银行、盛京银行、台州银行、天津银行、威海市商业银行、烟台银行、张家口银行、长安银行、长沙银行、重庆银行、珠海华润银行
农村商业银行	广东顺德农村商业银行、广州农村商业银行、江苏海安农村商业银行、江苏江南农村商业银行、江苏吴江农村商业银行、江苏张家港农村商业银行、青岛农村商业银行、厦门农村商业银行、上海农村商业银行

(二)模型构建

根据上述理论分析,笔者分别建立二元离散选择模型、Tobit模型来验证上文提出的假设，根据商业银行 $t-1$ 时期的银行财务状况决定 t 期银行是否进行证券化以及证券化的规模，其模型构建如下。

商业银行是否发起证券化业务模型：

$$Y_{it} = f(bl_{it-1},\ zb_{it-1},\ dk_{it-1},\ fl_{it-1},\ x_{it-1}) \tag{1}$$

商业银行证券化业务规模影响因素模型：

$$Z_{it} = f(bl_{it-1},\ zb_{it-1},\ dk_{it-1},\ fl_{it-1},\ x_{it-1}) \tag{2}$$

在被解释变量方面，Y_{it} 为 0—1 变量，反映银行是否开展信贷证券化业务，当 i 商业银行 t 时期开展证券化业务时，Y_{it} 取 1；反之取 0。Z_{it} 代表商业银行开展证券化业务的规模，笔者将其定义为每一时间段商业银行发起的信贷资产证券化金额与同期银行贷款余额之比。

根据前文所述，笔者将核心解释变量定义为商业银行不良贷款率（*bl*）、资本充足率（*zb*）、贷款增长率（*dk*）和非利息收入占比（*fl*）。x 为控制变量，包括银行总资产（*asset*）、存款/总资产（*cb*）、银行存贷比（*cd*）等。

其中模型（1）为二元离散选择模型、模型（2）为 Tobit 模型。若商业银行 $t-1$ 期不良贷款率提高，银行在 $t-1$ 期风险上升，基于安全性角度，银行可能会在 t 期选择信贷资产证券化并扩大资产证券化规模，预计 *bl* 系数为正；当银行 $t-1$ 期资本充足率下降，银行面临的风险上升，在 t 期银行可能会增加信贷资产证券规模，*zb* 系数预计为负；若 $t-1$ 期商业银行非利息收入占比提高，综合金融服务水平提高，在 t 期可能会开展信贷资产证券化业务，提高信贷资产证券化规模，*fl* 系数预计为正；在 $t-1$ 期商业银行贷款增长率上升，会对银行流动性产生负向影响，为降低流动性风险，银行在 t 期倾向于发起信贷资产证券化业务，盘活存量信贷资金，*dk* 系数预计为正。

（三）数据描述

1. 统计性描述

表 10-2 变量统计性描述

变量符号	变量含义	观测值	均值	标准差	最小值	最大值
Y	银行是否证券化	464	0.2435	0.4297	0	1
Z	银行证券化规模/总贷款	464	0.0035	0.0101	0	0.0885
bl	不良贷款率	464	0.0107	0.0056	0.0002	0.0531
zb	资本充足率	464	0.1285	0.0250	0.0013	0.5292
dk	贷款增长率	464	0.0962	0.3000	−1.8091	5.4493
fl	非利息收入占比	464	0.1880	0.1272	0.0306	0.8297
cd	贷款/存款	464	0.6225	0.1033	0.2247	0.8089
asset	总资产取对数	464	11.6279	0.7589	9.7734	13.3506
cb	存款/总资产	464	0.6947	0.1019	0.4369	0.9933

2. 相关系数矩阵

表 10-3 变量 Spearman 相关系数矩阵

	Y	Z	*bl*	*zb*	*cd*	*fl*	*dk*	*asset*	*cb*
Y	1.000								
Z	0.961*	1.000							

续　表

	Y	Z	bl	zb	cd	fl	dk	asset	cb
bl	0.382*	0.363*	1.000						
zb	0.077	0.005	0.303*	1.000					
cd	0.05	0.033	0.386*	0.147*	1.000				
fl	0.289*	0.262*	0.486*	0.280*	0.439*	1.000			
dk	− 0.104	− 0.056	− 0.290*	− 0.264*	− 0.235*	− 0.338*	1.000		
asset	0.260*	0.129	0.332*	0.515*	0.288*	0.161*	− 0.318*	1.000	
cb	0.023	− 0.108	− 0.022	0.216*	− 0.034	− 0.024	− 0.132	0.646*	1.000

说明：* 表示在 10%的水平下显著。

三、 实证结果和分析

（一） 检验结果

针对模型(1)，本研究分别采用 Probit、Logistics 模型分别进行回归；针对模型(2)，本研究采用 Tobit 随机效用模型和 Tobit 混合效用模型进行分步回归。表 10－4 展示商业银行是否发起信贷资产证券化回归结果，其中(1)、(3)为未加入控制变量的回归结果。表 10－5 展示商业银行证券化规模归回结果，其中(5)、(7)为未加入控制变量的回归结果。

表 10-4 对影响商业银行是否发起信贷资产证券化因素的回归结果

	Probit 模型		Logistics 模型	
	(1)	(2)	(3)	(4)
不良贷款率(*bl*)	35.8314*** (3.00)	34.5603** (2.41)	57.7882*** (2.92)	59.8755** (2.35)
资本充足率(*zb*)	−16.6784*** (−3.63)	−16.0737*** (−3.19)	−27.8033*** (−3.49)	−28.1925*** (−3.20)
贷款增长率(*dk*)	0.3350 (1.28)	0.6383** (2.08)	0.5478 (1.27)	1.1046** (2.04)
非利息收入占比(*fl*)	1.8324*** (3.70)	1.5436*** (2.92)	2.9692*** (3.57)	2.6384*** (2.91)
总资产对数(*asset*)		0.8814*** (6.60)		1.5229*** (6.48)
存款/总资产(*cb*)		−19.3555*** (−3.92)		−32.7145*** (−3.88)
常数项	0.6138 (1.05)	34.5603** (2.41)	1.0803 (1.07)	59.8755** (2.35)
观测值	464	464	464	464
Pseudo R^2	0.07	0.14	0.07	0.14

注：回归系数下方括号内为标准误，*、** 和 *** 分别表示在 10%、5%和 1%的水平下显著。

表 10-5 对影响商业银行证券化规模因素的回归结果

	Tobit 随机效应模型		Tobit 混合效应模型	
	(5)	(6)	(7)	(8)
不良贷款率(*bl*)	0.8268*** (2.68)	1.1431*** (3.37)	0.8268** (2.37)	1.1431*** (2.99)
资本充足率(*zb*)	−0.3717*** (−3.48)	−0.2857*** (−2.62)	−0.3717*** (−3.54)	−0.2857*** (−3.04)

续　表

	Tobit 随机效应模型		Tobit 混合效应模型	
	(5)	(6)	(7)	(8)
贷款增长率（dk）	0.0056 (1.22)	0.0077 (1.62)	0.0056*** (3.83)	0.0077*** (4.63)
非利息收入占比（fl）	0.0467*** (3.76)	0.0416*** (3.24)	0.0467*** (3.27)	0.0416** (2.56)
总资产对数（asset）		0.0068*** (2.74)		0.0068*** (3.59)
存款/总资产（cb）		−0.0297* (−1.68)		−0.0297* (−1.83)
存贷比（cd）		−0.0376** (−2.16)		−0.0376** (−2.56)
常数项	0.0088 (0.66)	−0.0403 (−1.24)	0.0088 (0.72)	−0.0403* (−1.84)
观测值	464	464	464	464
RHO	0	0		
sigma_cons	0.0261*** (13.21)	0.0262*** (12.99)	0.0261*** (7.27)	0.0262*** (7.20)

说明：回归系数下方括号内为标准误，*、**和***分别表示在10%、5%和1%的水平下显著。

根据回归结果，加入控制变量时显著性水平更高，即在表10－4的Probit模型和Logistics模型回归结果中，本研究以(2)、(4)组回归结果为准；(1)、(3)组回归结果为参考。在表10－5中，Tobit随机效用模型的RHO为0，即不存在个体随机效应，应以Tobit混合效用模型为准，而Tobit混合效用模型中，本研究又以加入控制变量的(8)组回归结果为准，(5)、(6)、(7)组回归结果作为参考。

（二）结果分析

在表 10－4 的回归结果中，不良贷款率指标系数在四组回归结果中都显著为正，即商业银行不良贷款率的上升会显著提高商业银行发起信贷证券化的概率。在表 10－5 的回归结果中，不良贷款率指标系数在四组回归结果中依旧显著为正，即商业银行不良贷款率的上升会显著促进银行信贷资产证券化规模的扩大。随着不良贷款率不断上升，商业银行基于安全性考虑，将会发起信贷资产（包括不良资产）证券化，扩大信贷资产证券化规模来抑制不良贷款率上升，抵御风险，验证了假设 H1 的正确性。

由表 10－4 和表 10－5 的回归结果可见，资本充足率系数在八组回归结果中均显著为负，即资本充足率的下降不仅会促使商业银行发起信贷资产证券化，还会提高商业银行信贷资产证券化发起规模。当资本充足率下降时，商业银行承担损失的能力下降，风险上升，基于安全性视角，商业银行会发起信贷资产证券化业务，扩大信贷资产证券化规模，验证了假设 H2 的正确性。

在八组回归结果中，贷款增长率指标系数在(2)、(4)、(8)组回归结果中显著为正，文本可以大致得出以下结论：贷款增长率的提高会显著提高商业银行发起信贷资产证券化概率，增加商业银行扩大信贷资产证券化规模的动力。贷款增长率的上升会使商业银行面临资金短缺问题，增加流动性风险。商业银行基于流动性考虑，将倾向于开展信贷资产证券化、扩大信贷资产证券化规模来增加银行流动性，基于此，验证了假设 H3 的正确性。

非利息收入占比系数在表 10－4 和表 10－5 的回归结果中显著为

正，即非利息收入占比的上升会显著提高商业银行发起信贷资产证券化的概率，同时扩大商业银行信贷资产证券化规模。随着商业银行通过净利差收入维持效益水平变得日益困难，扩大非利息收入占比，尤其是投资理财领域的收入占比，对商业银行实现持续盈利能力至关重要，这就促使商业银行开展信贷资产证券化业务来回笼资金、释放资本占用，从而为投资高收益业务领域提供支持，由此也验证了假设 H4 的正确性。

从控制变量来看，在表 10－4 和表 10－5 中，总资产系数显著为正，这与 Agostino & Mazzuca(2008)得出的银行规模和资产证券化之间正向相关的结论一致，其可能的解释是银行规模越大，可供证券化的贷款资产越多，对资产证券化的成本吸收能力则越强。存款/总资产系数显著为负，即存款的增加会显著抑制银行发起信贷资产证券化，降低银行发行信贷资产证券化规模。存款/总资产指标反映了商业银行资金充裕程度，该指标越大，意味商业银行具有较高的流动性，所以商业银行面临较低的流动性风险。因此，商业银行没有强激励去发起信贷资产证券化业务，也不会选择扩大信贷资产证券化规模。除此之外，其他控制变量的符号和显著度也符合预期。

（三）稳健性检验

稳健性检验采用分组回归的方法，检验以上结论可靠性。按照我国商业银行规模，本章将大型商业银行、股份制商业银行定义为“大型银行组”，共 18 家；将城市商业银行、农村商业银行定义为“小型银行组”，共 40 家，分组按照以上实证步骤进行回归。

如表 10－6 所示，对小型银行组来说，在对模型(1)的回归结果中，不良贷款率、贷款增长率、非利息收入占比系数显著为正；资本充足率系数显著为负。对模型(2)的回归结果，不良贷款率、贷款增长率、非利息收入占比系数同样显著为正；资本充足率系数依然显著为负。这说明对于小型商业银行来说，前文所述的结论是适用的，验证了模型的可靠性。

表 10-6　分组探究影响商业银行是否发起信贷资产证券化因素的回归结果

	小型银行组		大型银行组	
	(1)	(2)	(3)	(4)
不良贷款率(bl)	33.8447** (2.20)	59.2636** (2.14)	101.7978** (2.57)	174.7168** (2.48)
资本充足率(zb)	-19.1918*** (-2.75)	-34.1356*** (-2.69)	-18.6590* (-1.91)	-32.7104* (-1.86)
贷款增长率(dk)	0.5800* (1.88)	1.0298* (1.87)	1.6344* (0.64)	2.9087* (0.68)
非利息收入占比(fl)	1.2039** (2.00)	2.1313** (2.06)	2.7199 (1.54)	4.6494 (1.53)
总资产对数(asset)	0.7337*** (2.95)	1.3855*** (3.02)	0.9692** (2.10)	1.7160** (2.15)
存款/总资产(cb)	-0.0835 (-0.08)	0.0321 (0.02)	-1.3899 (-0.83)	-2.5067 (-0.88)
常数项	-7.3413** (-2.20)	-14.0046** (-2.29)	-11.0991** (-2.49)	-19.5376** (-2.54)
观测值	320	320	144	144
模型选择	Probit	Logistics	Probit	Logistics
R2	0.11	0.11	0.15	0.15

说明：回归系数下方括号内为标准误，*、**和***分别表示在10%、5%和1%的水平下显著。

如表 10 - 7 所示，对大型银行组样本来说，模型(1)和模型(2)的回归结果中，不良贷款率系数显著为正，而资本充足率、贷款增长率系数虽然与预期方向一致，但均不满足 10%的显著水平。其可能的解释是大型商业体量庞大，各地区分行间流动性共享，拆借成本低，单纯的贷款增长对商业银行的流动性约束小，通过发起信贷资产证券化业务、扩大信贷资产证券化规模来获得流动性的必要性相比于小型银行来说并不十分迫切，因此系数为正，但显著程度较低；同时，大型银行组普遍为上市银行，面临的监管约束较严，因此普遍保持着相对较高的资本充足率水平，尽管仍旧具有资本约束的压力，但相比于小型银行，其资本充足水平距离监管底线尚有一定的空间，通过信贷资产证券化来释放资本迫切性相对较小，因此尽管系数为负，但显著程度较低。

表 10 - 7 分组探究影响商业银行证券化规模因素的回归结果

	小型银行组		大型银行组	
	(5)	(6)	(7)	(8)
不良贷款率 (*bl*)	0.7745* (1.68)	1.1324** (2.22)	0.8062** (2.05)	0.9255** (2.18)
资本充足率 (*zb*)	− 0.9200*** (− 5.00)	− 0.7677*** (− 3.73)	− 0.0595* (− 1.66)	− 0.0366* (− 0.83)
贷款增长率 (*dk*)	0.0078*** (4.43)	0.0098*** (4.76)	0.0005* (0.02)	0.0008* (0.04)
非利息收入占比 (*fl*)	0.0460** (2.22)	0.0492** (2.17)	0.0113 (0.97)	0.0316*** (2.70)
总资产对数 (asset)		0.0000** (2.56)		0.0000 (0.33)

续　表

	小型银行组		大型银行组	
	(5)	(6)	(7)	(8)
存贷比（cd）		−0.0303 (−1.11)		−0.0368*** (−3.83)
存款/总资产（cb）		−0.0159 (−0.42)		−0.0205** (−2.15)
常数项	0.0654*** (2.78)	0.0632** (2.41)	−0.0071 (−1.36)	0.0227** (1.99)
观测值	320	320	144	144
Tobit 模型	混合效用	混合效用	混合效用	混合效用
sigma_cons	0.0391*** (8.40)	0.0390*** (8.34)	0.0079*** (3.60)	0.0069*** (3.75)

说明：回归系数下方括号内为标准误，*、** 和 *** 分别表示在 10%、5%和 1%的水平下显著。

在模型(1)的回归结果中，大型银行组中非利息收入占比指标不显著。这可能主要是由于大型银行组和小型银行组的非利息收入结构差别所导致的。对大型银行组来说，由于其在传统信贷市场中的重要地位，非利息收入中主要是基于利息收入的手续费和佣金收入，而相对较低的风险偏好也促使大型商业银行组在发行理财产品和债券投资方面更加审慎，通过信贷资产证券化回笼资金和释放资本的迫切性，较小型银行组来说则明显降低。因此，对大型银行组非利息收入占比不显著的结果，恰恰体现了模型(1)对两类银行组差别的识别能力，进一步证实了本章研究方法的可靠性。

基于分组回归结果，近似得到与上文一致的结论，验证了结论的稳健性，即总体来说，商业银行不良贷款率上升、非利息收入占比提高、贷款增长率提升会促进我国商业银行发起信贷资产证券化业务、扩大信贷资产证券化规模；资本充足率与我国商业银行发起信贷资产证券化业务、扩大信贷资产证券化规模负相关。

四、结论与建议

以上分析验证了我国商业银行发起信贷资产证券化的行为是一个多重因素驱动的结果。不良贷款率、资本充足率、非利息收入占比和贷款增长率对我国商业银行信贷资产证券化行为的驱动作用显著，银行规模和存款规模也对信贷证券化行为具有较强的相关性。

从我国商业银行现阶段面临的问题来看，经济运行去杠杆、过剩行业去产能等结构性改革，会在一定程度上加剧商业银行资产质量的压力，不良贷款率持续攀升；受监管日趋严格和自身业务扩张的影响，商业银行潜在资本缺口不断扩大，且通过外源性融资的难度逐渐上升，对保持较高资本充足率水平构成压力；随着利率中枢下移及存贷款利差的持续收窄，商业银行净利息收入增速下降的问题愈发显著，而大型商业银行进一步实施综合盈利模式转型的步伐日益加快，亟须进一步提高非利息收入占比水平。因此，根据本章的结论，我国商业银行具备很强的内生动力发起信贷资产证券化业务，并且进一步扩大信贷资产证券化的规模。同时，从我国商业银行信贷余额、债券市场余额和信贷资产证券化产品余额①的对比关系来看，仍有巨大的市场

① 相关数据显示，截至 2015 年年底，我国商业银行正常贷款余额约 75 万亿元人民币，不良贷款余额约为 1.27 万亿元人民币；截至 2016 年年底，银行间债券市场托管余额为 56.3 万亿元，但同期我国信贷资产证券化产品累计发行总额尚不足 1.2 万亿元人民币，存量仅约 4 200 亿元。

空间。本章认为，商业银行在大力发展信贷资产证券化的过程中应着重发展两个方向的信贷资产证券化业务：

一是住房抵押贷款证券化（MBS，Mortgage-Based Securitization），即商业银行的传统优质贷款证券化，这对于商业银行盘活存量信贷资金具有重要意义。同时，以优质贷款为基础资产的证券化产品，在信贷资产证券化市场发展初期构建稳定“底部”来说至关重要。

二是不良贷款证券化（NPLS，Non-performing Loans Securitization），这可以拓宽商业银行快速、批量处置不良贷款的渠道，有效解决商业银行资产质量持续承压的问题。同时，NPLS 可以进一步丰富证券化市场的产品供给，对构建多层次风险和收益相匹配的证券化市场十分必要。当然，这也需要监管机构对商业银行开展 NPLS 给予更多的政策支持。

此外，在大力发展信贷资产证券化发行市场（一级市场）的基础上，还应增强信贷资产证券化流通市场（二级市场）的活跃程度，持续完善信息披露制度，为信贷资产证券化产品的估值定价提供更充分的依据，吸引更多机构投资者参与市场交易。通过信贷资产证券化一、二级市场的联动，为商业银行大力发展信贷资产证券化业务提供良好的市场环境。

最后，需要说明的是，对于地区经济发展水平和城市商业银行信贷资产证券化行为的关系也有必要加以探讨，但限于实践数据不足，本章未能涉及，值得后续研究和关注。

第十一章

资产证券化与商业银行盈利水平：相关性、影响途径与危机冲击

关于资产证券化核心功能的一个重要问题是，资产证券化是否能够真正提高商业银行的盈利水平？如果能，那么这一过程是通过何种途径得以实现的？另一个相关的问题是，金融危机的爆发是否对资产证券化与商业银行盈利水平之间的关系产生重大影响？回答这一问题不仅有助于我们更好地理解资产证券化实践，也有助于我国资产证券化的监管者与参与者深化相关认识，进而达到趋利避害的目的。本章将以净资产收益率(ROE)表示盈利水平，研究资产证券化对商业银行ROE的影响，并从杜邦分解的角度探讨资产证券化影响商业银行ROE的具体机制。由于我国的资产证券化起步较晚，数据较少，尚难以利用国内资产证券化数据进行稳健的实证研究，因此，本章将利用美国商业银行的数据进行实证分析。

一、文献综述

在全球金融危机爆发之前，国际范围内研究资产证券化相关效应的文献偏少。次贷危机后，这方面的文献逐渐增多，并主要集中在以下两个方面：资产证券化对金融稳定和信贷供给的影响。

（一）资产证券化与金融稳定

金融危机前，资产证券化被普遍认为有助于金融稳定。但当时已经有一些文献开始对资产证券化与商业银行稳定性之间的关系进行初步探讨。Dionne & Harchaoui(2003)以1988年至1998年期间加拿大商业银行为样本，分析了资产证券化程度、银行资本充足率和银行风险之间的关系。结果显示，资产证券化将会降低商业银行的资本充足率，从而导致银行经营风险上升。Franke & Kranhnen(2005)用商业银行股票的 beta 系数来衡量其系统性风险，并利用 1999 年至 2002 年间 27 家欧洲商业银行 73 笔担保债务凭证(Collateral Debt Obligation, CDO)数据分析了资产证券化对商业银行系统性风险的影响，结果显示，在 CDO 发行之后，商业银行的系统性风险会增加。Hansenl & Krahnen(2007)再次证实了该结论。作者认为，商业银行可能将通过证券化获得的流动性资金重新投资于风险更高的项目，这将削弱资产证券化的风险降低作用。Uzun & Webb(2007)认为银行规模是决定一家银行是否进行证券化的关键因素。他们基于 2001 年至 2005 年期间美国商业银行的数据进行研究发现，资产证券化程度与商业银行的资本充足率负相关，尤其是对于信用卡应收款证券化而言。Jiangli 等(2007)构建了一个包含债务、股权、贷款销售和资产证券化等要素的银行模型。该模型的分析结果显示，证券化不仅有助于提高银行的盈利能力，还能够增加银行的杠杆率，并降低破产风险。Jiangli & Pritsker(2008)进一步利用 2001 年至 2007 年期间的数据，分析了抵押贷款证券化对银行破产风险、盈利能力和杠杆率的影响。结果显示，抵押贷款证券化能够降低破产风险、增加杠杆率、提升商业银行盈利能力。

金融危机爆发引起了人们对资产证券化和金融稳定关系的深度反思，与此相关的理论研究和实证研究显著增多。在理论分析方面，Shin(2008)指出，证券化扩大了金融机构的外部融资来源，在单个金融机构杠杆率不变的情况下，金融部门从外部获得融资越多，金融部门的杠杆率也会越高。如果金融机构在扩张资产的过程中降低了信贷标准，那么证券化本身并不能增加，反而会损害金融系统的稳定性。Coval 等(2009)从结构性融资产品的构造及评级等角度分析了结构性融资产品固有的不稳定性。结果显示，资产证券化(特别是重复证券化)放大了风险评估参数一旦失误可能造成的影响，提高了证券化产品价格对评级结果的敏感度；作者进一步指出，结构性融资产品用系统性风险代替了个体性风险，使得优先级结构性融资产品的违约风险集中在系统性冲击层面。Shleifer & Vishny(2010)通过构建一个金融中介模型指出，资产证券化增加了社会的投资水平，增加了投资和利润的顺周期性，但却降低了金融机构的信贷质量，证券化将成为银行业不稳定的新来源。Gennaioli 等(2011)指出，如果投资者和金融中介忽略尾部风险，向低风险债务提供过高的收益率，将不利于金融稳定。一旦尾部风险爆发，金融市场将面临崩溃的危险。资产证券化的程度越高，金融市场出现崩溃的概率和破坏性就越大。

在实证分析方面，Uhde & Michalak(2010)利用欧盟 15 国和瑞士 54 个商业银行 1997 年至 2007 年之间的 592 笔证券化业务数据分析了资产证券化对商业银行系统性风险(股票的 beta 值)的影响，发现资产证券化提高了商业银行的系统性风险。Michalak & Uhde(2012)利用欧盟 13 国及瑞士商业银行的数据分析了资产证券化对欧洲商业银行稳健性(Z 指数和 EDF①)的影响。结果显示，资产证券化与商业银行稳健性负相关，从 Z 指数的子项来看，资产证券化与商业银行盈利性(ROA)负相关，与资本比率负相关，但同时与商业银行收益的波动性正相关。Battaglia & Gallo(2013)利用意大利商业银行的数据分析了资产证券化对商业银行系统性风险(预期损失和边际预期损失)的

① Z 指数=(平均资产回报率+平均资本比率)/平均资产回报率的标准差；EDF 为预期违约率(expected default frequency)。

影响，结果显示，从事证券化的银行在极端事件下的预期损失较高，据此，Battaglia & Gallo 认为通过资产证券化实现的风险转移比起保留的风险来讲是不重要的。Battaglia 等（2014）进一步利用意大利银行业的数据分析了资产证券化对银行系统性风险和个体风险的影响，结果显示资产证券化活动既增加了商业银行的系统性风险（股票的 beta 系数和边际预期损失），也增加了商业银行的个体风险（CAMP 模型残差项的加权平方、股票收益与市场收益利差平方和），其中，系统性风险主要受当前资产证券化活动的影响，个体风险主要受之前资产证券化活动的影响。2007 年至 2009 年金融危机使得证券化对商业银行系统性风险和个体风险的影响增加。Salah & Fedhila（2012）以 2001 年至 2008 年期间美国商业银行数据为样本，分析了资产证券化对银行风险承担（风险加权资产占比）和银行稳定（Z 指数）的影响。结果显示：一方面，资产证券化会造成商业银行的信贷质量恶化以及资产负债表的信用风险上升；另一方面，资产证券化会显著增加商业银行的稳定性。上述矛盾关系源于不同类型的资产证券化对商业银行稳定性的影响大相径庭。住房抵押贷款证券化能够显著提高商业银行的稳定性，而非住房抵押贷款的证券化则不利于银行稳定。

（二）资产证券化与信贷供给

总体来讲，研究资产证券化与信贷供给的文献大致可以分为两个方面：

第一，直接研究资产证券化对商业银行信贷增速和信贷质量的影响，进而探讨资产证券化与金融稳定的关系。Carbó-Valverde 等（2011）以西班牙为例，分析了资产证券化、银行信贷和信贷质量的关系，结果显示资产证券化加快了商业银行的信贷增速，但是信贷增速会在两年后对商业银行的表内贷款质量产生显著的负面影响。Bedendo & Bruno(2012)利用危机期间美国商业银行的数据，分析了以资产证券化、贷款销售和信用衍生品为主的信用风险转移工具(Credit Risk Transfer tool, CRT)对银行信贷和风险的影响。结果发现，在信用崩溃时期，获得融资是商业银行从事 CRT 的主要因素，无论是在繁荣时期还是衰退时期，CRT 都有助于增加信贷供给。CRT 增加了风险，降低了信贷质量，导致商业银行在危机期间违约率上升。然而，也有文献得出了截然不同的结论。例如，Scopelliti(2013)指出，一方面，证券化为商业银行提供了新的融资渠道，银行可以利用资产证券化的收益扩大贷款供给；另一方面，资产证券化增加了银行信用衍生品的风险敞口，这将会降低银行的信贷供给。作者基于 1998 年至 2008 年期间美国银行业数据的研究发现，受与表外活动有关的潜在和实际损失影响，表外信用敞口对银行贷款增长率的影响为负。Scopelliti 进一步区分了短期贷款和长期贷款，发现表外信用敞口对短期贷款有正面影响，而对长期贷款有负面影响。

第二，引入货币政策变量分析资产证券化对货币政策有效性的影响。Altunbas 等(2007)以欧洲银行业为样本，分析了证券化对货币政策信贷传导渠道的影响。其研究结果显示，对证券化活动越活跃的金融机构而言，其信贷供给受货币政策变化的影响就越小。Gambacorta & Marques-Ibanez(2011)也通过实证检验证明了资产证券化降低了货币政策变量对银行信贷供给的影响。他们进一步指出，在金融危机期间，证券化活跃的银行与其他银行之间的上述差距明显缩小。Loutskina(2011)通过构造一个反映商业银行贷款资产证券化潜能的指数，研究了资产证券化对银行流动性管理和信贷供给的影响。其实证结果显示，对贷款资产证券化潜力越高的银行而言，其资产负债的流动性比率就越低，信贷供给受货币政策变量的影响也就越小。Loutskina & Strahan（2006）对比分析了金融条件对大额抵押贷款（jumbo mortgage）和非大额抵押贷款（non-jumbos）接受率的影响[①]。结果显示，当资金成本下降时，银行审批大额抵押贷款的意愿增加，但对非大额抵押贷款的审批意愿几乎没有变化。据此，作者认为资产证券化降低了货币政策对信贷供给的影响。

（三）小结

目前已经有一些文献开始关注资产证券化对商业银行盈利能力的影响，但这些文献尚未对其进行专门的、系统性的研究（如 Jiangli 等，2007；Jiangli & Pritsker，2008；Michalak & Uhde，2012；Casu 等，2013）。笔者认为，有必要深入分析资产证券化对商业银行盈利能力的影响，因为收益和风险是金融机构在进行金融创新时最关注的问题。ROE 是反映企业盈利能力最核心的指标，因此，本章将商业银行 ROE 作为被解释变量，分析资产证券化对商业银行 ROE 的影响，并从杜邦分解的角度分析资产证券化影响商业银行 ROE 的路径。

二、研究思路

本章试图以美国银行业数据为基础，分析资产证券化活动强度与

---

① 根据美国的资产证券化实践，房地美和房利美对符合其购买条件的住房抵押贷款做了限制，符合其购买条件的住房抵押贷款被称为 jumbo mortgage。

商业银行ROE之间的关系。研究思路如下：首先，从杜邦分解的角度阐述资产证券化影响商业银行ROE的具体机制；其次，借助图表和相关性统计直观了解资产证券化活动强度与商业银行ROE的相关性；最后，介绍本章具体的实证分析思路。

（一）资产证券化影响商业银行ROE的机制分析

杜邦分解是分析企业净资产收益率变动原因的常用方法，它通过财务指标的内在联系系统地分析企业盈利水平的变动。我们将从杜邦分解的角度探讨资产证券化影响商业银行ROE的具体机制。

$$ROE=\frac{净利润}{权益资本}=\frac{净利润}{总收入}\times\frac{总收入}{总资产}\times\frac{总资产}{权益资本}$$

$$=利润率\times资产周转率\times杠杆率$$

第一，虽然资产证券化属于银行的表外活动，但其仍然有助于商业银行提高杠杆率。首先，资产证券化有助于商业银行将风险较高的信贷资产转换成现金和高评级债券等低风险资产，以降低商业银行的风险加权资产，从而降低商业银行的最低资本要求，增加杠杆率；其次，商业银行可以利用其购买的高评级资产支持证券在金融市场上进行回购等批发融资，扩大资产规模。资产证券化对杠杆率的影响机制反映了资产证券化具有的监管套利功能，即通过资产证券化规避最低资本监管要求。

第二，资产证券化能够显著提高商业银行的资产周转率。显而易见，商业银行可以利用资产证券化回笼的资金继续发放贷款，并将其继续证券化，从而提高其资产周转率。资产证券化对商业银行资产周转率的影响机制反映了资产证券化增加资产流动性的功能，即资产证券化将分散的基础资产打包与分层，这样可以消除单个资产的异质性风险，从而降低资产支持证券价值的信息敏感度以及信息优势方拥有的信息价值，最终提高相关资产的流动性。

第三，资产证券化可能降低商业银行收入利润率。首先，在证券化过程中，商业银行将部分利息收入让渡给了投资者，商业银行利息收入可能下降；其次，与资产证券化相关的交易成本（例如，成立 SPV 和信用增级）将会增加商业银行的非利息支出；再次，商业银行作为发起人通常会持有股权级资产支持证券。一旦基础资产出现违约，发起人将不得不吸收最初的损失，这会增加银行的或有支出。

不难看出，在第一条与第二条渠道中，资产证券化有助于提高商业银行 ROE，在第三条渠道中，资产证券化将会降低商业银行 ROE。因此，我们既会从整体上考察资产证券化对商业银行 ROE 的影响，也会从杜邦分解的角度来分析资产证券化影响商业银行 ROE 的具体渠道。

（二）来自行业层面的特征事实

图 11-1 显示了美国私人部门资产证券化季度流量与银行业 ROE 季度数据之间的关系①。不难看出，这两个时间序列之间存在明显的正相关关系。如表 11-1 所示，在整个样本期间（1991 年至 2013 年），两者之间的相关系数为 0.66。值得注意的是，在不同的时期内，两者之间的相关性存在较大差异。例如在 2004 年（资产证券化出现

---

① 从发起人性质来看，美国的资产证券化可以划分为两类：第一类是以两房为主体的政府支持机构（GSE）发起的资产证券化；第二类是由商业银行和投资银行等私人金融机构发起的资产证券化。

井喷式发展）至 2013 年期间，两者之间的相关系数达到 0.74。再分阶段来看，2004 年至 2008 年第二季度（全球金融危机爆发之前）期间，两者之间的相关系数高达 0.87，而在 2008 年第三季度至 2013 年期间，两者的相关系数仅为 0.47。

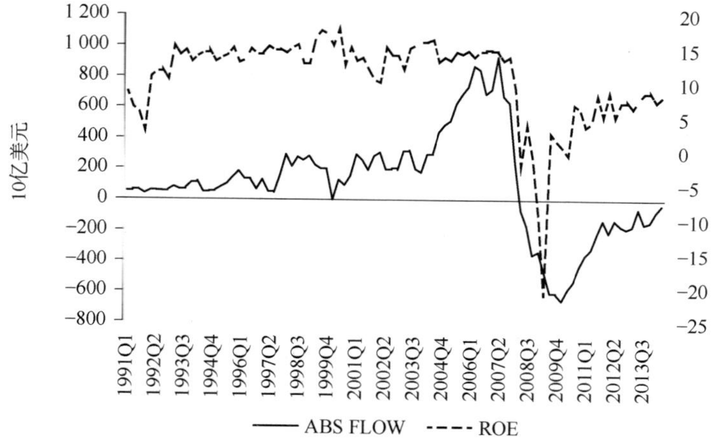

数据来源：美联储。

图 11－1 私人部门证券化流量（左）和银行业 ROE（右）

表 11－1 私人部门资产证券化流量与银行业 ROE 的相关系数

区间	1991Q1—2013Q4	2004Q1—2013Q4	2004Q1—2008Q2	2008Q3—2013Q4
相关系数	0.66	0.74	0.87	0.47

然而，仅仅看总量数据的相关性是远远不够的。由于银行业 ROE 中包含了很多非证券化银行的数据，而私人 ABS 流量中也包含了很多非商业银行发起人的信息，因此，我们有必要借助反映银行个体特征的面板数据来分析资产证券化对商业银行 ROE 的影响。

（三）实证分析的具体思路

本章将通过组内分析来分析资产证券化强度对商业银行 ROE 的影响；利用组间比较来分析资产证券化虚拟变量对商业银行 ROE 的影响。

在组内分析中，我们将以资产证券化活动强度为解释变量：第一，利用固定效应模型分析资产证券化活动强度及其他控制变量对商业银行 ROE 的影响；第二，利用差分 GMM、提取证券化活跃组、引入金融危机虚拟变量等方法对上述回归进行稳健性检验；第三，从杜邦分解的角度探讨资产证券化影响商业银行 ROE 的路径；第四，按照证券化的基础资产进行分组，分别分析住房抵押贷款证券化（MBS）活动强度和非住房抵押贷款证券化（ABS）活动强度对商业银行 ROE 的影响及影响路径。

在组间比较中，我们将以资产证券化虚拟变量为解释变量：第一，利用随机效应模型分析证券化虚拟变量是否会显著影响商业银行的 ROE；第二，从杜邦分解的角度出发，分析证券化虚拟变量对商业银行杠杆率、资产周转率和利润率的影响；第三，利用双重差分法分析金融危机对证券化银行和非证券化银行盈利水平的冲击是否存在显著区别，并据此来验证资产证券化对商业银行稳定性的影响。

三、数据来源和变量选取

（一）数据来源与处理

本章将选取美国商业银行 2001 年第二季度至 2012 年第一季度

的相关数据进行分析。数据源自美联储芝加哥分行披露的美国商业银行财务和收入数据报告(Report of Condition and Income data,简称Call Report)。之所以选择 2001 年第二季度作为样本期的开端,是因为美国监管当局要求从 2001 年第二季度起,商业银行必须上报与资产证券化活动有关的数据。之所以选择 2012 年第一季度作为样本期的结束,主要是囿于数据可得性问题。在美联储芝加哥分行披露的相关数据中,2012 年后三个季度数据存在严重缺失。为了保持数据的统一和完整,不得不舍去 2012 年第一季度以后的数据。

Call Report 包含了由美国联邦储备系统、联邦存款保险公司和货币监理署监管的所有商业银行的季度财务数据,数据容量相当庞大。我们的数据处理步骤如下:第一,将可能用到的指标从每一季度的表格中提取出来,合并整理成面板数据格式(相关指标以及计算步骤可参见附件);第二,由于在样本期间可能出现银行倒闭或兼并,也可能成立新的银行,因此,将填报期不足 44 个季度的银行剔除,同时将有数据缺省和异常值的银行也剔除;第三,将银行每一季度各类资产证券化活动的规模加总[①],并据此将银行划分为证券化组和非证券化组。其中,证券化组是指在样本期内从事过至少一次证券化活动的商业银行,总共 350 家。非证券化组是指在样本期内没有从事过证券化活动的商业银行,总共 4 970 家;第四,出于降低交易成本考虑,商业银行会将基础资产累积到一定规模后再进行证券化,因此有些季度证券化活动的规模为零。为提高实证研究的准确性与显著性程度,本章只对证券化活动频率超过样本期半数的银行展开分析。经过相应筛选,证券化组包含了 60 家商业银行。另外,将证券化活动频率超过样本期

---

① Call Report 根据基础资产将银行资产证券化划分为住房抵押贷款、房屋净值贷款、信用卡应收款、汽车贷款、其他消费者贷款、商业和工业贷款、租赁贷款及其他贷款七类。

75%的银行视为证券化活跃组，包含38家商业银行；第五，选择控制组。众多文献研究表明，资产规模是决定商业银行是否进行资产证券化的主要因素（例如，Uzun & Webb，2007；Jiangli & Pritsker，2008；Bannier & Hansel，2008；Agostino & Mazzuca，2008，其中Jiangli & Pritsker将银行规模作为资产证券化的工具变量），因此，笔者以样本期最后一个季度为准，从非证券化组中选择出银行规模最接近证券化组中银行规模的60家银行作为控制组，进行组间对比分析。

（二）变量及定义

1. 被解释变量

除特别指出外，本章实证分析的被解释变量为ROE。此外，为探讨资产证券化影响商业银行ROE的具体渠道，本章还将杠杆率(leverage)、资产周转率(assetturn)和利润率(profitrate)分别作为被解释变量。

2. 解释变量

本章的解释变量包括资产证券化程度(secextent)和证券化虚拟变量(sec)。证券化程度为商业银行每季度资产证券化规模占其总资产的比重，反映了银行资产证券化的活动强度。证券化虚拟变量将被用来区分证券化组和非证券化组，其中证券化组为1，非证券化组为0。

3. 控制变量

由于专门研究资产证券化与银行盈利水平的文献很少，因此，本章在选择控制变量时主要参照了近期专门研究商业银行盈利水平的文献（如Flamini等，2009；Dietrich & Wanzenried，2010）。Dietrich & Wanzenried(2010)在梳理文献时总结道，影响商业银行盈利水平的变量有两类，即反映银行结构特征和反映行业及宏观环境的变量，它们分别反映了决定银行盈利水平的内因和外因。在反映银行特征的变量中，许多文献都考虑了反映银行规模、风险和成本等特征的变量，还有一些文献考虑了银行的所有权关系和年龄等变量；在反映宏观经济和行业变量的文献中，许多文献考虑了经济增长、中央银行利率、通货膨胀和资产价格等因素，还有一些文献考虑了税收和市场支配力等因素。另外，数据来源、所研究的对象和市场不同，研究结果也存在显著的差异。由于本章的重点是研究资产证券化活动对商业银行 ROE 的影响，因此，仅选择了反映银行结构特征和反映宏观环境的主流变量作为控制变量。

反映银行特征的控制变量包括：银行规模（size）、流动性比率（liqratio）、贷款占比（loanratio）、存款占比（deporatio）、一级资本充足率（tier1ratio）和风险加权资产占比（rwaratio）。其中，银行规模为总资产的自然对数；流动性比率为流动性资产占总资产的比重，贷款占比为总贷款占总资产的比重，以上两者反映了银行的资产特征和收益来源；存款占比为存款占总资产的比重，反映了银行的负债特征和融资来源；一级资本充足率为一级资本与风险加权资产之比，反映了银行的风险缓冲能力，该指标可以在一定程度上反映银行经营的稳健性；风险加权资产占比为银行风险加权资产占总资产的比重，根据巴塞尔协议 II，银行可以采用内部评级法计算风险加权资产，因而可将风险加权资产占比视为衡量银行风险的指标。

反映宏观经济环境的控制变量包括 GDP 实际增长率（gdpgrowth）、VIX 指数、三个月国库券利率（m3）和房价（home）。其中，GDP 实际增长率反映了经济增长情况；VIX 指数反映了金融市场波动性和投资者避险情绪；三个月国库券利率反映了金融市场的整体融资成本，它与中央银行货币政策密切相关；房价反映了资产价格，这是影响住房抵押贷款证券化的重要因素。[①]

4. 变量统计描述

表 11-2 列出了非证券化组和证券化组相关变量的均值、中位置和标准差，以及 tt 均值比较检验的结果。可以看出，证券化组 ROE 的均值为 7.32%，大于非证券化组的 6.48%。从 ROE 的三项杜邦分解指标来看，证券化组和非证券化组的杠杆率均值均为 10.24；证券化组的资产周转率为 6.29%，高于非证券化组的 4.10%；证券化组的收入利润率为 27.31%，低于非证券化组的 32.55%。在其余反映银行特征的控制变量中，证券化组的平均规模、贷款占比和风险加权资产占比均高于非证券化组，流动性比率、存款占比和一级资本充足率均低于非证券化组。

表 11-2 证券化组和非证券化组数据统计描述

	非证券化组			证券化组			
	均值	中位值	标准差	均值	中位值	标准差	均值差
secextent				29.08	1.79	77.83	
ROE	6.48	5.53	6.62	7.32	6.15	9.79	- 0.84***
leverage	10.24	10.27	3.25	10.24	10.55	3.17	0.005
assetturn	4.10	3.72	3.01	6.29	4.43	8.35	- 2.19***
profitrate	32.55	35.00	1.95	27.31	30.6	32.54	5.24***
size	14.62	15.63	1.06	15.50	16.01	2.81	- 0.87***
liqratio	31.54	26.29	18.87	26.27	23.94	12.88	5.27***
loanratio	62.27	67.15	18.40	64.05	67.68	15.62	- 1.78***
deporatio	74.81	77.93	15.80	70.24	72.63	14.99	4.56***

① GDP 实际增长率来源于美国经济分析局(BEA)，VIX 指数来源于 Wind 数据库，房价指数来自联邦住房融资机构(FHFA)，三个月国库券利率来源于美联储(FED)。

续 表

	非证券化组			证券化组			
	均值	中位值	标准差	均值	中位值	标准差	均值差
tier1ratio	17.30	12.86	19.06	11.98	10.67	4.90	5.32***
rwaratio	71.41	71.48	19.80	80.47	78.62	22.31	− 9.06***
观测值	2640	2640	2640	2640	2640	2640	2640

注：除了杠杆率(倍数)和规模(银行总资产的自然对数,银行总资产的单位为千美元)而外,其余变量的单位均为%;均值差为非证券化组与证券化组相关变量均值的差,***、**和*为tt均值比较检验的显著性水平。

（三）数据平稳性检验

根据面板数据的特征,本章将利用HT面板单位根检验方法对反映银行特征的变量进行单位根检验,结果显示,面板数据均为平稳序列。本章利用DF检验对反映宏观经济特征的时间序列进行单位根检验,结果显示,在10%的显著性水平上,GDP实际增长率和VIX指数为平稳序列,三个月国库券利率为一阶差分平稳序列,房屋价格为二阶差分平稳序列,因此,我们预先将这两个变量进行差分处理,分别记为d(m3)和dd(home)(见表11－3)。

表11－3 单位根检验结果

	全样本 HT检验	证券化组 HT检验	时间序列	DF检验
secextent		− 11.613***	gdpgrowth	− 3.737***
ROE	− 80.888***	− 45.835***	VIX	− 2.819*
leverage	− 19.907***	− 13.627***	m3	− 0.878

续　表

	全样本 HT 检验	证券化组 HT 检验	时间序列	DF 检验
assetturn	−110***	−72.473***	d(m3)	−3.141**
profitrate	−75.368***	−32.795***	home	−2.416
size	−11.443***	−12.970***	d(home)	−1.493
liqratio	−16.215***	−12.837***	dd(home)	−8.074***
loanratio	−15.328***	−14.388***		
deporatio	−13.153***	−14.073***		
tier1ratio	−7.221***	−13.116***		
rwaratio	−31.830***	−31.968***		

注：全样本指包括证券化银行和非证券化银行在内的 120 家银行。HT 检验和 DF 检验的原假设均为“存在单位根”，前者是针对面板数据，后者是针对时间序列。

四、实证结果与稳健性检验

本节将首先在资产证券化组内部进行分析，看资产证券化活动强度是否会显著影响商业银行的 ROE，以及资产证券化活动影响 ROE 的主要渠道。之后在资产证券化组与控制组之间进行对比分析，看证券化虚拟变量对商业银行 ROE 的影响，同时运用双重差分方法识别金融危机爆发对不同组别商业银行 ROE 的差别化负面冲击。

（一）组内分析：资产证券化活动强度对商业银行 ROE 的影响

1. 基本模型

设定的基本回归方程如下：

$$ROE_{i,t} = c + \beta \times secextent_{i,t} + controls_{i,t} \times \alpha' + \nu_i + \mu_{i,t} \quad (1)$$

其中，ROE 为因变量，i 表示具体银行，t 表示时间，secextent 表示证券化活动强度，controls 是指其他反映银行结构特征和宏观经济特征的控制性变量，包括银行的流动性比率、贷款占比、存款占比、一级资本充足率、风险加权资产占比、GDP 实际增长率、VIX 指数、三个月国库券利率和房价指数，ν_i 为商业银行的个体效应，$\mu_{i,t}$ 为残差项。我们最关注的系数为 β，预期 β 显著为正。

计量软件采用 Stata。根据 Hausman 检验的结果，本章将采用固定效应模型。基本回归结果显示［见表 11－4 模型(1)］，资产证券化活动强度能够显著增加商业银行的 ROE：资产证券化规模占总资产的比重每上升一个百分点，商业银行的 ROE 就将上升 0.019 8%。该结果在 1%的显著性水平上显著。就其他控制性变量而言，银行规模、存款占比、一级资本充足率、风险加权资产占比、*VIX* 指数和三个月国库券利率对商业银行 ROE 的影响显著为负；经济增长对商业银行 ROE 的影响为负，但不显著；流动性比率、贷款占比和房屋价格对商业银行 ROE 的影响为正，但不显著。

为了克服可能存在的内生性问题，我们再以解释变量和控制变量的滞后一期值为基础进行固定效应面板回归分析。估计结果［表 11－

4 模型(2)]与模型(1)的结果基本一致,资产证券化活动强度的系数上升至 0.025 9,在 1%的显著性水平上显著。流动性比率和贷款占比的影响依然为正,但显著性明显增强;经济增速的影响由负转正,且在 1%的显著性水平上显著。

2. 稳健性检验

我们将采用三种方法进行稳定性检验:首先,使用差分 GMM 方法重新对原模型进行估计;其次,以证券化活动频率最高的 38 家商业银行为样本单独进行面板分析;再次,引入金融危机虚拟变量,看看金融危机前后资产证券化对商业银行 ROE 的影响是否会发生显著变化。

(1) 使用差分 GMM 方法。本章构造了一个动态面板数据模型,并采用差分 GMM 方法重新验证资产证券化活动强度对商业银行 ROE 的影响。该动态面板模型如下:

$$ROE_{i,t} = c + \rho_1 ROE_{i,t-1} + \cdots + \rho_k ROE_{i,t-k} + \beta \times secextent_{i,t} + controls_{i,t} \times \alpha' + \nu_i + \mu_{i,t} \tag{2}$$

我们将分别采用 Sargan 检验和 Arellano-Bond 检验对工具变量的有效性和模型设置的合理性进行判定。其中,Sargan 检验用来检验工具变量的过度识别问题,即检验工具变量是否有效,原假设为工具变量有效。Arellano-Bond 检验用于检验差分后的扰动项是否存在自相关,一般包括一阶自相关 AR(1)检验和二阶自相关 AR(2)检验,原假设为差分后的残差项不存在自相关。如果 AR(1)存在自相关,但 AR(2)不存在自相关,则差分 GMM 是有效的。

我们将 ROE 的滞后一至四期值、资产证券化活动强度、银行规模和一级资本充足率设置为内生变量。Sargan 检验的 P 值大于 0.1，表示接受工具变量有效的原假设。Arellano-Bond 检验的 AR(1)统计量拒绝了扰动项一阶序列无自相关的原假设，AR(2)统计量接受了扰动项二阶序列无自相关的原假设，这表明本动态面板的差分 GMM 系统是有效的。表 11 - 4 中的模型(3)显示了差分 GMM 的回归结果：资产证券化程度与银行 ROE 仍然保持非常显著的正相关关系，且系数进一步上升至 0.0425。流动性比率和贷款占比的系数由正转负，并分别在 1%和 5%的显著性水平上显著，存款占比的影响由负转正，但不显著，经济增速的影响由负转正，但不显著。

(2) 仅对证券化活跃组进行回归。由于各家商业银行并非每个季度都从事证券化活动，因此某些季度的证券化数据为零。数据的不连续性可能降低回归的准确性，因此，我们将证券化活动频率最高的 38 家银行作为样本单独进行面板回归。我们仍采用固定效应模型，结果显示[见表 11 - 4 模型(4)]，资产证券化活动强度与商业银行 ROE 之间依然存在非常显著的正相关关系，系数上升为 0.0289。其他控制变量系数的符号与显著性程度与模型 I 基本一致，不同之处包括流动性比率的显著性增强，三个月国库券利率的显著性有所削弱。

(3) 考虑金融危机的冲击。本章的样本期包含了全球金融危机，而金融危机可能导致商业银行的经营行为与经营业绩发生结构性变化，同时也可能引起金融市场对资产证券化的认识发生转变。因此，我们通过引入反映金融危机的虚拟变量(crisis)以及金融危机虚拟变量和资产证券化活动强度的交叉项(crisis × secextent)来研究金融危机本身对商业银行 ROE 的影响，以及金融危机是削弱还是加强了资产证券化对商业银行 ROE 的影响。我们将 2008 年第三季度以前视为危机前，金融危机虚拟变量为 0；将 2008 年第三季度及以后视为危机期间，金融危机虚拟变量为 1。[1] 新的回归模型如下：

$$ROE_{i,t} = c + \beta_1 secextent_{i,t} + \beta_2 secextent_{i,t} \times crisis_{i,t} + \beta_3 crisis + controls_{i,t}\alpha' + \nu_i + \mu_{i,t} \tag{3}$$

根据 Hausman 检验的结果，我们仍采用固定效应模型。回归结果[见表 11 - 4 模型(5)]显示，即使在考虑全球金融危机的影响之后，资产证券化活动强度对商业银行 ROE 的影响仍然显著为正。此外，模型(5)还产生了两个新的结论：第一，金融危机本身对商业银行 ROE 的影响显著为负，本轮全球金融危机爆发后，商业银行的 ROE 平均下降了 6.56%；第二，金融危机虚拟变量和资产证券化活动强度交叉项的系数显著为负。这表明在金融危机爆发之后，资产证券化对商业银行 ROE 的正向促进作用显著削弱(由危机前的 0.0194 下降至危机后的 0.0007)。原因可能是全球金融危机爆发之后，资产证券化产品面临的监管环境日趋严格，投资者对资产证券化产品的投资更加谨慎等因素。

综上所述，三种稳健性检验均显示资产证券化活动强度能够显著增加商业银行的 ROE。因此，可以认为表 11 - 4 中的固定效应模型(1)具有较强的稳健性。

3. 杜邦分解：资产证券化影响商业银行 ROE 的具体渠道

为探讨资产证券化活动影响商业银行 ROE 的具体渠道，我们将

---

① 虽然从 2007 年下半年起，美国次贷危机就开始浮出水面，但是，危机的全面爆发始于 2008 年 9 月雷曼兄弟破产。从 VIX 指数来看，2008 年 9 月起 VIX 指数迅速飙升(在不到两个月的时间里增加了 3 倍)，市场的避险情绪迅速上升。而且也正是在全球金融危机爆发以后，全球范围内开始对资产证券化的功能与风险进行全面而深刻的反思，并出台相关政策对其监管，美国出台的多特弗兰克法案就是一例。因此，我们将 2008 年第三季度及以后视为危机期间，虚拟变量为 1。

分别研究资产证券化活动强度对商业银行杠杆率、资产周转率和收入利润率的影响。根据 Hausman 检验的结果，我们仍采用固定效应模型。具体回归结果如表 11 - 4 模型(6)至模型(11)所示。

回归结果显示，资产证券化活动强度对商业杠杆率的影响显著为正，这与 Dionne & Harchaoui(2003)、Uzun & Webb(2007)以及 Jiangli & Pritsker(2008)的研究结果一致。资产证券化活动强度对资产周转率的影响显著为正，这与我们的预期相符。资产证券化程度对收入利润率的影响显著为负，由此可知，与资产证券化有关的利息让渡、交易成本以及发起人不得不持有一部分股权级资产支持证券等因素降低了相关商业银行的收入利润率。从系数的大小来看，资产证券化活动对商业银行资产周转率的影响程度最大，对商业银行杠杆率的影响程度最小，对商业银行收入利润率的影响程度居中。

我们在模型(7)、模型(9)和模型(11)中引入了金融危机虚拟变量，结果显示：金融危机本身对商业银行的杠杆率、资产周转率和杠杆率均具有显著为负的影响，进而对 ROE 产生了显著的负面影响。另外，金融危机和证券化活动强度的交叉项对杠杆率、资产周转率和利润率的影响均为负，但仅对资产周转率和利润率的影响是显著为负的。据此认为，金融危机后，资产证券化活动强度对 ROE 的促进作用削弱主要是因为金融危机后，资产证券化活动强度对商业银行资产周转率的促进作用显著削弱、对利润率的负面影响显著增强所致。

4. 抵押贷款证券化与非抵押贷款证券化活动对银行 ROE 的影响

Call Report 根据基础资产将银行资产证券化划分为住房抵押贷款、房屋净值贷款、信用卡应收款、汽车贷款、其他消费者贷款、商业和工业贷款、租赁贷款及其他贷款七类，前两类与住房抵押贷款有关。为了区分住房抵押贷款证券化和非住房抵押贷款证券化对商业银行

表 11－4　资产证券化程度与银行净资产收益及杜邦分解的结果

	模型（1）	模型（2）	模型（3）	模型（4）	模型（5）	模型（6）	模型（7）	模型（8）	模型（9）	模型（10）	模型（11）
	固定效应	固定效应	差分 GMM	固定效应	固定效应	固定效应	固定效应	固定效应	固定效应	固定效应	固定效应
	ROE	ROE	ROE	ROE	ROE	杠杆率	杠杆率	资产周转	资产周转	利润率	利润率
secextent	0.0198^{***} (2.70)	0.0259^{***} (3.50)	0.0425^{***} (10.65)	0.0289^{***} (3.59)	0.0194^{***} (2.76)	0.0051^{***} (4.25)	0.0051^{***} (4.25)	0.0596^{***} (16.01)	0.0595^{***} (15.98)	-0.0536^{**} (−2.08)	-0.0553^{**} (−2.22)
crisis					-6.556^{***} (−11.51)		-0.4407^{***} (−4.62)		-0.7213^{**} (−2.42)		-24.329^{***} (−12.16)
crisis × secextent					-0.0187^{**} (−2.70)		−0.0013 (−1.13)		-0.0078^{**} (−2.15)		-0.0814^{***} (−3.04)
size	-4.664^{***} (−9.42)	-4.433^{***} (−8.77)	-4.861^{***} (−5.36)	-4.3678^{***} (−7.25)	−0.837 (−0.14)	-0.9029^{***} (−11.17)	-0.5946^{***} (−5.77)	-0.4459^{*} (−1.77)	0.0983 (0.3)	-15.394^{***} (−8.82)	1.686 (0.78)
liqratio	0.0881 (1.53)	0.1490^{**} (2.56)	-0.1814^{***} (−4.23)	0.1092^{*} (1.83)	0.0658 (1.17)	0.1894^{***} (20.15)	0.1879^{***} (19.91)	0.0162 (0.55)	0.0188 (0.64)	-0.4412^{**} (−2.17)	-0.5135^{**} (−2.59)
loanratio	0.0747 (1.34)	0.1479^{***} (2.63)	-0.1040^{**} (−2.04)	0.0827 (1.43)	0.0609 (1.13)	0.1391^{***} (15.31)	0.1381^{***} (15.26)	0.0355 (1.25)	0.0350 (1.24)	-0.5919^{***} (−3.02)	-0.6409^{***} (−3.38)

续 表

	模型(1)	模型(2)	模型(3)	模型(4)	模型(5)	模型(6)	模型(7)	模型(8)	模型(9)	模型(10)	模型(11)
	固定效应	固定效应	差分 GMM	固定效应	固定效应	固定效应	固定效应	固定效应	固定效应	固定效应	固定效应
	ROE	ROE	ROE	ROE	ROE	杠杆率	杠杆率	资产周转	资产周转	利润率	利润率
deporatio	−0.1164*** (−4.51)	−0.0884*** (−3.36)	0.0073 (0.78)	−0.0743*** (−2.66)	−0.0087 (−0.33)	−0.0509*** (−12.07)	−0.0436*** (−9.73)	−0.0267** (−2.03)	−0.0100 (−0.71)	−0.1411 (−1.55)	0.2682*** (2.86)
tier1ratio	−0.4472*** (−5.49)	−0.2504*** (−3.17)	−0.6212*** (−13.83)	−0.5561*** (−6.29)	−0.2416*** (−3.14)	−0.3583*** (−28.35)	−0.3444*** (−26.71)	0.1059*** (2.69)	0.1343*** (3.33)	−0.3727 (−1.37)	0.4026 (1.49)
rwaratio	−0.0971*** (−5.49)	−0.1114*** (−6.24)	−0.2846*** (−18.04)	−0.1241*** (−6.56)	−0.0901*** (−5.24)	−0.0354*** (−12.26)	−0.0349*** (−12.14)	0.0313*** (3.47)	0.0322** (3.59)	−0.3300*** (−5.29)	−0.3034*** (−5.03)
gdpgrowth	−0.0938 (−1.07)	0.2995*** (3.40)	0.0274 (1.29)	−0.1339 (−1.24)	−0.1162 (−1.35)	−0.0453*** (−3.15)	−0.0469*** (−3.25)	−0.2155*** (−4.80)	−0.2272*** (−5.03)	0.2152 (0.69)	0.1129 (0.37)
vix	−0.150*** (−5.46)	−0.1064*** (−3.85)	−0.0589*** (−8.56)	−0.1605*** (−4.72)	0.0233 (0.77)	−0.0100** (−2.17)	0.0019 (0.38)	−0.0570*** (−4.06)	−0.0359** (−2.25)	0.5314*** (−5.47)	0.1172*** (1.10)
d(m3)	−1.218** (−2.46)	−1.508*** (−3.05)	−0.2301** (−2.43)	−1.0519* (−1.71)	−0.4662 (0.93)	0.2309*** (2.86)	0.3444*** (4.11)	−1.1867*** (−4.70)	−0.9778*** (−3.73)	−1.110 (−0.64)	5.1897*** (2.95)

续 表

	模型(1)	模型(2)	模型(3)	模型(4)	模型(5)	模型(6)	模型(7)	模型(8)	模型(9)	模型(10)	模型(11)
	固定效应	固定效应	差分 GMM	固定效应	固定效应	固定效应	固定效应	固定效应	固定效应	固定效应	固定效应
	ROE	ROE	ROE	ROE	ROE	杠杆率	杠杆率	资产周转	资产周转	利润率	利润率
dd(home)	0.1048 (0.88)	0.1017 (−0.85)	0.0368 (1.44)	0.1110 (0.76)	0.3340*** (2.85)	−0.0205 (−1.05)	−0.0051 (−0.26)	0.0986 (1.62)	0.1256** (2.04)	0.5589 (1.33)	1.4130*** (3.43)
观测值	2520	2460	2340	1596	2520	2520	2520	2520	2520	2520	2520
R^2	0.09	0.10		0.11	0.14	0.45	0.46	0.30	0.30	0.08	0.14
F	21.51	24.49		17.17	30.71	184.59	159.46	94.17	80.90	19.41	30.64
AR(1)			0.0001								
AR(2)			0.8503								
Sargan 检验			1								

注：模型(1)为固定效应模型；模型(2)为利用解释变量及控制变量的滞后一期值进行回归的固定效应模型；模型(3)为两步差分 GMM，其中 ROE 一至四阶滞后项的系数分别为 0.3392***(34.67)、−0.0838***(−13.99)、−0.0593***(−8.23)和 0.3173***(25.82)，括号内为 z 值；模型(4)表示以证券化活跃组为样本的固定效应模型；模型(5)表示引入金融危机虚拟变量后的回归结果；模型(6)和模型(7)的被解释变量为杠杆率；模型(8)和模型(9)的被解释变量为资产周转率；模型(10)和模型(11)的被解释变量为利润率。除模型(3)括号内为 z 统计量外，其余回归结果括号内均为 t 统计量。***、**、*分别表示通过 1%、5%和 10%的显著性水平检验。Sargan 检验、AR(1)和 AR(2)检验均给出了显著性概率 P 值。

ROE 的影响，我们将证券化活动分为住房抵押贷款（MBS）和非住房抵押贷款（ABS）两类，分别除以总资产，并用 mbsextent 和 absextent 表示两类证券化活动的强度。在前文分析的基础上，直接引入金融危机虚拟变量，考虑金融危机的影响。

表 11－5 模型（12）至模型（15）分析了 MBS 活动强度对商业银行 ROE 及其杜邦分解项的影响。结果显示：MBS 活动强度本身对 ROE 的影响为正（0.005 1），但不显著；金融危机虚拟变量和 MBS 活动强度交叉项的系数为负（－0.021 2），也不显著；但是系数较大，这使得金融危机后，MBS 对商业银行 ROE 的影响发生了逆转（从 0.005 1 变为－0.016 1）。从杜邦分解来看，MBS 活动强度对杠杆率、资产周转率和利润率的影响均不显著。金融危机虚拟变量和与 MBS 活动强度的交叉项对杠杆率的影响显著为负，对资产周转率和利润率的影响不显著。

表 11－5 模型（16）至模型（19）分析了 ABS 活动强度对银行 ROE 的影响。结果显示：ABS 活动强度对 ROE 的影响显著为正（0.023 6），金融危机虚拟变量和 ABS 活动强度交叉项的系数显著为负（－0.016 9）。从杜邦分解来看，ABS 显著增加了商业银行的杠杆率、资产周转率，并显著降低了其利润率。金融危机虚拟变量和 ABS 活动强度的交叉项对杠杆率和资产周转率的影响不显著，对利润率的影响显著为负。

由此可见，资产证券化对商业银行 ROE 及其杜邦分解变量的影响主要体现在非住房抵押贷款证券化上。这可以归结为以下两方面的原因：其一，私人金融部门从事的证券化主要以信用卡应收款、汽车贷款和融资租赁款等非住房抵押贷款为主；其二，美国大部分优质住房抵押贷款主要是通过房地美和房利美等政府支持机构进行证券化。

表 11-5　抵押贷款证券化和非抵押贷款证券化与商业银行的盈利水平

	抵押贷款证券化（固定效应）				非抵押贷款证券化（固定效应）			
	模型（12）	模型（13）	模型（14）	模型（15）	模型（16）	模型（17）	模型（18）	模型（19）
	ROE	杠杆率	资产周转	利润率	ROE	杠杆率	资产周转	利润率
mbsextent	0.0051 （0.39）	0.0019 （0.87）	0.0031 （0.44）	−0.0402 （−0.87）				
absextent					0.0236*** （2.84）	0.0063*** （4.55）	0.0797*** （18.60）	−0.0623** （−2.13）
crisis	−6.5748*** （−11.12）	−0.3832*** （−3.87）	−0.7559** （−2.32）	−24.033*** （−11.57）	−6.641*** （−11.72）	−0.4361*** （−4.60）	−0.5780** （−1.98）	−25.126*** （−12.62）
crisis × mbsextent	−0.0212 （−1.00）	−0.0096*** （−2.69）	−0.0052 （−0.45）	−0.1209 （−1.62）				
crisis × absextent					−0.0169** （−2.30）	0.0000 （0.03）	−0.0031 （−0.84）	−0.0787*** （−3.06）
size	−0.6661 （−1.13）	−0.7495*** （−7.56）	−1.513*** （−4.65）	2.533 （1.22）	−0.0410 （−0.07）	−0.5928*** （−5.78）	0.2610 （0.83）	2.0092 （0.93）
liqratio	−0.0274 （−0.55）	0.1671*** （20.16）	−0.2144*** （−7.87）	−0.4170** （−2.40）	0.0722 （1.27）	0.1888*** （19.84）	0.0590** （2.01）	−0.5088** （−2.55）
loaratio	−0.0254 （−0.56）	0.1169*** （15.42）	−0.2172*** （−8.72）	−0.4477*** （−2.81）	0.0707 （1.28）	0.1411*** （15.22）	0.0935*** （3.28）	−0.6502*** （−3.34）
deporatio	−0.0219 （−0.83）	−0.0446 （−10.10）	−0.0133 （−0.92）	0.2019** （2.18）	−0.0109 （−0.40）	−0.0449*** （−9.99）	−0.0179 （−1.29）	0.2721*** （2.88）

续 表

	抵押贷款证券化（固定效应）				非抵押贷款证券化（固定效应）			
	模型（12）	模型（13）	模型（14）	模型（15）	模型（16）	模型（17）	模型（18）	模型（19）
	ROE	杠杆率	资产周转	利润率	ROE	杠杆率	资产周转	利润率
tier1ratio	− 0.1782** （− 2.43）	− 0.3244*** （− 26.44）	0.3428*** （8.51）	0.1538 （0.60）	− 0.274*** （− 3.41）	− 0.3533*** （− 26.25）	0.0147 （0.35）	0.4448 （1.57）
rwaratio	− 0.0679*** （− 4.39）	− 0.0289*** （− 11.16）	0.0971*** （11.40）	− 0.3644*** （− 6.70）	− 0.0978*** （− 5.35）	− 0.0370*** （− 12.10）	0.0014 （0.14）	− 0.2915*** （− 4.54）
gdpgrowth	− 0.0941 （− 1.10）	− 0.0473*** （− 3.29）	− 0.2325*** （− 4.93）	0.2612 （0.87）	− 0.1054 （− 1.22）	− 0.0429*** （− 2.96）	− 0.1950*** （− 4.38）	0.1055 （0.35）
vix	0.0232 （0.76）	0.0023 （0.46）	− 0.0289* （− 1.73）	0.1003 （0.94）	0.0235 （0.77）	0.0018 （0.36）	− 0.0361** （− 2.31）	0.1159 （1.09）
d(m3)	0.4783 （0.95）	0.3548*** （4.22）	− 0.8681*** （− 3.15）	4.8663*** （2.76）	0.4191 （0.84）	0.3297*** （3.93）	− 1.1478*** （− 4.44）	5.2956*** （3.01）
dd(home)	0.3337*** （2.84）	− 0.0052 （− 0.26）	0.1256* （1.94）	1.4171*** （3.43）	0.3360*** （2.86）	− 0.0045 （− 0.23）	0.1326** （2.19）	1.4072*** （3.41）
观测值	2520	2520	2520	2520	2520	2520	2520	2520
R^2	0.14	0.46	0.23	0.13	0.14	0.46	0.32	0.14
F 值	29.47	157.78	54.91	29.56	30.67	159.64	89.89	30.38

注：***、**、*分别表示通过1%、5%和10%的显著性水平检验。

商业银行可直接将符合要求的住房抵押贷款出售给两房，因此，商业银行披露的资产证券化数据并未包含这一部分，只包括商业银行自身主导的住房抵押贷款类证券化，这些住房抵押贷款大多属于次级抵押贷款和住房净值贷款，这类贷款证券化的结构可能与商业银行其他优质贷款的证券化结构存在显著差别，诸如追诉权和隐性担保等。例如，Casu 等(2010)就指出不同类型资产证券化对商业银行风险承担的影响显著性存在差异，可能是因为不同类型资产证券化过程中发起人保留的第一损失或者提供的隐性担保不同。Salah & Fedhila(2012)也指出不同类型资产证券化对商业银行稳定性的不同影响，可能是因为不同类型资产证券化过程中发起人提供的隐性追诉权不同。

（二）组间分析

1. 资产证券化虚拟变量对商业银行 ROE 的影响及杜邦分解

组间比较将以资产证券化虚拟变量(*sec*)为解释变量，探究与处于非证券化组的商业银行相比，证券化组商业银行的 ROE 是否显著高于前者。同样，为了探讨资产证券化活动影响商业银行 ROE 的具体渠道，我们将分别以杠杆率、资产周转率和收入利润率作为被解释变量进行回归分析。

由于固定效应模型无法估计不随时间而改变的变量，我们将采用随机效应模型进行分析。结果显示[见表 11 - 6 模型(20)至模型(23)]：第一，在控制其他变量的影响后，资产证券化虚拟变量对商业银行 ROE 的影响依然为正，但是并不显著；第二，从杜邦分解指标的回归结果来看，在控制其他变量的影响后，资产证券化对杠杆率的影响为正，但并不显著；资产证券化对资产周转率的影响显著为正；资产证券化对收入利润率的影响为负，但不显著。我们认为，很可能是因为资产证券化对收入利润率的负面影响（虽然不显著，但是系数较大）抵消了资产证券化对资产周转率和杠杆率的正面影响，因此从整体上造成资产证券化对商业银行 ROE 的正向影响不再显著。

2. 双重差分：金融危机对证券化组和非证券化组 ROE 的差别化冲击

我们将在回归模型中引入控制分组效应的证券化虚拟变量，以及控制时间效应的金融危机虚拟变量。通过回归分析，首先计算证券化组商业银行 ROE 在金融危机前后的变化量，以及计算非证券化组商业银行 ROE 在金融危机前后的变化量，然后再计算上述两个变量的差值，以分析金融危机对证券化组和非证券化组盈利能力的冲击是否存在显著差别。这种研究方法被称作双重差分法。具体回归模型如下：

$$ROE_{i,t} = c + \beta_1 \mathrm{sec}_{i,t} + \beta_2 \mathrm{sec} \times crisis + \beta_3 crisis + controls_{i,t}\alpha' + \nu_i + \mu_{i,t} \quad (4)$$

回归结果显示[见表 11 - 6 模型(24)]：第一，在控制了金融危机的影响与其他变量之后，证券化虚拟变量对商业银行 ROE 的影响显著为正（在 5% 的显著性水平上）；第二，金融危机本身对商业银行 ROE 的影响显著为负；第三，证券化虚拟变量和金融危机虚拟变量交叉项的系数显著为负，这表明金融危机对资产证券化商业银行 ROE 的负面冲击更大。原因可能在于，尽管资产证券化在平时有助于提高商业银行的盈利水平，但同时也降低了商业银行的稳定性，这与资产证券化过程中存在的隐性担保、监管套利与信贷资产质量下降等因素密切相关（Gordon & Sualeles，2005；Acharya 等，2013；Mian & Sufi，

2009；Keys 等，2010；Nadauld & Sherlund，2013）。

表 11-6 组间分析结果

	模型（20）	模型（21）	模型（22）	模型（23）	模型（24）
	随机效应	随机效应	随机效应	随机效应	
	ROE	杠杆率	资产周转率	利润率	双重差分
sec	0.9056 （1.25）	0.5528 （1.35）	1.310** （2.54）	-3.8421 （-1.45）	1.6439** （2.22）
crisis					-3.9612*** （-11.54）
crisis × Sec					-2.8591*** （-6.81）
size	-0.6225*** （-4.84）	0.1269*** （2.62）	-0.860*** （-10.71）	-2.795*** （-5.79）	0.2040 （1.53）
liqratio	-0.0323 （-1.07）	0.1464*** （19.15）	-0.2661*** （-17.08）	-0.0046 （0.04）	-0.0443 （-1.52）
loanratio	-0.0301 （-1.11）	0.1357*** （19.65）	-0.3025*** （-21.54）	-0.1303 （-1.21）	-0.0171 （-0.65）
deporatio	-0.0858*** （-6.63）	0.0120*** （3.44）	-0.0518*** （-7.50）	-0.2889*** （-5.66）	-0.0351*** （-2.75）
tier1ratio	-0.0068 （-0.72）	-0.0070*** （-3.00）	0.0024 （0.49）	0.0204 （0.54）	-0.0033 （-0.37）
rwaratio	0.0063 （0.70）	-0.0111*** （-4.77）	0.0748*** （15.88）	-0.0403 （-1.12）	-0.0214** （-2.43）
gdpgrowth	0.2190*** （4.06）	-0.0268** （-2.05）	0.0225 （0.83）	0.7546*** （3.47）	0.1209** （2.33）
VIX	-0.0796*** （-4.65）	-0.0110*** （-2.68）	-0.0118 （-1.38）	-0.4232*** （-6.12）	0.0583*** （-0.08）
d(m3)	-1.6455*** （-5.35）	-0.1131 （-1.53）	-1.1975*** （-7.77）	0.3127 （0.25）	-0.0240 （-0.08）

续 表

	模型(20)	模型(21)	模型(22)	模型(23)	模型(24)
	随机效应	随机效应	随机效应	随机效应	
	ROE	杠杆率	资产周转率	利润率	双重差分
dd(home)	0.0712 (0.96)	−0.0262 (−1.47)	0.0707* (1.90)	0.5435* (1.81)	0.2551*** (3.55)
观测值	5040	5040	5040	5040	5040
R^2	0.03	0.19	0.43	0.04	0.09
Wald 值	170.67	533.86	1177.55	261.10	630.23

注：括号内为 z 统计量，***、**、* 分别表示通过 1%、5%和 10%的显著性水平检验。

五、 结论与启示

本章利用美国 2001 年至 2012 年期间的商业银行季度数据，分析了资产证券化活动强度对商业银行净资产收益率(ROE)的影响，并从杜邦分解的视角梳理与比较了资产证券化影响商业银行 ROE 的具体机制。

组内分析的结果显示，资产证券化活动强度与商业银行 ROE 具有显著的正相关性，这一结果具有较强的稳健性。更具体的机制是，资产证券化活动强度越高，商业银行的杠杆率和资产周转率就越高，但与此同时商业银行的收入利润率就越低。从基础资产来看，资产证券化对商业银行 ROE 的促进作用主要体现在非住房抵押贷款证券化上。

组间比较的结果显示，资产证券化的确能够提高商业银行的 ROE，但是作用没有组内分析那么显著。更具体的机制是，资产证券化与杠杆率正相关，与资产周转率正相关，与收入利润率负相关。双重差分的分析结果显示，资产证券化的确有助于提高商业银行的ROE，但全球金融危机对资产证券化银行的负面冲击更大，这从侧面表明，资产证券化降低了商业银行的稳定性，即在极端事件发生时证券化银行的损失更加严重。

我国的资产证券化实践虽然起步时间不长，但近年来发展速度很快。在我国经济增速放缓和利率市场化背景下，资产证券化有望成为商业银行经营转型、化解金融风险的重要工具。由于资产证券化对我国而言仍是新生事物，因此梳理总结国际范围内的经验教训就显得格外重要。本章的研究结果对我国的资产证券化实践至少提供了如下启示：第一，实证结果显示，资产证券化能够提高商业银行的ROE，因此，如果监管当局能尽快建立起与资产证券化相关的法律法规和会计条例，简化证券化审批程序，降低资产支持证券的发行成本，那么资产证券化对我国商业银行的吸引力将显著上升，尤其是当利率市场化降低了我国商业银行的利差收入以及坏账比率上升增加了商业银行的经营风险之后；第二，实证检验显示资产证券化能显著提高银行的资产周转率，因此，在我国政府试图盘活信贷存量的大背景下，资产证券化将是一个非常有效的工具；第三，资产证券化能够提高商业银行的杠杆率，而且一旦爆发金融危机，那么危机对资产证券化活跃程度较高的商业银行的冲击要大于对资产证券化活跃程度较低的商业银行的冲击，这就提醒我们在大力发展资产证券化的同时，要注意吸取美国资产证券化实践的经验教训，做好风险防控工作。例如，限制重复证券化以降低信息不对称；规定合适的风险自留比例、对自留的股权级证券化产品规定更高的风险加权系数，以降低资产证券化过程中的激励扭曲；限制重复抵押，将金融机构的杠杆率控制在合理的范围内；

提高证券化信息披露程度，加强对投资者的风险教育，培育良好的金融市场环境。

表 11-7　指标计算方法

指标名称	计算方法
总资产	RCFD2170
流动性资产[a]	RCFD0010+ RCFD1754+ RCFD1773+ RCONB987+ RCFDB989
总贷款	RCFD2122
总存款	RCFD2200
总权益	RCFD3210
一级资本	RCFD8274
风险加权资产	RCFDA223
证券化资产	RCFDB705+ RCFDB706+ RCFDB707+ RCFDB708+ RCFDB709+ RCFDB710+ RCFDB711
抵押贷款证券化	RCFDB705+ RCFDB706
非抵押贷款证券化	RCFDB707+ RCFDB708+ RCFDB709+ RCFDB710+ RCFDB711
总利息收入	RIAD4107
总利息支出	RIAD4073
非利息收入	RIAD4079
非利息支出	RIAD4093
净收入	RIAD4340

注：a. 2001 年流动性资产的计算方法为：RCFD0010＋RCFD1754＋RCFD1773＋RCFD1350。

第十二章

资产证券化与商业银行稳定性：影响机制、影响阶段与危机冲击

中国资产证券化的发展应该如何吸取美国的经验教训，从而提前识别并化解过程中可能产生的风险，在积极推进资产证券化的同时保持金融稳定，是中国政府必须认真思考的问题。从这一角度而言，研究美国资产证券化与金融稳定之间的关系，具有重要的理论价值和现实意义，能够帮助我们思考中国资产证券化的未来发展路径。

资产证券化通过改善金融机构流动性，提高其资产负债管理能力，并最终实现扩大利润率，但另一方面，资产证券化也可能造成金融风险的集聚。如图 12－1 所示，在美国资产证券化发展过程中，商业银行 Z 指数[①]、杠杆率和不良贷款率均存在明显的拐点，其中 Z 指数和杠杆率的拐点出现在 2004 年年底，不良贷款率的拐点出现在 2005 年年底。在此之前，资产证券化活跃程度[②]与商业银行不良贷款率和杠杆率负相关，与 Z 指数正相关。在此之后，随着资产证券化活跃程度的进一步提高，资产证券化活跃程度与商业银行不良贷款率和杠杆率转为正相关，与 Z 指数转为负相关。换言之，从图 12－1 中，我们可以得出资产证券化在发展初期可能提高商业银行经营稳定性，但在发展中后期却会降低商业银行经营稳定性的初步印象。本章将对资产证券化活跃强度与商业银行经营稳定性之间的关系进行更加严谨细致的研究。

---

① Z 指数在 1952 年由 Roy 提出，用来表示商业银行的经营稳定性。按照 Roy 的模型，Z 指数＝(平均资产回报率＋平均资本充足率)/平均资产回报率的标准差。Z 指数越大，商业银行经营稳定性越高，反之则相反。

② 资产证券化活跃程度用商业银行证券化资产规模占总资产的比重来表示。该比重越大，表示资产证券化的活跃程度越高。反之则相反。

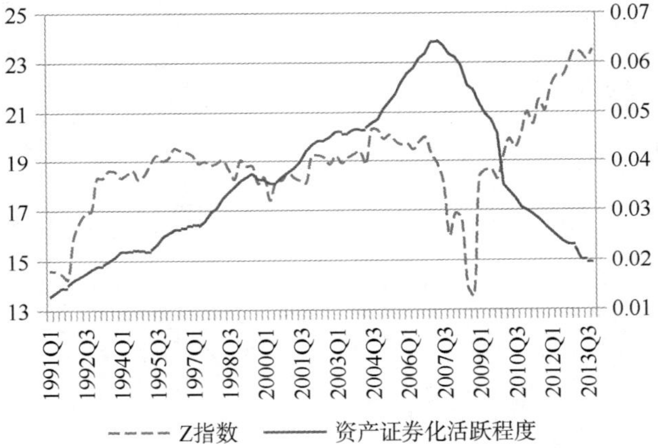
25
23
21
19
17
15
13
0.07
0.06
0.05
0.04
0.03
0.02
0.01
1991Q1
1992Q3
1994Q1
1995Q3
1997Q1
1998Q3
2000Q1
2001Q3
2003Q1
2004Q3
2006Q1
2007Q3
2009Q1
2010Q3
2012Q1
2013Q3
Z指数
资产证券化活跃程度

(a)

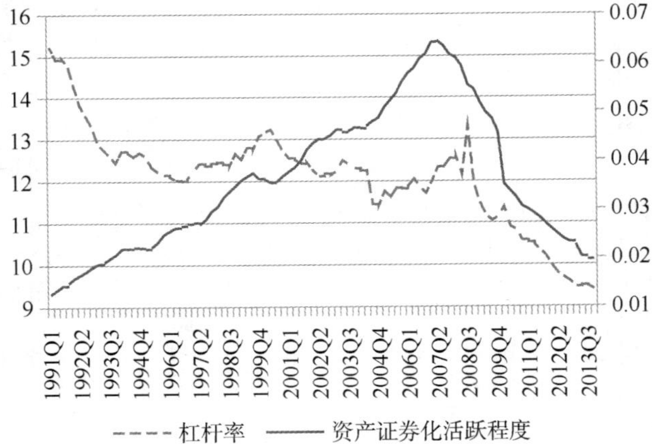
16
15
14
13
12
11
10
9
0.07
0.06
0.05
0.04
0.03
0.02
0.01
1991Q1
1992Q2
1993Q3
1994Q4
1996Q1
1997Q2
1998Q3
1999Q4
2001Q1
2002Q2
2003Q3
2004Q4
2006Q1
2007Q2
2008Q3
2009Q4
2011Q1
2012Q2
2013Q3
杠杆率
资产证券化活跃程度

(b)

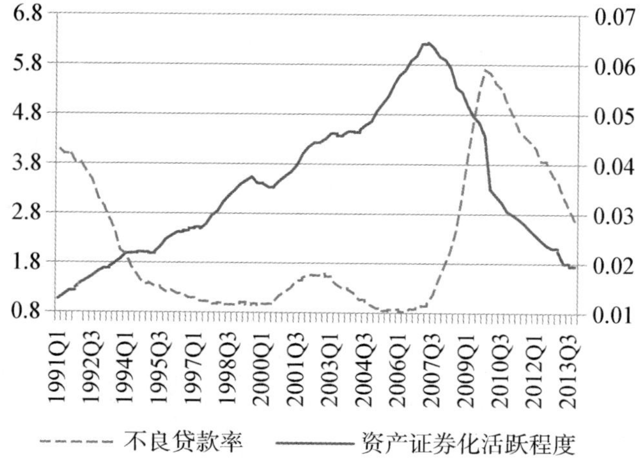

（c）

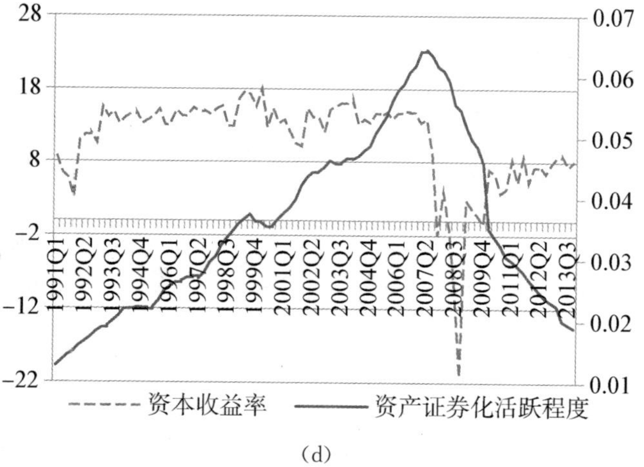

（d）

数据来源：美联储、作者计算。

图 12－1　资产证券化活跃程度与商业银行经营稳定性

一、文献综述

资产证券化作为近几十年来全球金融市场最重要的创新之一，其兴起的原因可以从供给与需求两个层面来解释。从供给层面而言，一方面，资产证券化通过对不同资产进行切割、打包和分层，能够消除单项资产的风险异质性，并降低交易双方的信息不对称，最终达到提高信贷资产流动性的目的；另一方面，资产证券化能够帮助商业银行规避相应监管，如提高资本充足率等。从需求层面而言，一方面，由于资产证券化能够将特定资产按照风险高低分解成不同类型的产品，从而可以满足具有不同风险偏好的投资者的投资需求；另一方面，资产证券化过程中产生的高信用等级资产可以更好地满足批发融资市场对担保品的需求(邹晓梅、张明和高蓓，2014)。

然而，当遭受极端外部冲击时，资产证券化产品可能由信息不敏感资产转变为信息敏感资产，这会导致投资者对证券化产品的抛售，进而严重破坏金融稳定。Shin(2009)认为，资产证券化扩大了金融部门的外部融资来源，而所获得的外部融资的多少与金融部门杠杆率正相关。如果金融部门在资产扩张过程中降低了信贷标准，那么资产证券化将会损害金融系统的稳定性。Shleifer & Vishny(2010)也认为，资产证券化在增加社会投资水平的同时增强了投资和利润的顺周期性，但却降低了金融机构的信贷质量。当经济处于繁荣时期时，银行将会大举放贷，当经济转为萧条后，银行信贷将显著收缩。尤其当资产价格下跌时，银行为了满足杠杆率要求而不得不清算资产，此时资产证券化将成为银行业不稳定的来源。Coval，Jurek & Stafford(2009)认为，资产证券化虽然可以最大化安全资产的供给，但同时也提高了证券化产品价格对评级结果的敏感性，从而放大了系统性风险。Gennaioli，Shleifer & Vishny(2011)进一步指出，资产证券化程度越高，金融市场出现崩溃的概率以及崩溃的破坏性就越大。

相关实证文献主要分析资产证券化与商业银行资本充足率、风险加权资产占比或Z指数等变量之间的关系，研究结果有两种：一种认为资产证券化会降低商业银行经营稳定性；另一种完全相反，认为资产证券化会提高商业银行的经营稳定性。

认为资产证券化会降低商业银行经营稳定性的文献如下：Dionne & Harchaoui(2003)是较早研究资产证券化如何影响商业银行风险的文献。作者利用加拿大商业银行1988年至1998年期间的数据，分析了资产证券化与银行资本充足率之间的关系。结果表明，资产证券化将会通过降低资本充足率来增加银行风险。Uzun & Webb(2007)利用美国商业银行2001年至2005年期间的数据，研究了资产证券化与资本充足率之间的关系。他们也发现资产证券化与银行资本充足率负相关。Franke & Kranhnen(2005)利用27家欧洲商业银行1999年至2002年期间的73笔担保债务凭证(CDO)数据，分析了资产证券化对商业银行系统性风险(即商业银行所发行股票的beta系数)的影响。结果显示，CDO发行后，商业银行的系统性风险将会显著上升。Battaglia & Gallo(2013)与Battaglia，Gallo & Mazzuca(2014)利用意大利商业银行数据分析了资产证券化对商业银行系统性风险及个体风险的影响。结果均表明，资产证券化无法实现风险转移，它在增加商业银行系统性风险的同时，也增加了商业银行的个体风险。

认为资产证券化会提高商业银行经营稳定性的文献如下：

Jiangli，Pritsker & Raupach(2007)以及 Jiangli & Pritsker(2008)分别从理论模型和实证检验(利用美国商业银行数据)角度，研究了资产证券化对银行破产风险、盈利能力和杠杆率的影响。结果均表明，资产证券化能够降低破产风险、增加杠杆率、提升银行盈利能力。此外，Casu，Clare & Sarkisyan(2010)利用美国银行控股公司 2001 年至 2007 年期间的数据，研究了资产证券化与银行风险加权资产占比的关系。结果发现，证券化对银行风险的影响最终取决于证券化的交易结构。Casu，Sarkisyan & Clare(2013)的进一步研究发现，虽然理论上资产证券化有利于金融机构降低融资成本、改善风险管理与提高盈利水平，但实践效果由于受多种因素影响可能完全相反，因此研究认为，资产证券化并不比其他方法更优秀。上述文献根据研究目的不同，选择了例如银行资本充足率、风险加权资产等不同指标来衡量银行风险，但除此之外，还有一种更为全面的衡量银行风险指标，即 Z 指数。

Z 指数 1952 年由 Roy 提出后，被 Goyeau & Tarazi(1992)，Boyd，Nicolo & Jalal(2006)，Laeven & Levine(2009)，Uhde & Heimeshoff(2010)，Michalak & Uhde(2012)以及 Salah & Fedhila(2012)等作为全面度量商业银行经营稳定性的指标。Michalak & Uhde(2012)利用欧盟 13 国及瑞士商业银行数据，分析了资产证券化对商业银行稳健性的影响。结果表明，资产证券化与商业银行稳健性负相关，具体而言，资产证券化与商业银行盈利性负相关，与资本充足率负相关，与商业银行收益的波动性正相关。Salah & Fedhila(2012)利用美国商业银行 2001 年至 2008 年期间的数据，分析了资产证券化与银行风险和银行稳定性之间的关系。研究表明，资产证券化虽然伴随着信贷质量恶化和信用风险上升，但却可以增加银行稳定性。

国内对于资产证券化的研究在 2005 年前后较为集中，但主要以介绍国外经验为主，如胡滨和任炳翼(2005)。之后为数不多的实证文献也基本上是利用美国数据进行研究，如刘玄(2011)和姚禄仕、王璇和宁宵(2012)均利用格兰杰因果检验方法分析银行信贷资产证券化的效果。倪志凌(2011)利用美国银行控股公司数据研究资产证券化如何扭曲银行动机。研究表明，资产证券化主要是通过增加银行资产的流动性，而非转移银行资产风险来造成银行动机扭曲。刘琪林和李富有(2013)利用美国银行控股公司数据研究资产证券化对银行盈利水平、风险水平和流动性的影响。研究表明，资产证券化可以有效地提升银行的流动性，但对银行盈利水平和风险水平的影响则取决于银行规模。

本章的分析沿袭了 Michalak & Uhde(2012)及 Salah & Fedhila(2012)两篇文献的思路，但在诸多方面均有所创新。例如，第一，上述两篇文献的研究区间都截至本轮全球金融危机之前，而本章的分析因为包含了本轮全球金融危机，因而更加全面；第二，本章还区分了不同时期和不同类型的资产证券化产品，以期更系统地分析资产证券化对商业银行经营稳定性的影响。

二、 影响机制与实证设计

（一） 资产证券化影响商业银行经营稳定性的具体机制

1. 杠杆率[①]渠道

为了深入研究资产证券化对商业银行经营稳定性的影响，我们从

① 杠杆率为平均资本充足率的倒数。

分析资产证券化如何影响商业银行的资产负债表入手。假定商业银行资产负债表的资产方包括现金、贷款和债券三项,负债方包括存款、再贷款和资本三项。

银行决定将部分贷款进行资产证券化后在资本市场上出售。这一行为完成后,银行的资产方依然包括现金、贷款和债券三项,但由于资产证券化,贷款项下降为“贷款－证券化资产”,同时,因为将资产证券化在资本市场上出售,现金项上升为“现金＋证券化资产”。因此,通过资产证券化操作,银行的风险加权资产减少[①]、资本充足率上升、杠杆率下降。但长期来看,风险加权资产下降会相应增加权益资本,而当资本充足率要求不变时,银行可以实现资产扩张,从而导致资本充足率下降,杠杆率上升。

2. 收益率渠道

如式(1)所示,资产收益率可以分解为股本收益率以及权益资本占总资产的比重:

$$ROA=\frac{\text{净利润}}{\text{总资产}}=\frac{\text{净利润}}{\text{权益资本}}\times\frac{\text{权益资本}}{\text{总资产}}=ROE\times\frac{\text{权益资本}}{\text{总资产}} \quad (1)$$

这意味着,资产证券化在提高商业银行 ROE 的同时(参见邹晓梅、张明和高蓓,2015),也会通过杠杆率来影响银行总资产规模。而这两者将同时对资产收益率产生影响。

3. 综合考虑

按照 Roy 对 Z 指数的定义,$Z=\frac{\text{平均资产回报率}+\text{平均资本充足率}}{\text{平均资产回报率的变动率}}$,可以看到,杠杆率渠道和收益率渠道将同时影响商业银行经营稳定性。

---

① 例如,假设现金、贷款和债券分别为 100,贷款的风险权重为 50%,那么资产证券化之前风险加权资产为 50(100×0%＋100×50%＋100×0%),当银行将一半贷款进行资产证券化之后,那么风险加权资产将相应变为 25((100＋50)×0%＋(100－50)×50%＋100×0%),比资产证券化之前减少了 25。

（二）实证研究设计

本章首先从总量上简要分析资产证券化与商业银行经营稳定性之间的关系；其次利用来自商业银行的微观数据，从组内分析和组间比较两个维度对资产证券化与商业银行经营稳定性之间的关系进行分析；最后研究资产证券化是否对非资产证券化组具有溢出效应。

组内分析主要以资产证券化活跃程度为解释变量。首先，利用固定效应面板回归模型分析资产证券化活跃程度对商业银行 Z 指数的影响；其次，通过考虑内生性、考虑金融危机冲击、检验资产证券化影响商业银行经营稳定性的渠道、区分基础资产、区分活跃组和区分时段六种方法进行稳健性检验。

组间比较主要以资产证券化虚拟变量为解释变量，分析从事资产证券化能否显著影响商业银行经营稳定性。此外，本章还通过双重差分法分析了金融危机对资产证券化银行和非资产证券化银行经营稳定性的影响是否存在显著区别。最后，实证检验了资产证券化银行的资产证券化活动是否对非资产证券化银行存在溢出效应。

三、变量选取与数据处理

（一）变量选取与定义

本章实证分析的被解释变量为 Z 指数，解释变量为资产证券化活跃程度(secextent)或资产证券化虚拟变量(sec)。资产证券化活跃程度指商业银行证券化资产规模占其总资产的比重;资产证券化虚拟变量用来区分资产证券化组和非资产证券化组,其中资产证券化组为1,非资产证券化组为0。

本章通过梳理相关实证文献,如 Dionne & Harchaoui(2003)、Uzun & Webb(2007)、Casu 等(2010)、Uhde & Heimeshoff(2010)、Salah & Fedhila(2012),发现影响商业银行经营稳定性的变量除了资产证券化之外,主要包括两类,即反映银行结构特征的变量以及反映宏观环境变化的变量。在反映银行结构特征的变量中,大多数文献考虑银行规模、贷款比率、资本充足率、流动性比率和资本收益率等因素。在反映宏观经济变化的变量中,大多数文献考虑经济增长、利率水平、通货膨胀和资产价格等因素。

本章控制变量的选择根据研究目的的不同,在已有文献的基础上进行酌情调整[①]。与上述文献相同,本章控制变量也包括反映银行结构特征和宏观经济状况的两大类变量。反映银行结构特征的控制变量包括银行规模(size)、流动性比率(liqratio)、贷款比率(loanratio)和存款比率(deporatio)。其中,银行规模为总资产的自然对数;流动性比率为流动性资产占总资产的比重,贷款比率为总贷款占总资产的比重,两者均反映了银行的资产方特征;存款比率为存款占总资产的比重,反映了银行的负债方特征。

反映宏观经济状况的控制变量包括 GDP 实际增长率(GDPgrowth)、*VIX* 指数、房价(homeprice)、三个月期国库券收益率(m3)和贷款占 GDP 比重(loangdp)。其中,GDP 实际增长率反映了宏观经济增长状

① 例如,由于本章以 Z 指数作为被解释变量,因此将控制变量中的资本充足率和资本收益率剔除;另外,考虑到金融周期对资产证券化可能产生的影响,加入了贷款占 GDP 比重。

况；VIX 指数反映了金融市场波动性和投资者避险情绪；房价反映了资产价格，这是影响 MBS 的重要因素；三个月期国库券收益率反映了金融市场的整体融资成本；贷款占 GDP 比重反映了金融周期。①

（二）数据来源与处理

研究数据源自美联储芝加哥分行披露的美国商业银行财务和收入数据报告(Call Report)。所用数据为美国商业银行 2001 年第二季度至 2012 年第一季度相关数据。之所以选择这一区间，一方面是由于美国监管当局要求，从 2001 年第二季度起，商业银行必须上报与资产证券化活动有关的数据；另一方面，由于数据可得性原因②，我们的样本结束于 2012 年第一季度。

Call Report 基本包含了所有美国商业银行的季度财务数据。为了方便研究，我们对数据进行了如下处理：第一，从每一季度的数据中提取可能用到的指标，合并整理成面板数据；第二，考虑到样本期间银行倒闭、兼并，或者新成立等可能发生的情况，剔除填报期不足 44 个季度的银行数据，同时剔除存在数据缺省和异常值的银行；第三，加总各家银行每一季度不同类型证券化活动规模③，并据此将银行划分为证券化组和非证券化组。其中，证券化组指那些在样本期内至少从事过一次证券化活动的商业银行，总共 350 家。非证券化组指那些在样

① GDP 实际增长率来源于美国经济分析局(BEA)，*VIX* 指数来源于 Wind 数据库，房价指数来自联邦住房融资机构(FHFA)，三个月国库券利率来源于美联储(FED)，贷款占 GDP 比重根据美联储(FED)数据计算得到。

② 在美联储芝加哥分行披露的相关数据中，2012 年后三个季度数据存在严重缺失。为了保持数据的统一和完整，我们不得不舍去 2012 年第一季度以后的数据。

③ Call Report 根据基础资产将银行资产证券化划分为住房抵押贷款、房屋股权贷款、信用卡贷款、汽车贷款、其他消费者贷款、商业和工业贷款、租赁贷款及其他贷款七类。

本期内没有从事过证券化活动的银行，总共 4 970 家；第四，为提高实证研究的准确性与显著性，只挑选证券化活动频率超过样本期半数的银行进行分析，筛选后证券化组包含 60 家商业银行。另外，筛选证券化活动频率超过样本期 75%的银行作为证券化活跃组，共 38 家商业银行[①]；第五，参考 Uzun 与 Webb(2007)的做法，将资产规模作为筛选条件来选择控制组[②]。以 2012 年第一季度为准，我们从非资产证券化组中选择最接近资产证券化组 60 家银行规模的银行，作为控制组进行组间对比分析。

（三）平稳性检验

表 12 - 1 列出了非资产证券化组、资产证券化组和资产证券化活跃组相关变量的均值、中位值和标准差。可以看出，非资产证券化组 Z 指数均值为 44.75，大于资产证券化组的 29.61 和资产证券化活跃组的 26.72；非资产证券化组 ROA 均值为 0.68，小于资产证券化组的 0.90 和资产证券化活跃组的 1.10。从简单的数据比较中不难看出：资产证券化活跃程度越高的银行，ROA 越大，但同时承担的风险也越高。本研究将对这一结论进行更细致的检验。此外，从表中也可以看出：从事资产证券化的银行具有规模大、资本充足率低、流动性差等特点。

① 本章样本数据的选择主要是基于统计学的四分位法，选择了上四分位数和中位数，即选择证券化活动频率超过样本期 75%和 50%的银行进行研究，之所以没有依据下四分位数选择，是由于样本中大量商业银行的资产证券化活动仅有 1～2 次，依据下四分位数与中位数选择的银行样本并无太大区别。

② 因为银行规模是决定银行是否从事资产证券化活动的主要因素。

表 12－1 数据描述性统计

	非资产证券化组			资产证券化组			资产证券化活跃组		
	均值	中位值	标准差	均值	中位值	标准差	均值	中位值	标准差
Z 指数	44.75	32.76	46.10	29.61	26.91	17.08	26.72	24.84	16.67
ROA	0.68	0.58	0.74	0.90	0.62	1.90	1.10	0.68	2.31
资本充足率	18.24	14.01	19.09	14.27	12.45	6.39	14.45	12.14	7.19
证券化程度	0	0	0	29.08	1.79	77.83	43.68	3.84	94.38
银行规模	14.62	14.72	1.96	15.49	16.01	2.81	16.76	17.15	2.47
流动性比率	31.54	26.29	18.87	26.27	23.94	12.88	25.23	23.67	13.10
存款比率	74.81	77.93	15.80	70.24	72.63	14.99	64.93	68.27	15.45
贷款比率	62.27	67.15	18.40	64.05	67.68	15.62	62.71	66.30	17.08
观察值	2640			2640			1672		

注：除了 Z Score 和银行规模外，其余变量的单位均为％。

根据面板数据的特征，本章利用 HT 检验和 Breitung 检验两种面板单位根检验方法对反映银行特征的变量进行了单位根检验，结果显示，面板数据均为平稳序列。此外，对宏观控制变量也进行了单位根检验，结果显示，GDP 实际增长率和贷款占 GDP 比重为平稳序列，VIX 指数、房价和三个月国库券利率为一阶差分平稳序列。因此，本研究预先对后三个变量进行了一阶差分处理，分别记为 d(vix)、d(home)与 d(m3)。

四、实证结果与稳健性检验

（一）简单相关性分析

图 12－1 显示了资产证券化活跃程度与商业银行经营稳定性（即 Z 指数）之间的关系。从图中可以看出，资产证券化活跃程度在 2000 年至 2004 年期间与 Z 指数呈正相关，但之后与 Z 指数呈负相关。

如表 12－2 所示，在整个样本期间（1991 年至 2013 年），资产证券化活跃程度与 Z 指数的相关系数为负。其中在 2001 年第二季度至 2004 年第二季度期间，两者的相关系数为正；在 2004 年第三季度至 2008 年第二季度，以及 2008 年第三季度至 2012 年第一季度期间，两者的相关系数均为负。

表 12－2　资产证券化活跃程度与商业银行经营稳定性的相关系数

区间	1991Q1—2013Q4	2001Q2—2004Q2	2004Q3—2008Q2	2008Q3—2012Q1
相关系数	－0.05	0.85	－0.63	－0.92

由于总量分析得到的直观印象无法控制除资产证券化活跃程度之外的其他因素对商业银行经营稳定性的影响，因此本节将通过反映银行个体特征的面板数据来展开后续分析。

（二）组内分析

1. 基本模型

本节设定的基本回归模型如下：

$$Z_{i,t} = c + \beta secextent_{i,t} + controls_{i,t}\alpha' + \nu_i + \mu_{i,t} \tag{2}$$

其中，Z为因变量，i 表示具体银行，t 表示时间，*secextent* 表示资产证券化活跃程度，*controls* 指其他反映银行结构特征和宏观经济状况的控制变量，包括银行规模、流动性比率、贷款比率、存款比率、GDP实际增长率、VIX指数、三个月期国库券收益率、房价指数和贷款占GDP比重，ν_i 为商业银行的个体效应，$\mu_{i,t}$ 为残差项。

本节的计量软件采用STATA12.1版本。根据Hausman检验结果，应当采用固定效应面板回归模型。基本回归结果表明[见表12－3模型(1)]：整体上而言，资产证券化活跃程度能显著降低商业银行Z指数。资产证券化活跃程度每上升1个百分点，商业银行Z指数将会降低0.02%，该结果通过了1%的显著性检验。换言之，资产证券化越活跃，商业银行经营稳定性越差。

在其他控制变量中，银行规模、存款比率和GDP实际增长率对商业银行Z指数的影响显著为正；流动性比率、贷款比率、房屋价格和贷款占GDP比重对商业银行Z指数的影响显著为负；VIX指数和三个月期国库券收益率对商业银行Z指数的影响虽然为正，但不显著。换言之，银行规模越大、存款越多、宏观经济越好，商业银行经营稳定性越好；资产流动性越高[1]、贷款越多、房屋价格越高、贷款占 GDP 比重越高，商业银行经营稳定性越差。

2. 稳健性检验

(1) 考虑内生性。为了克服可能存在的内生性问题，我们用解释变量和控制变量的滞后一期值进行固定效应面板回归。回归结果[见表 12 - 3 模型(2)]与模型(1)基本一致，资产证券化活跃程度对 Z 指数的影响系数为−0.02，且通过 1%显著性水平检验。控制变量与模型(1)相比，包括 VIX 指数和三个月期国库券收益率在内的所有控制变量对商业银行 Z 指数的影响均显著。

同时，我们对考虑内生性的动态面板模型，采用差分 GMM 方法进一步验证资产证券化活跃程度对商业银行 Z 指数的影响。具体模型如下：

$$\begin{aligned} Z_{i,t} = & c + \rho_1 Z_{i,t-1} + \cdots + \rho_k Z_{i,t-k} \\ & + \beta secextent_{i,t} + controls_{i,t}\alpha' + \nu_i + \mu_{i,t} \end{aligned} \tag{3}$$

回归结果表明[见表 12 - 3 模型(3)]：资产证券化活跃程度对 Z 指数的影响系数为−0.02，且通过 10%的显著性水平检验，即资产证券化活动会显著减低商业银行经营稳定性。

此外，我们还分别采用 Sargan 检验和 Arellano-Bond 检验对工具变量的有效性和模型设置进行判定，证明残差是不存在二阶自相关的。其中 Sargan 检验的 P 值大于 0.1，表示接受工具变量有效的原假设；Arellano-Bond 检验的 AR(1)统计量为 0.02，拒绝扰动项一阶序列

---

① 当商业银行资产证券化活跃程度提高后，流动性上升，但过高的流动性会使得银行在选择贷款项目时降低标准，导致银行资产质量下降，潜在不良率上升，经营稳定性下降。具体推导参见 Shin(2009)及 Shleifer 和 Vishny(2010)。

无自相关的原假设，AR(2)统计量为 0.44，接受扰动项二阶序列无自相关的原假设，表明本动态面板的差分 GMM 是有效的。

(2) 考虑金融危机冲击。鉴于本研究的样本期内发生了全球金融危机，而危机的爆发将会导致商业银行的经营行为发生显著变化。因此，为分析 2008 年危机前后资产证券化对商业银行经营稳定性的影响是否存在不同，本研究引入了金融危机虚拟变量(*crisis*)，以及资产证券化活跃程度与金融危机虚拟变量的交叉项($secextent \times crisis$)。具体回归模型如下：

$$\begin{aligned} Z_{i,t} &= c + \beta_1 secextent_{i,t} + \beta_2 crisis \\ &\quad + \beta_3 secextent_{i,t} \times crisis + controls_{i,t}\alpha' + \nu_i + \mu_{i,t} \end{aligned} \tag{4}$$

考虑到次贷危机全面爆发于 2008 年第三季度雷曼兄弟破产期间，因此将 2008 年第三季度以前视为危机前，虚拟变量为 0，将 2008 年第三季度及以后视为危机期间，虚拟变量为 1。

根据 Hausman 检验结果，我们仍采用固定效应面板回归模型。回归结果[见表 12－3 模型(4)和模型(5)]表明：即使在考虑危机影响因素后，资产证券化活跃程度对商业银行 Z 指数的影响仍然显著为负。此外，我们还得到两个新结论：第一，金融危机对商业银行 Z 指数的影响显著为正，表明危机爆发后，银行经营稳定性反而比危机前有所提高，这可能与危机后对资产证券化的监管日益严格，投资者对资产证券化产品投资变得谨慎相关，同时考虑政府对金融机构实施救助、量化宽松等政策带来流动性改善、负债成本下降，商业银行主动或被动去杠杆也都有助于提高商业银行经营稳定性；第二，资产证券化活跃程度和金融危机虚拟变量交叉项的系数为负，但不显著。这表明危机爆发后，资产证券化活动与商业银行经营稳定性之间的关系比危机前有所强化。

上述两种稳健性检验均显示，整体而言，资产证券化活跃程度能够显著降低商业银行经营稳定性，表明表 12－3 模型(1)具有较强稳健性。

(3) 资产证券化影响商业银行经营稳定性的渠道。为探讨资产证券化活动影响商业银行经营稳定性的具体渠道，我们将分别研究资产证券化活跃程度对商业银行资本充足率(E/A)和资产收益率(ROA)的影响。具体回归模型如下：

$$E/A_{i,t} = c + \beta_1 secextent_{i,t} + \beta_2 crisis + \beta_3 secextent_{i,t} \times crisis + controls_{i,t}\alpha' + \nu_i + \mu_{i,t} \tag{5}$$

$$ROA_{i,t} = c + \beta_1 secextent_{i,t} + \beta_2 crisis + \beta_3 secextent_{i,t} \times crisis + controls_{i,t}\alpha' + \nu_i + \mu_{i,t} \tag{6}$$

根据 Hausman 检验的结果，我们仍采用固定效应模型。回归结果[见表 12－3 模型(6)和模型(7)]表明：资产证券化活跃程度对商业银行资本充足率的影响显著为负，对商业银行资产收益率的影响显著为正。由于资产收益率的提高有助于银行经营稳定性的增强，但银行资本充足率的降低不利于银行经营稳定性，因此，我们认为资产证券化是通过降低商业银行资本充足率来影响商业银行经营稳定性的。

此外，金融危机对商业银行资本充足率的影响显著为正，对资产收益率的影响显著为负。表明危机爆发后，商业银行杠杆率和资产收益率均出现显著下降。同时，资产证券化活跃程度和金融危机虚拟变量交叉项对商业银行资本充足率的影响显著为正，对资产收益率的影响显著为负。表明危机爆发后，资产证券化活跃程度与商业银行资本充足率和资产收益率的关系均比危机之前显著弱化。

(4) 考虑资产证券化产品种类。Call Report 根据基础资产将银行资产证券化划分为住房抵押贷款、房屋股权贷款、信用卡贷款、汽车贷款、其他消费者贷款、商业和工业贷款、租赁贷款及其他贷款七类，其中前两类与住房抵押贷款有关。为了区分不同资产证券化产品对商业银行 Z 指数的影响，本研究根据现实情况，将资产证券化产品分为资产支持证券(ABS)和住房抵押贷款支持证券(MBS)两类，用其规模与总资产比率来表示两类证券化活动的活跃程度(分别用 absextent 和 mbsextent 表示)。在此基础上，本研究还分析了不同类型资产证券化产品对商业银行资本充足率和资产收益率的影响。

根据 Hausman 检验的结果，我们仍采用固定效应模型。回归结果[见表 12－3 模型(8)至模型(10)]表明：第一，ABS 活跃程度对商业银行 Z 指数的影响显著为负，对资本充足率的影响显著为负，对资产收益率的影响显著为正。即 ABS 通过扩大商业银行杠杆率，显著降低商业银行经营稳定性。第二，MBS 活跃程度对商业银行 Z 指数和资产收益率的影响均不显著[①]，对资本充足率的影响显著为负。第三，金融危机对商业银行 Z 指数、杠杆率和资产收益率的影响与模型(5)至模型(7)相同，表明危机爆发后，商业银行杠杆率和资产收益率下降，经营稳定性上升。第四，ABS 活跃程度和金融危机虚拟变量交叉

① 本章的 MBS 数据是剔除了两房购买之后、银行自留的数据，一般来说，两房收购的 MBS 为质量较好的住房贷款，而银行自留的一般风险较大，因此，当银行将这些次级贷款进行资产证券化后，银行稳定性提高，有动力继续发放更多新的次级住房贷款。在这里，银行进行了逆向选择，这可能也是 2008 年危机爆发的原因之一。可能由于本章所用 MBS 数据不包括两房数据，规模较小，因此实证结果中对银行经营稳定性的影响不显著。这一实证结果与 Casu 等(2010)和 Salah 和 Fedhila(2012)的研究类似，Casu 等(2010)的研究指出不同类型资产证券化对商业银行风险承担的影响显著性存在差异可能是因为不同类型资产证券化过程中，发起人保留的第一损失或者提供的隐性担保不同。Salah 和 Fedhila(2012)的研究也认为，不同类型资产证券化对商业银行稳定性的影响不同可能是因为不同类型资产证券化过程中，发起人提供的隐性追诉权不同。

项对商业银行Z指数和资产收益率的影响均显著为负，对资本充足率的影响显著为正。表明危机爆发后，ABS活跃程度与商业银行经营稳定性之间的关系比危机前显著强化，但与资本充足率和资产收益率之间的关系比危机前显著弱化。第五，MBS活跃程度和金融危机虚拟变量交叉项对商业银行Z指数和资本充足率的影响为正，对资产收益率的影响为负，但均不显著。表明危机爆发后，MBS活跃程度与商业银行经营稳定性之间、资本充足率和资产收益率之间的关系比危机前均有所弱化。

(5) 考虑资产证券化活跃程度。考虑到数据连续性对回归准确性的影响，本节选取证券化活动频率较高的38家银行作为样本进行面板回归。根据Hausman检验结果，我们仍采用固定效应模型，回归结果表明[见表12－4模型(1)]：资产证券化活跃程度与商业银行Z指数仍然存在显著的负相关关系。其他控制变量除三个月期国库券收益率对Z指数的影响变为显著、贷款占GDP比重对Z指数的影响变为不显著外，剩余变量对Z指数的影响与表12－3中模型(1)完全一致。此外，引入金融危机虚拟变量(*crisis*)及资产证券化活跃程度与金融危机虚拟变量的交叉项(*secextent*×*crisis*)的回归结果[见表12－4模型(2)]与表12－3中模型(5)完全一致。

此外，我们再次研究了资产证券化活跃组中，资产证券化活跃程度对商业银行经营稳定性的影响渠道[见表12－4模型(3)和模型(4)]，以及不同类型资产证券化产品对资产证券化活跃程度较高的商业银行的经营稳定性的影响及影响渠道[见表12－4模型(5)至模型(7)]。回归结果与表12－3中模型(6)至模型(10)基本一致，不同之处在于：第一，MBS活跃程度对Z指数的影响为正，但不显著；第二，MBS活跃程度与金融危机虚拟变量交叉项对Z指数的影响为负，但不显著。

表 12-3 资产证券化组与商业银行经营稳定性

	模型（1）Z	模型（2）Z	模型（3）Z	模型（4）Z	模型（5）Z	模型（6）E/A	模型（7）ROA	模型（8）Z	模型（9）E/A	模型（10）ROA
secextent	−0.02*** (−5.66)	−0.02*** (−4.84)	−0.02* (−1.71)	−0.02*** (−5.89)	−0.02*** (−5.92)	−0.02*** (−8.00)	0.01*** (7.21)			
absextent								−0.03*** (−6.54)	−0.03*** (−7.74)	0.01*** (8.18)
mbsextent								−0.01 (−0.92)	−0.02*** (−2.76)	0.005 (0.24)
crisis				3.38*** (9.99)	3.43*** (10.06)	2.26*** (2.26)	−0.48*** (−6.02)	3.21*** (9.06)	2.29*** (8.78)	−0.47*** (−5.58)
secextent × crisis					−0.01 (−1.15)	0.01*** (3.25)	−0.004*** (−3.93)			
absextent × crisis								−0.01* (−1.80)	0.01*** (3.21)	−0.004*** (−3.46)
mbsextent × crisis								0.02 (1.08)	0.003 (0.26)	−0.003 (−1.02)
size	3.45*** (8.22)	2.75*** (6.30)	−1.73 (−0.67)	2.23*** (5.17)	2.19*** (5.09)	−0.57* (−1.81)	0.17 (1.62)	2.11*** (4.85)	−0.65** (−2.03)	0.22** (2.12)

续 表

	模型（1） Z	模型（2） Z	模型（3） Z	模型（4） Z	模型（5） Z	模型（6） E/A	模型（7） ROA	模型（8） Z	模型（9） E/A	模型（10） ROA
liqratio	− 0.43*** (− 11.49)	− 0.38*** (− 9.85)	− 0.23*** (− 2.20)	− 0.47*** (− 12.53)	− 0.46*** (− 12.24)	− 0.53*** (19.29)	− 0.03*** (− 3.30)	− 0.47*** (− 12.42)	− 0.54*** (− 19.27)	− 0.02** (− 2.55)
loanratio	− 0.58*** (− 16.16)	− 0.53*** (− 14.57)	− 0.26*** (− 2.71)	− 0.60*** (− 16.92)	− 0.60*** (− 16.86)	− 0.60*** (23.10)	− 0.04*** (− 4.54)	− 0.62*** (− 17.02)	− 0.61*** (− 22.73)	− 0.03*** (− 3.45)
deporatio	0.06*** (3.31)	0.05*** (2.68)	− 0.002 (− 0.06)	0.01 (0.58)	0.01 (0.78)	− 0.04*** (− 3.14)	− 0.001 (− 0.17)	0.02 (1.11)	− 0.04*** (− 3.07)	− 0.002 (− 0.47)
gdpgrowth	0.18*** (3.41)	0.24*** (4.43)	0.25*** (3.26)	0.28*** (5.26)	0.28*** (5.12)	0.19*** (4.72)	− 0.03** (− 2.04)	0.27*** (5.03)	0.19*** (4.74)	− 0.03** (− 2.01)
d(vix)	0.01 (0.64)	0.05*** (2.86)	0.07*** (3.35)	0.02 (1.13)	0.02 (1.13)	0.02* (1.89)	0.01** (2.08)	0.02 (1.25)	0.02* (1.94)	0.01* (1.93)
d(m3)	0.38 (0.93)	1.23*** (3.01)	− 0.50 (− 1.31)	− 0.55 (− 1.35)	− 0.56 (− 1.36)	0.11 (0.38)	− 0.03 (− 0.33)	− 0.51 (− 1.23)	0.13 (0.43)	− 0.05 (− 0.51)
d(home)	− 0.19** (− 2.55)	− 0.33*** (− 4.27)	− 0.38*** (− 3.46)	− 0.01 (− 0.07)	− 0.003 (− 0.04)	− 0.03 (− 0.50)	0.05*** (2.67)	0.002 (0.00)	− 0.03 (− 0.45)	0.05*** (2.59)
loangdp	− 0.19*** (− 3.60)	− 0.17*** (− 3.20)	0.03 (1.35)	− 0.23*** (− 4.40)	− 0.22*** (− 4.24)	0.03 (0.65)	0.01 (0.47)	− 0.02*** (− 4.00)	0.03 (0.80)	0.01 (0.09)

续 表

	模型（1）Z	模型（2）Z	模型（3）Z	模型（4）Z	模型（5）Z	模型（6）E/A	模型（7）ROA	模型（8）Z	模型（9）E/A	模型（10）ROA
观测值	2580	2520	2520	2580	2580	2580	2580	2580	2580	2580
R^2	0.17	0.16		0.20	0.20	0.26	0.15	0.20	0.26	0.16
F	51.02	45.71		57.28	52.63	73.02	37.93	45.68	62.81	33.81
Wald 统计量			8172.89							
AR(1)			0.02							
AR(2)			0.44							
Sargan 检验			1.00							

注：模型(1)为固定效应模型；模(2)为利用解释变量的滞后一期值进行回归的固定效应模型；模型(3)为差分 GMM，其中 Z 一阶滞后项的系数为 0.64＊＊＊(6.35)，括号内为 Z 值；模型(4)中加入金融危机虚拟变量(crisis)；模型(5)中加入金融危机虚拟变量(*crisis*)及资产证券化活跃程度与金融危机虚拟变量的交叉项(*secextent ∗ crisis*)；模型(6)和模型(7)表示资产证券化活跃程度对商业银行经营稳定性的影响渠道；模型(8)表示不同类型资产证券化产品活跃程度对商业银行经营稳定性的影响；模型(9)和模型(10)表示不同类型资产证券化产品活跃程度对商业银行经营稳定性的影响渠道。

所有模型回归结果括号内均为 *t* 统计量，＊＊＊、＊＊和＊分别表示通过 1%、5%和 10%的显著性水平检验。Sargan 检验及 Arellano-Bond 检验的 AR(1)和 AR(2)均给出了显著性概率 P 值。

表 12-4　资产证券化活跃组与商业银行经营稳定性

	模型（1） Z	模型（2） Z	模型（3） E/A	模型（4） ROA	模型（5） Z	模型（6） E/A	模型（7） ROA
secextent	- 0.01** (- 2.30)	- 0.01** (- 2.45)	- 0.02*** (- 4.65)	0.01*** (5.51)			
absextent					- 0.02*** (- 3.07)	- 0.02*** (- 4.74)	0.01*** (6.14)
mbsextent					0.005 (0.51)	- 0.01 (- 1.23)	0.001 (0.53)
crisis		5.24*** (11.73)	3.64*** (9.85)	- 0.60*** (- 4.86)	5.21*** (11.13)	3.84*** (9.93)	- 0.60*** (- 4.65)
secextent × crisis		- 0.01 (- 1.02)	0.01*** (2.72)	- 0.004*** (- 2.89)			
absextent × crisis					- 0.01* (- 1.84)	0.01*** (3.06)	- 0.004*** (- 2.81)
mbsextent × crisis					- 0.01 (- 0.65)	- 0.02 (- 1.24)	- 0.001 (- 0.21)
size	3.96*** (7.55)	2.26*** (4.30)	- 0.93** (- 2.13)	0.20 (1.35)	2.10*** (3.94)	- 1.12** (- 2.54)	0.26* (1.77)
liqratio	- 0.51*** (- 12.12)	- 0.54*** (- 13.33)	- 0.58*** (- 17.29)	- 0.03** (- 2.28)	- 0.56*** (- 13.50)	- 0.59*** (- 17.45)	- 0.02* (- 1.77)

续 表

	模型(1) Z	模型(2) Z	模型(3) E/A	模型(4) ROA	模型(5) Z	模型(6) E/A	模型(7) ROA
loanratio	− 0.52*** (− 12.91)	− 0.55*** (− 14.28)	− 0.59*** (− 18.48)	− 0.04*** (− 3.54)	− 0.57*** (− 14.40)	− 0.60*** (− 18.37)	− 0.03*** (− 2.82)
deporatio	0.08*** (4.20)	0.01 (0.55)	− 0.07*** (− 4.24)	0.001 (0.22)	0.01 (0.64)	− 0.07*** (− 4.33)	0.001 (0.12)
gdpgrowth	0.23*** (3.20)	0.37*** (5.29)	0.28*** (4.90)	− 0.04** (− 2.02)	0.37*** (5.29)	0.29*** (5.00)	− 0.04** (− 2.04)
d(vix)	0.02 (0.87)	0.03 (1.43)	0.04** (2.10)	0.01** (1.83)	0.03 (1.54)	0.04** (2.16)	0.01* (1.69)
d(m3)	1.36*** (2.53)	− 0.04 (− 0.08)	0.48 (1.11)	− 0.002 (− 0.02)	0.02 (0.04)	0.51 (1.19)	− 0.02 (− 0.17)
d(home)	− 0.36*** (− 3.64)	− 0.08 (− 0.76)	− 0.04 (− 0.48)	0.07** (2.37)	− 0.07 (− 0.69)	− 0.03 (− 0.43)	0.06** (2.28)
loangdp	− 0.08 (− 1.16)	− 0.13** (− 1.96)	0.13** (2.27)	0.02 (1.02)	− 0.11* (− 1.68)	0.14** (2.51)	0.01 (0.65)
观测值	1634	1634	1634	1634	1634	1634	1634
R^2	0.22	0.28	0.34	0.16	0.28	0.26	0.16
F	44.51	51.81	62.72	25.61	44.80	62.81	22.64

注：模型(1)为固定效应模型;模型(2)中加入金融危机虚拟变量(*crisis*)及资产证券化活跃程度与金融危机虚拟变量的交叉项(*secextent* * *crisis*);模型(3)和模型(4)表示资产证券化活跃程度对商业银行经营稳定性的影响渠道;模型(5)表示不同类型资产证券化产品活跃程度对商业银行经营稳定性的影响;模型(6)和模型(7)表示不同类型资产证券化产品活跃程度对商业银行经营稳定性的影响渠道。

所有模型回归结果括号内均为 t 统计量，***、** 和 * 分别表示通过 1%、5%和 10%的显著性水平检验。

(6) 区分时段。为了进一步区分不同时段内资产证券化对商业银行经营稳定性的影响,本节将样本区间分为三段,即 2001 年第二季度至 2004 年第二季度,2004 年第三季度至 2008 年第二季度和 2008 年第三季度至 2012 年第一季度[①],分别检验资产证券化在不同时段对商业银行经营稳定性的影响及具体影响渠道。

回归结果表明(见表 12－5):第一,2001 年第二季度至 2004 年第二季度,资产证券化对 Z 指数、资本充足率和资产收益率的影响均显著为正;第二,2004 年第三季度至 2008 年第二季度,资产证券化对资本充足率的影响显著为负,此外,对 Z 指数的影响为负,对资产收益率的影响为正,但均不显著;第三,2008 年第三季度至 2012 年第一季度,资产证券化对 Z 指数和资产收益率的影响为负,对资本充足率的影响为正,但均不显著。换言之,在资产证券化发展初期,资产证券化通过提高资本充足率和资产收益率,显著提高商业银行经营稳定性;而在发展中后期,资产证券化对商业银行经营稳定性的影响不显著,虽然这一实证结果与预期有所不同,但从 2008 年美国次贷危机的爆发可以看出,当资产证券化被过度发展脱离实体经济需要后,将导致金融部门杠杆率的提高和信贷质量的下降(Shin, 2009; Shleifer & Vishny, 2010),继而影响商业银行的经营稳定性。

最后,通过比较组内分析的 6 个稳健性检验结果,我们发现控制变量符号和显著性水平基本一致,进一步表明本研究的实证结果具有较强的稳健性。

---

① 之所以如此分段,是考虑 2004 年美国证监会修改实行多年的"单一净资本规则(uniform net capital rule)",放松对美国五大投资银行的监管,之后资产证券化大规模发展,在一定程度上降低了资产质量,造成资产证券化与商业银行经营稳定性之间的关系出现变化;而 2008 年一般被认为是美国次贷危机爆发的时间点。本分段方法通过了 BP 结构断点检验。

（三）组间比较

1. 资产证券化虚拟变量对商业银行经营稳定性的影响

组间比较以资产证券化虚拟变量（*sec*）为解释变量，探究资产证券化与否对商业银行经营稳定性的影响。具体回归模型如下：

$$Z_{i,t} = c + \beta sec + controls_{i,t}\alpha' + \nu_i + \mu_{i,t} \tag{7}$$

控制变量与组内分析相同。由于不随时间而变的虚拟变量无法采用固定效应模型，根据 Hausman 检验结果，组间比较采用随机效应模型。回归结果表明［见表 12－6 模型（1）］：在控制其他变量的影响后，资产证券化虚拟变量对 Z 指数的影响显著为负，即对从事资产证券化的银行而言，其经营稳定性将会显著降低。

2. 双重差分：金融危机对资产证券化组和非资产证券化组的差别化冲击

在式（7）基础上，利用双重差分法，引入金融危机虚拟变量（*crisis*）及资产证券化虚拟变量与金融危机虚拟变量的交叉项（*sec*×*crisis*），分析金融危机对资产证券化组和非资产证券化组 Z 指数的冲击是否存在显著不同。具体回归模型如下：

$$Z_{i,t} = c + \beta_1 sec + \beta_2 crisis + \beta_3 sec \times crisis + controls_{i,t}\alpha' + \nu_i + \mu_{i,t} \tag{8}$$

回归结果表明［见表 12－6 模型（2）］：第一，即使在控制金融危机的影响因素后，资产证券化虚拟变量对 Z 指数的影响依然显著为负；第二，金融危机对 Z 指数的影响显著为负，即金融危机的爆发导致商业银行系统性风险上升，商业银行整体稳定性下降；第三，资产证券化虚拟变量与金融危机虚拟变量交叉项的系数显著为正，即金融危机后，从事资产证券化的商业银行的经营稳定性显著上升，这一结论与组内分析所得结论一致。

（四）溢出效应

最后，本节尝试分析资产证券化银行的资产证券化活动是否对未从事资产证券化的银行产生显著影响。对资产证券化溢出效应的研究以银行业资产证券化活跃程度（*total_abs*）[①]为解释变量，具体回归模型如下：

$$Z_{i,t} = c + \beta total\_abs_{i,t} + controls_{i,t}\alpha' + \nu_i + \mu_{i,t} \qquad (9)$$

并在此基础上，引入金融危机虚拟变量（*crisis*）及银行业资产证券化活跃程度与金融危机虚拟变量的交叉项（$total\_abs \times crisis$），具体回归模型如下：

$$\begin{aligned} Z_{i,t} = {} & c + \beta_1 total\_abs_{i,t} + \beta_2 crisis + \beta_3 total\_abs_{i,t} \\ & \times crisis + controls_{i,t}\alpha' + \nu_i + \mu_{i,t} \end{aligned} \qquad (10)$$

控制变量与组内分析及组间比较相同。根据 Hausman 检验结果，资产证券化溢出效应采用固定效应模型，回归结果表明[见表 12 - 6 模型(3)和模型(4)]：第一，在控制其他变量的影响后，银行业资产证券化活跃程度对非从事资产证券化银行的 Z 指数的影响为正，但不显著；第二，金融危机后，非从事资产证券化的商业银行的经营稳定性

① 银行业资产证券化活跃程度用银行业证券化资产规模占银行业总资产规模比重表示，银行业证券化资产规模占银行业总资产规模比重越大，表示银行业资产证券化活跃程度越高，反之则相反。

表 12-5 资产证券化组与商业银行经营稳定性（区分时段）

		模型（1）Z	模型（2）Z	模型（3）Z	模型（4）E/A	模型（5）E/A	模型（6）E/A	模型（7）ROA	模型（8）ROA	模型（9）ROA
secextent × time	2001—2004	0.02** (2.35)			0.03*** (7.84)			0.01*** (5.93)		
	2004—2008		− 0.001 (− 0.10)			− 0.01* (− 1.72)			0.002 (0.87)	
	2008—2012			− 0.0001 (− 0.01)			0.003 (0.60)			− 0.004 (− 1.34)
size		3.27*** (3.65)	4.58*** (6.04)	− 1.19 (− 1.33)	1.15*** (2.59)	0.82 (1.55)	− 3.12*** (− 4.78)	− 0.08 (− 0.39)	− 0.19 (− 0.84)	0.37 (1.05)
liqratio		0.04 (0.61)	− 0.53*** (− 11.25)	− 0.31*** (− 5.17)	0.14*** (4.00)	− 0.72*** (− 21.83)	− 0.33*** (− 7.68)	0.03* (1.88)	0.001 (0.05)	− 0.15*** (− 6.29)
loanratio		− 0.06 (− 0.94)	− 0.74*** (− 16.95)	− 0.33*** (− 5.90)	0.06* (1.89)	− 0.84*** (− 27.75)	− 0.35*** (− 8.76)	0.03* (1.72)	0.01 (0.61)	− 0.16*** (− 7.36)
deporatio		− 0.04 (− 0.87)	− 0.05** (− 2.28)	− 0.02 (− 0.76)	− 0.01 (− 0.30)	− 0.14** (− 9.55)	− 0.05*** (− 3.20)	− 0.02** (− 1.96)	0.002 (0.44)	− 0.0003 (− 0.04)
gdpgrowth		0.13 (1.03)	0.04 (0.55)	0.03 (0.57)	− 0.03 (− 0.51)	− 0.04 (− 0.72)	0.03 (0.67)	0.24*** (8.23)	0.04 (0.59)	− 0.09*** (− 3.80)

续　表

	模型（1）Z	模型（2）Z	模型（3）Z	模型（4）E/A	模型（5）E/A	模型（6）E/A	模型（7）ROA	模型（8）ROA	模型（9）ROA
d(vix)	0.01 (0.41)	− 0.002 (− 0.05)	− 0.02 (− 0.96)	0.02* (1.73)	− 0.01 (− 0.21)	− 0.002 (− 0.11)	− 0.01** (− 2.28)	− 0.003 (− 0.06)	− 0.003 (− 0.38)
d(m3)	− 0.78* (− 1.78)	− 1.22** (− 2.39)	− 0.24 (− 0.27)	− 0.50** (− 2.27)	0.10 (0.28)	0.07 (0.10)	− 0.23** (− 2.19)	− 0.27* (− 1.85)	− 0.12 (− 0.33)
d(home)	0.65 (1.10)	0.27*** (2.62)	0.05 (0.63)	0.76 (2.60)	0.10 (1.37)	0.04 (0.72)	− 0.09 (− 0.64)	0.11*** (3.70)	0.01 (0.31)
loangdp	0.59* (1.77)	− 0.06 (− 0.66)	− 1.31*** (− 16.00)	− 0.02 (− 0.13)	0.08 (1.30)	− 0.67*** (− 11.25)	0.67*** (8.41)	0.08*** (3.02)	− 0.17*** (− 5.22)
观测值	420	1 260	900	420	1 269	900	420	1 260	900
R^2	0.14	0.27	0.43	0.32	0.46	0.37	0.35	0.22	0.23
F	5.87	44.12	62.03	16.64	100.35	48.03	19.01	12.23	13.92

注：所有模型回归结果括号内均为 t 统计量，***、** 和 * 分别表示通过 1%、5%和 10%的显著性水平检验。

降低；第三，银行业资产证券化活跃程度与金融危机虚拟变量的交叉项对非从事资产证券化的商业银行的Z指数的影响为负，但不显著。

表12-6 组间比较及对非资产证券化组溢出效应分析

	模型（1） Z	模型（2） Z	模型（3） Z	模型（4） Z
sec	-15.89*** (-3.07)	-19.55*** (-3.75)		
sec × crisis		8.40*** (7.17)		
total_abs			240.50 (1.14)	181.78 (0.49)
total_abs × crisis				-339.45 (-0.76)
crisis		-6.75*** (-6.67)		-8.15*** (-4.83)
size	0.04 (0.07)	0.72 (1.13)	-3.22** (-2.32)	-1.48 (-1.04)
liqratio	-0.39*** (-4.70)	-0.44*** (-5.35)	-0.68*** (-3.41)	-0.67*** (-3.35)
loanratio	-0.30*** (-3.98)	-0.35*** (-4.60)	-0.33* (-1.70)	-0.36* (-1.87)
deporatio	0.19*** (4.99)	0.21*** (5.37)	0.37*** (4.84)	0.39*** (5.14)
gdpgrowth	0.24* (1.76)	0.17 (1.25)	0.29 (1.09)	0.05 (0.20)
d(vix)	0.05 (1.23)	0.04 (1.05)	0.09 (1.06)	0.07 (0.88)
d(m3)	-1.18 (-1.14)	-0.39 (-0.37)	-2.67 (-1.31)	-0.49 (-0.23)

续　表

	模型（1） Z	模型（2） Z	模型（3） Z	模型（4） Z
d(home)	0.22 (1.17)	0.06 (0.33)	0.65* (1.73)	0.19 (0.50)
loangdp	0.18 (1.39)	0.20 (1.55)	0.04 (1.62)	0.52** (1.97)
观测值	5160	5160	2580	2580
R^2	0.05	0.04	0.07	0.08
Wald 统计量	64.05	126.11		
F			5.64	6.71

注：模型(1)和模型(2)为组间比较模型，其中模型(2)利用了双重差分(*DID*)，括号内为 Z 统计量；模型(3)和模型(4)为对非资产证券化组的溢出效应检验模型，括号内为 t 统计量。***、**和*分别表示通过 1%、5%和 10%的显著水平检验。

五、结论与启示

本章利用 2001 年第二季度至 2012 年第一季度期间的美国商业银行数据，分析了资产证券化对商业银行经营稳定性的影响。得到的主要结论包括：第一，组内分析和组间比较均表明，整体而言，资产证券化活动会显著降低商业银行经营稳定性，具体影响机制是，资产证券化活跃程度越高，商业银行资本充足率越低，同时资产收益率越高，即资产证券化通过降低商业银行资本充足率，使得商业银行经营稳定性下降；第二，从美国资产证券化产品类别来看，ABS 会显著降低商业银行经营稳定性，而 MBS 对商业银行经营稳定性的影响不显著，这可能与美国 MBS 市场结构有关；第三，区分时段来看，资产证券化在发展初期通过提高资本充足率和资产收益率，能显著提高商业银行经营稳定性，但在中后期，资产证券化对商业银行经营稳定性影响不显著。此外，本章也分析了金融危机对商业银行经营稳定性的影响，以及资产证券化活动对非从事资产证券化银行经营稳定性的影响。结果发现，危机后商业银行整体稳定性下降，但从事资产证券化银行的经营稳定性比危机前反而有所提高；资产证券化活动对非从事资产证券化银行的经营稳定性没有显著影响。

本章对中国资产证券化实践的主要启示包括：第一，虽然在发展初期，资产证券化能提高商业银行经营稳定性，但中长期来看，资产证券化在提高商业银行资产回报率的同时，将会降低商业银行经营稳定性。因此，对资产证券化活动必须保持客观认识，时刻警惕可能出现的风险，加强对资产证券化活动的监管，包括限制资产证券化的衍生链条、提高证券化产品的信息披露程度、规定股权级证券化产品的自留比例、对自留的股权级证券化产品规定更高的风险加权系数等。第二，考虑到资产证券化活动在发展初期能够提高资本充足率和资产收益率，因此，我国可以利用资产证券化化解商业银行大量潜在不良资产的问题。这一实证结果所支撑的政策建议与我国政府对资产证券化的认识，以及正在大力推进的资产证券化实践活动有很多不谋而合之处。第三，资产证券化虽然发展初期能提高商业银行经营稳定性，但如果长期过快发展，有可能导致商业银行进行逆向选择，继而对商业银行经营稳定性产生负面影响。因此，在我国资产证券化过程中，监管部门需要充分吸取美国经验教训，保持资产证券化的发行速度与实体经济发展相匹配，警惕资产证券化的过快发展可能导致商业银行信贷质量的下降。

第十三章

影子银行对中国商业银行经营稳定性的影响——以中国 14 家上市银行理财产品为例

中国的影子银行体系产生于21世纪初，但其大规模发展主要在2010年之后。2008年中国政府为应对美国次贷危机带来的负面冲击，实施了4万亿元人民币的财政刺激方案，同时还暂时取消了对商业银行的信贷额度控制，导致2009年人民币贷款增量达到9.6万亿元，同比增长131%，创下历史新高。由于信贷飙升导致通胀率上升和资产价格上涨，因此，中国的货币政策从2010年起逐渐转向稳健。在控制商业银行贷款额度的同时，限制商业银行对房地产开发商和地方融资平台的新增贷款。但从商业银行角度来说，为了在维持已有客户的同时吸引新客户，以保持自身利润增长和防止不良贷款率显著上升，需要继续对前期贷款客户提供贷款，满足其后续建设所需资金。但在严格的存贷比、资本充足率和利率管制下，商业银行无法通过正常渠道吸收存款和发放贷款，需要通过发行理财产品吸引更多资金。因此，以银行理财产品和各种通道业务①为特征的影子银行体系应运而生，为商业银行规避上述监管提供了新的工具。此外，互联网金融的发展也促使影子银行不断创新。

如图13-1所示，银行理财产品规模和支数从2009年开始呈持续上升趋势。截至2014年6月30日，全国银行业金融机构的理财产品存续51560支，理财资金账面余额12.65万亿元，较2013年年末增长23.54%。虽然近期增幅比之前有所下跌，但不可否认的是，发行理财产品已经成为中国商业银行最重要的融资渠道之一。作为银行存款利率管制的一种有效规避工具，各家商业银行通过理财产品争夺存款，并为理财产品提供了高于一般同期存款利率的收益。如图13-2所示，国有商业银行和股份制商业银行理财产品收益率(3个月)均高于同期商业

① 主要包括银信合作和银证合作。

银行存款利率，最高时的溢价甚至达到 3.5 个百分点以上。此外，近来股份制商业银行与国有商业银行在理财产品收益率方面的差别也在扩大。

然而，理财产品在为客户提供高收益的同时，也可能给作为发行者的商业银行带来较大风险。例如，2012 年年底，华夏银行上海分行 1.4 亿元理财产品出现兑付困难①，打破了理财产品零违约纪录。随后中信银行②、工商银行③和建设银行④均发生理财产品违约，这使得影子银行体系的相关风险逐渐显现出来⑤。另外，2015 年 6 月底开始发生的“股灾”也显示了银行理财产品可能带来的风险。由于部分银行理财产品通过杠杆的形式进入股市，当股价大跌后会直接影响理财产品的价值，并直接波及银行体系的稳定性。随着对理财产品和影子银行风险的认识不断深化，相关研究大量涌现，但主要为定性研究，定量研究相对较少，因此，本章拟利用商业银行微观数据来研究发行理财产品与商业银行经营稳定性之间的关系。

---

① 2012 年 11 月 26 日，华夏银行上海嘉定支行代售的“中鼎财富投资中心（有限合伙）入伙计划”首期产品到期，但本息均无法兑付。“中鼎入伙计划”产品共分为四期，最后一期产品 2013 年 3 月到期，四期产品均由中发投资担保有限公司进行担保。虽然最后经过协商，投资者均拿回了本金，但却打破了理财产品零违约纪录。

② 从 2011 年起，中信银行郑州黄河路支行前副行长郭文雅等人以超过银行同期利率数十倍的高额回报，向多位中信银行客户销售“理财产品”数千万元，再将吸纳到的资金通过“发放高利贷”牟利，最终资金链断裂，导致 110 多名银行客户的 4 000 万元无法追回。

③ 2011 年 2 月，中诚信托成立了为期 3 年的“诚至金开 1 号”集合信托计划，由工商银行山西分行代销，向山西振富能源集团有限公司（简称振富集团）投资 30 亿元，但 2013 年该计划兑付出现风险且持续恶化，最后经过多方协商，由工商银行、中诚信托和山西省政府共同承担。

④ 2012 年吉林信托成立了“吉信・松花江 77 号”信托计划，该信托产品共有 6 期，每期期限均为 24 个月，总计 9.727 亿元，由建设银行山西分行代销，资金用于山西联盛能源有限公司受让山西福裕能源有限公司子公司投资建设的 450 万吨洗煤项目、180 万吨焦化项目和 20 万吨甲醇项目的收益权，但 2013 年该计划出现兑付危机。

⑤ 虽然这些理财产品或为银行代销产品，或为银行内部员工的个人揽储行为，在法律层面上，银行不承担任何风险，但由于这些产品均通过银行柜台销售，考虑到国家对银行长期存在的隐性担保，几乎所有购买者将其等同视为银行存款。当出现违约行为时，为了维持社会稳定，多数情况下银行会在政府的督促下最后承担部分或全部赔偿责任。

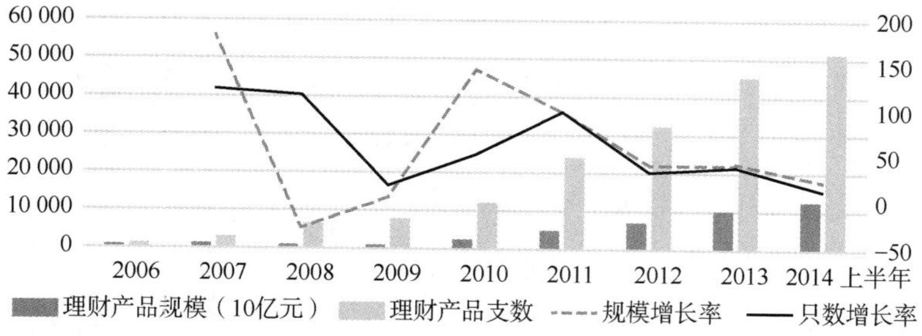

数据来源：中国银行业协会。

图 13－1 理财产品规模和支数

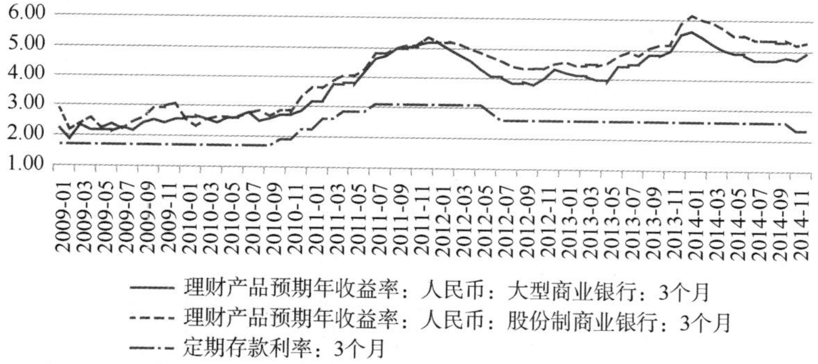

数据来源：Wind 数据库。

图 13－2 理财产品收益率

一、文献综述

2008 年爆发的美国次贷危机使得影子银行体系成为全球关注的焦点。影子银行是由美国太平洋投资管理公司的 McCulley 于 2007

年在美联储召开的经济研讨会上首次提出的概念，并将其概括为被杠杆化的非银行投资通道、工具和结构。McCulley 同时还指出，影子银行由于无法获得美联储的贴现窗口支持，故而抗风险能力较弱。之后经济学家 Pozsar、金融稳定委员会(FSB)和欧盟委员会均给出了对影子银行的定义。从 2010 年起，中国的影子银行体系进入快速发展阶段。但迄今为止，对中国影子银行的概念界定较为模糊，中国监管机构并未就影子银行给出一个被广泛认可的正式定义(张明，2013)。

但可以肯定的是，中国影子银行体系与美国影子银行体系之间存在较大差异。根据陆晓明(2014)的分析，美国影子银行体系由非银行金融机构主导，围绕资产证券化展开；而中国影子银行体系仍然由商业银行主导，更多是银行产品的替代，并不涉及复杂的证券化产品。但两者仍然存在一些共同点，例如都具有期限转化功能，都游离于监管体系之外，且都不享有存款保险保护和央行贴现窗口的支持等。因此，无论是美国以资产证券化为主导的影子银行体系，还是中国对商业银行进行替代或补充的影子银行体系，都可能增加金融体系的总体风险。

影子银行作为对非正常银行通道之外的金融渠道的统称，对影子银行与商业银行经营稳定性的研究主要以美国资产证券化为代表。理论上认为资产证券化通过结构化安排，转变低流动性非标准资产为高流动性标准资产，从而实现风险降低。然而，2008 年危机的爆发改变了人们对资产证券化的认识。Casu 等(2010)利用美国银行控股公司 2001 年至 2007 年数据，研究资产证券化对银行风险加权资产占比的影响。结果发现证券化对银行风险的影响最终取决于证券化的交易结构。Casu 等(2013)的进一步研究发现，虽然理论上认为资产证券化有利于金融机构降低融资成本、改善风险管理及提高盈利水平，但实践效果受多种因素影响可能完全相反，因此资产证券化并不比其他方法更优秀。Michalak & Uhde(2012)利用欧盟 13 国及瑞士商业银行数据，分析了资产证券化对商业银行稳健性的影响。结果表明，资产证券化与商业银行稳健性负相关，具体而言，资产证券化与商业银行盈利性负相关，与资本比率负相关，与商业银行收益的波动性正相关。Salah & Fedhila(2012)利用美国商业银行 2001 年至 2008 年数据，分析了资产证券化与银行信用风险和经营稳定性之间的关系。结果表明，资产证券化虽然伴随着信贷质量恶化和信用风险上升，但却可以增加银行稳定性。从具体产品而言，MBS 能够提高银行稳定性，但 ABS 不利于银行稳定性。

中国的影子银行产品在某种程度上可以视为资产证券化的雏形。在负债端，将发行银行理财产品作为融入资金的主要工具(肖立晟，2013)；在资产端，则通过银信合作(陈思翀，2013)、银证合作(高海红和高蓓，2014)和银银合作(张明和郑联盛，2014)，将表内资产转移至表外以达到规避监管的目的。因此，中国的影子银行是依附于银行而存在的。

自 2010 年中国影子银行快速发展以来，认为影子银行可能引起金融风险已经成为学术界和实务界的共识。如巴曙松(2009)总结美国次贷危机的经验，提出中国影子银行游离于监管之外，积累了大量风险；钟伟和谢婷(2011)认为中国影子银行内、外均存在脆弱性，但都认同应加强监管。此外，先后有数篇文献从不同角度定量分析了影子银行与金融风险的关系，一致认为影子银行会扩大金融风险。其中，毛泽盛和万亚兰(2012)认为影子银行规模与银行体系稳定性存在阈值效应，当影子银行规模低于阈值时，影子银行的发展能够提高银行体系的稳定性，相反则降低银行体系的稳定性。林琳和曹勇(2013)构建了包含影子银行体系风险压力在内的系统性风险压力指数，实证研究表明影子银行体系直接影响系统性风险压力。李建军和薛莹(2014)分析了影子银行的传染机制，提出信托公司部门是主要的风险源，银行部门是系统性风险最主要的承担者。刘超和马玉洁(2014)研究影子银行对金融发展和金融稳定的影响，结果显示影子银行对我国金融发展具有正向促进作用，但对金融稳定存在负向冲击。李丛文和闫世军(2015)从定量角度研究了影子银行对商业银行的溢出效应，结果表明，影子银行对不同类型商业银行风险溢出差别较大，风险溢出由高到低依次为股份制银行、城商银行和国有银行。

理财产品作为影子银行的一种形式，由于数据可得性原因，目前对理财产品引发金融风险的研究主要以事实陈述和评论等定性分析为主，定量研究相对较少。定性分析如肖立晟(2013)认为理财产品风险虽然总体可控，但需要关注流动性风险和信用违约风险。刘荣等(2014)和潘庄晨等(2015)分别以百度"百发"理财产品和"余额宝"为例，分析互联网理财产品的风险，认为与一般理财产品相比，互联网理财产品的风险主要为政策风险。刘秀光(2014)以理财产品为例，分析影子银行的潜在风险，提出对属于影子银行的银行理财产品采取强化保本型而放松非保本型的监管方式，对保本型理财产品应防止高预期收益率的虚假承诺，对非保本理财产品则需有严格风险提示。定量研究中，马秋君和李巍(2011)以中资与外资银行 2009 年至 2010 年发行的部分结构性理财产品为样本，对其收益和风险进行分析。研究发现，理财产品的收益和风险呈现出非对称性，且中资与外资银行在产品收益和风险特征方面差异较大。霍兵(2014)基于山东省 2011 年至 2013 年理财产品数据，分析了银行间理财产品的风险，结果表明包括预期收益率、信息披露、产品流动性在内的诸多因素都会影响银行间理财产品风险。苏薪茗(2014)对金融市场2008年至2013年数据进行实证分析,发现银行理财产品"资金池—资产池"运作模式虽然尚未进入"庞氏结构",但利差下降可能导致"庞氏骗局"风险,因此运作模式需要有所转变。上述三篇文献虽然均是对理财产品的实证分析,但或为一省数据,或为宏观数据,同时也没有深入分析理财产品对金融风险的具体影响机制。

本章的写作正是为了弥补这一空白,具体来说,借鉴Michalak & Uhde(2012)以及Salah & Fedhila(2012)分析资产证券化对商业银行经营稳定性影响的研究思路,以Z指数来反映商业银行的经营稳定性[①],利用中国14家商业银行2009年至2014年理财产品数据,分析发行理财产品是否会损害商业银行的经营稳定性。

二、影响机制与基本模型设定

(一)影子银行影响商业银行经营稳定性的具体机制

按照Roy对Z指数的定义,$Z=\dfrac{\text{平均资产回报率}+\text{平均资本比率}}{\text{平均资产回报率的变动率}}$,可以看到,杠杆率渠道[②]和收益率渠道是影响商业银行经营稳定性的两大主要渠道。一般而言,杠杆率越低、收益率越高,商业银行经营稳

① Z指数最早在1952年由Roy提出,用来表示商业银行的经营稳定性。按照Roy的模型,Z指数=(平均资产回报率+平均资本比率)/平均资产回报率的标准差。Z指数越大,商业银行经营稳定性越高,反之则相反。

② 杠杆率为平均资本比率的倒数。

定性越高。然而,在杠杆率与收益率之间存在着微妙的权衡。

1. 杠杆率渠道

理财产品虽然可被视为资产证券化的雏形,但两者之间存在较大差异。真实出售是资产证券化的核心特征。相比之下,发行理财产品对商业银行杠杆率的影响要复杂很多。例如,发行保本型理财产品和非保本型理财产品,对商业银行杠杆率的影响完全不同。

具体来说,保本型理财产品由于类似存款,进入银行资产负债表,相应监管较为严格,因此银行对保本型理财产品的资产配置较为谨慎,例如首先购买国债,之后将国债通过人民银行或同业质押融入资金,再将所得资金贷款给客户,实现资产方和负债方同时扩张,从而提高银行杠杆率。

而非保本型理财产品由于是表外资产,不受资本充足率和存贷比等政策监管。在2013年"8号文"出台前,非保本型理财产品主要通过银信合作或银证合作渠道,直接或间接地向企业和融资平台发放贷款,或通过购买商业银行的表内贷款、票据类资产和应收账款,来实现表内资产表外化,从而增加银行权益资本和可贷资金。在此前提下,银行可以实现资产扩张,从而导致杠杆率上升①。

2. 收益率渠道

根据资产收益率的定义,$ROA=\frac{净利润}{总资产}$。理财产品作为准利率市场化产品,将大幅缩小银行利差以向储户让渡利益,而银行利差缩小无疑会对银行净利润产生负面影响。另一方面,理财产品也会通过

① "8号文"之后,同业业务对银行杠杆率的影响较大。例如,A银行可将自己发行的理财资金转存到B银行作为同业存款。同时B银行可以通过买入返售或者同业代付等方式变相帮助A银行进行信用扩张。

杠杆率渠道来影响银行总资产规模。这两者将同时对资产收益率产生影响。

此外，由于存在对银行体系的隐性担保和刚性兑付，例如当银行理财产品存在兑付困难时，银行往往从维护自身声誉角度出发，选择以自有资金对理财产品本金进行兑付，这也会对商业银行收益率产生负面影响。

（二）基本模型设定

为了验证影子银行是否通过杠杆率渠道和收益率渠道影响商业银行的经营稳定性，本章进行了细致的实证分析。首先，设定基本模型，利用商业银行微观数据研究发行理财产品对商业银行经营稳定性的影响及具体机制；其次，利用多种方法，对发行理财产品和商业银行经营稳定性之间的关系进行稳健性检验，包括区分不同规模银行、区分产品类型、区分产品期限等；再次，研究“8 号文”的出台对商业银行经营稳定性的影响及具体机制，在此基础上，利用双重差分法（DID）研究“8 号文”对大银行和中小银行经营稳定性的影响是否存在不同；最后，分析考虑买入返售后，发行理财产品对商业银行经营稳定性的影响是否有所不同。

本章设定的基本回归模型如下：

$$Z_{i,t} = c + \beta \times wmpextent_{i,t} + \alpha \times controls_{i,t} + \mu_{i,t} \quad (1)$$

$$E/A_{i,t} = c + \beta \times wmpextent_{i,t} + \alpha \times controls_{i,t} + \mu_{i,t} \quad (2)$$

$$ROA_{i,t} = c + \beta \times wmpextent_{i,t} + \alpha \times controls_{i,t} + \mu_{i,t} \quad (3)$$

其中 Z、E/A 和 ROA 均为因变量，i 表示具体银行，t 表示时间，

wmpextent 表示理财产品活跃程度，*controls* 指其他反映银行结构特征和宏观经济状况的控制变量，包括银行规模、流动性比率、贷款比率、存款比率、GDP 实际增长率和贷款占 GDP 比重，$\mu_{i,t}$ 为残差项。

由于上述面板数据时间期限均为 23 个季度，银行个数均为 14 个，属于标准的长面板模型。与短面板模型相比，长面板由于所含时间较长，扰动项 $\mu_{i,t}$ 可能存在组间异方差、组内自相关和组间同期相关。对此，我们进行了相关检验，包括通过沃尔德方法（Greene，2000）来检验组间异方差、通过沃尔德方法（Wooldridge，2002）来检验组内自相关、通过 Breusch-Pagan LM 方法（Greene，2000）来检验组间同期相关。结果表明，该面板数据存在显著的组间异方差、组内自相关和组间同期相关，对此，我们将通过全面广义最小二乘法（FGLS）进行估计。

三、变量选取与数据处理

（一）变量选取与定义

本章的被解释变量主要为 Z 指数，此外还分别以平均资本比率（E/A）和平均资产回报率（ROA）作为被解释变量，以解释发行理财产品对商业银行经营稳定性的具体影响机制①。

① 本章在计算银行平均资本比率和平均资产回报率时，均考虑银行表外资产。此外，本章对没有包括表外资产的原始数据也进行了实证检验，两个检验结果没有变化，但回归系数大小有所不同。具体来说，考虑表外资产的实证结果的回归系数的绝对值大于不考虑表外资产的情况。

解释变量主要为理财产品活跃程度(wmpextent),还包含不同类型理财产品活跃程度：保本型理财产品活跃程度(fixwmpextent)和非保本型理财产品活跃程度(floatwmpextent);不同期限理财产品活跃程度：短期理财产品活跃程度(swmpextent)和中长期理财产品活跃程度(lwmpextent)。理财产品活跃程度是指商业银行理财产品发行规模占商业银行总资产的比重;保本型(非保本型)理财产品活跃程度是指保本型(非保本型)理财产品发行规模占商业银行总资产的比重;短期(中长期)理财产品活跃程度指短期(中长期)理财产品发行规模占其商业银行资产的比重。

本章控制变量的选择与 Dionne & Harchaoui(2003)、Uzun & Webb(2007)、Jiangli & Pritsker(2008)等的选择类似,主要包括反映银行结构特征的变量以及反映宏观环境变化的变量两类。本章具体控制变量的选择根据研究目的的不同,在已有文献的基础上进行了酌情调整。例如,由于本章以 Z 指数作为被解释变量,因此将控制变量中的资本比率和资本收益率剔除;另外,考虑到金融周期对发行理财产品可能产生的影响,加入了贷款占 GDP 比重。

具体来说,本章反映银行结构特征的控制变量包括银行规模(size)、流动性比率(liqratio)、贷款比率(loanratio)和存款比率(deporatio)。其中,银行规模为总资产的自然对数;流动性比率为流动性资产占总资产之比,贷款比率为总贷款占总资产之比,两者均反映了银行的资产方特征;存款比率为存款占总资产之比,反映了银行的负债方特征。

反映宏观经济状况的控制变量包括实际 GDP 增长率(gdpgrowth)和贷款占 GDP 比重(loangdp)。其中,实际 GDP 增长率反映了宏观经济增长状况;贷款占 GDP 比重反映了金融周期的变化。①

---

① 贷款占 GDP 的比重,由作者根据 Wind 数据计算得到。

（二）数据来源与处理

除对商业银行资产规模进行估计外[①]，其他有关商业银行财务数据均来自 Wind 数据库，理财产品发行数据来自中国社会科学院金融研究所财富管理研究中心，数据区间为 2009 年第一季度至 2014 年第三季度。为了匹配理财产品发行数据，建立平衡面板回归模型，本研究剔除了 2009 年之后上市的中国农业银行和中国光大银行，保留其余 14 家上市银行[②]。

为了方便研究，本章对数据进行了如下处理：第一，根据中国人民银行对银行规模的划分标准，将 14 家上市银行划分为两类，其中本外币资产总量大于(等于)2 万亿元的银行为全国性大型银行(简称中资大银行)，包括中国银行、中国工商银行、中国建设银行和交通银行，其余 10 家全国性股份制商业银行或城市商业银行为中小商业银行(简称中资中小银行)，与大银行相比，10 家中小银行普遍存在规模较小、资本充足率较低、资金获取成本较高等特点；第二，根据中国社科院金融研究所财富管理研究中心的数据，将保本浮动、保息浮动和保息固定理财产品合计为保本型理财产品，非保本浮动理财产品记为非保本型理财产品；第三，同样对上述理财产品发行数据进行处理，将委托期限小于 90 天的理财产品记为短期理财产品，委托期限长于 90 天的理财产品记为中长期理财产品。

---

① 与市场专业人士讨论认为，由于非保本型理财产品发行占理财产品发行的绝大部分，而非保本型理财产品属于银行表外资产，因此在讨论理财产品发行对商业银行经营稳定性的影响时，不可忽视非保本型理财产品的作用，需要对银行资产规模进行重新估算。

② 14 家上市银行分别为中国银行、中国工商银行、中国建设银行、交通银行、中信银行、民生银行、华夏银行、浦发银行、平安银行、招商银行、兴业银行、北京银行、南京银行和宁波银行。

（三）估计银行资产规模

银行发行的理财产品包括保本型和非保本型理财产品。按照现行会计处理办法，保本型理财产品作为银行存款的替代，计入银行资产负债表，而非保本型理财产品因为其代客理财性质，不属于银行负债，因此不记入银行资产负债表。但实际上，在中国由于银行刚性兑付的存在，以及银行对自己声誉的爱护，非保本型理财产品与保本型理财产品不存在本质的差异，在某种程度上都被视为银行的负债。

但不同的是，保本型理财产品所对应资产计入表内，非保本型理财产品所对应资产一般通过银证、银信等通道业务产生，这些资产虽然不计入表内，但或有风险实际上仍由银行承担。因此，我们在计算商业银行经营稳定性指数时，不可忽略这部分潜在风险。

考虑到中国目前金融市场并不像美国那样发达，理财产品的基础资产也没有像欧美影子银行那样被重复抵押，因此，我们用非保本型理财产品的规模近似代替银行表外资产规模①。通过这种方法，我们可以大致估计包括银行隐形杠杆在内的总杠杆。具体来说，考虑到银行的表外资产后，平均资本比率＝银行权益资本/（银行总资产＋非保本型理财产品），由于资产规模基数增加，此时的平均资本比率比账面值下降，杠杆率因之上升。

另一方面，非保本型理财产品虽然没有对应的表内资产，但产生的收益同样体现在表内的银行利润项下。因此，真实的资产回报率仍然需要考虑银行表外资产。具体来说，平均资产回报率＝净利润/（银

① 这里假设理财产品发行期限低于 90 天，且理财产品连续发行，即理财产品发行流量等于其存量。

行总资产＋非保本型理财产品)，同样的，由于资产规模基数增加，平均资产回报率比账面值下降。

（四）平稳性检验

表13－1列出了所有银行组、中资大型银行组和中资中小银行组相关变量的均值、中位值和标准差。可以看出，大型银行组Z指数、资本比率和ROA均值均大于中小银行组和所有银行组，但同时，大型银行组理财产品活跃程度明显低于中小银行组和所有银行组。从简单的数据比较中可以看出：理财产品活跃程度较高的银行，ROA较低，但承担的风险却较高。风险与收益存在明显的不匹配现象。本章将对这一现象进行更细致的检验。

表13－1　数据描述性统计

	所有银行			中资大型银行			中资中小银行		
	均值	中位值	标准差	均值	中位值	标准差	均值	中位值	标准差
Z指数	143.75	125.71	56.61	183.29	172.21	65.24	127.93	110.53	43.83
资本比率	5.88	5.91	1.04	6.28	6.29	0.61	5.72	5.69	1.13
ROA	0.29	0.29	0.06	0.31	0.30	0.05	0.28	0.28	0.06
理财产品活跃度	9.18	4.15	21.10	4.00	3.45	2.90	11.25	4.80	24.61
保本产品活跃度	2.47	0.51	6.40	1.01	0.52	1.28	3.05	0.51	7.46
非保本产品活跃度	6.71	3.01	15.31	3.00	2.58	2.40	8.19	3.39	17.85
中长期产品活跃程度	2.59	1.30	4.91	1.28	1.11	0.97	3.12	1.55	5.69

续 表

	所有银行			中资大型银行			中资中小银行		
	均值	中位值	标准差	均值	中位值	标准差	均值	中位值	标准差
短期产品活跃程度	4.52	1.98	6.78	2.55	2.03	2.00	5.31	1.92	7.78
买入返售活跃度	9.35	7.71	7.13	3.16	2.70	1.82	11.83	9.57	6.96
银行规模	28.44	28.45	1.26	29.93	30.10	0.51	27.85	28.05	0.93
流动性比率	21.11	21.10	4.08	21.70	22.15	3.11	20.88	20.42	4.39
存款比率	71.63	72.27	7.71	76.66	76.76	5.00	69.62	70.13	7.69
贷款比率	49.22	49.91	7.18	51.88	52.56	2.67	48.15	48.37	8.09
观察值	322			92			230		

注：除了 Z 指数和银行规模外，其余变量的单位均为%。

针对本章的长面板数据特征，我们选择 LLC 检验这种面板单位根检验方法来对反映银行特征的变量进行单位根检验。结果显示面板数据均为平稳序列（见表 13－2）。此外，本章对宏观控制变量也进行了单位根检验，结果显示 GDP 实际增长率和贷款占 GDP 比重为平稳序列（见表 13－2）。

表 13－2 单位根检验结果

银行结构特征变量	所有银行 LLC 检验	中资大型银行 LLC 检验	中资中小银行 LLC 检验	宏观环境变量	DF 检验
理财产品活跃程度	－3.12***	－1.72**	－2.61***	GDP 实际增长率	－4.98***
保本产品活跃程度	－2.41***	－1.34*	－2.23**	贷款占 GDP 比重	－6.45***

续 表

银行结构特征变量	所有银行LLC检验	中资大型银行LLC检验	中资中小银行LLC检验	宏观环境变量	DF检验
非保本产品活跃程度	-4.20***	-2.23**	-3.57***		
中长期产品活跃程度	-2.74***	-4.00***	-1.87**		
短期产品活跃程度	-2.20**	-1.56*	-2.39***		
银行规模	-3.66***	-2.80***	-2.54***		
流动性比率	-1.93**	-2.66***	-2.63***		
贷款比率	-3.11***	-2.40***	-2.99***		
存款比率	-3.66***	-2.44***	-2.82***		

注：LLC检验和DF检验的原假设均为“存在单位根”，前者针对面板数据，为 t 统计量；后者针对时间序列，为 z 统计量。

四、实证结果与稳健性检验

（一）实证结果

本章的计量软件采用STATA12.1版本。基本回归结果表明［见表13-3模型(1)］：整体上而言，发行理财产品将会显著降低商业银行经营稳定性。理财产品活跃程度每上升1个百分点，商业银行的 Z 指数会降低0.47个百分点，该结果通过了1%的显著性检验。

在其他控制变量中，银行规模、流动性比率和存款比率对商业银行 Z 指数的影响显著为正；GDP 实际增长率和贷款占 GDP 比重对商业银行 Z 指数的影响显著为负。即银行规模越大、资产流动性越高、存款越多，商业银行经营稳定性越好；经济增速越高，贷款占 GDP 比重越高，商业银行经营稳定性越差。

关于理财产品对商业银行经营稳定性影响机制的回归结果[见表 13－3 模型(2)和模型(3)]表明：发行理财产品对商业银行资本比率和资产回报率的影响均显著为负，即发行理财产品对商业银行经营稳定性的负面影响是通过降低资本比率(或扩大杠杆率)和降低资产收益率这两种渠道来实现的。发行理财产品越活跃，资本比率越低，同时资产收益率越低。

（二）稳健性检验

1. 区分银行规模

如上所述，根据中国人民银行对银行规模的划分标准，本章将 14 家上市银行划分为中资大银行和中资中小银行两组，分别检验在不同规模银行组中发行理财产品对商业银行经营稳定性的影响及具体影响机制。

根据对两组长面板数据分别进行组间异方差、组内自相关和组间同期相关的检验结果，我们仍然采用全面 FGLS 方法进行回归。回归结果表明：对大银行而言[见表 13－3 模型(4)至模型(6)]，发行理财产品通过降低资本比率来降低商业银行的经营稳定性，但对资产收益率的影响不显著；对中小银行而言[见表 13－3 模型(7)至模型(9)]，发行理财产品通过同时显著降低资本比率和资产收益率，从而降低商业银行的经营稳定性。

至于不同规模银行组中，发行理财产品对资产收益率的影响的显著性的不同，可能与不同规模银行所发行理财产品的预期收益率及活跃程度不同有关。一般来说，大银行由于规模大，且为国有银行，信誉度较高；而且由于其本身网点多，存款来源充足，发行理财产品的动力较低。相反，中小银行由于规模小，网点少，存款来源不足，更倾向于发行理财产品作为对传统存款的有效补充。因此，中小银行发行理财产品活跃程度和收益率通常都会高于大银行，以吸引更多投资者。具体表现为，大银行发行理财产品会降低资产收益率，但不显著；与之相对，中小银行发行理财产品会显著降低资产收益率。

2. 区分产品类型

按照理财产品所承担风险大小的不同，将商业银行所发行理财产品划分为保本型理财产品和非保本型理财产品，一般将保本浮动、保息浮动和保息固定的理财产品归为保本型理财产品，非保本浮动的理财产品归为非保本型理财产品。根据监管要求，保本型理财产品被视为银行存款，进入银行资产负债表，非保本型理财产品被视为银行的资产托管，属于银行表外业务，不受存贷比和资本充足率等监管指标影响。因此，两者对商业银行经营稳定性的影响及影响渠道必然有所差异。本章将分别研究不同类型理财产品对商业银行经营稳定性的影响及具体影响机制。

根据对两组长面板数据分别进行组间异方差、组内自相关和组间同期相关的检验结果，我们仍然采用全面 FGLS 方法进行回归。回归结果(见表 13 - 4)表明：保本型理财产品通过降低资本比率来降低商业银行的经营稳定性，但对资产收益率的影响不显著；非保本型理财产品通过同时显著降低资本比率和资产收益率，从而降低商业银行的经营稳定性。保本型理财产品和非保本型理财产品均会降低商业银行资本比率（即提高杠杆率），证明了之前对理财产品影响机制中杠杆率渠道的假设。

不同类型理财产品发行对资产收益率影响的显著性不同与其预期收益率的不同有关。一般来说，保本型理财产品类似于银行存款，风险较小，因此预期收益率较低；而非保本型理财产品的风险原则上由客户自己承担，因此预期收益率较高。在本章中表现为：保本型理财产品会降低商业银行资产收益率，但不显著；而非保本型理财产品会显著降低商业银行资产收益率。

3. 区分产品期限

商业银行所发行理财产品往往具有不同期限，如期限较短的有7天、30天和90天等，期限较长的有180天、270天和365天等。本章为了研究的方便，将委托期限小于（等于）90天的理财产品记为短期理财产品，委托期限长于90天的理财产品记为中长期理财产品，随后分别研究了不同期限理财产品对商业银行经营稳定性的影响及具体影响机制。

根据对两组长面板数据分别进行组间异方差、组内自相关和组间同期相关的检验结果，我们仍然采用全面FGLS方法进行回归。回归结果（见表13－5）表明，短期理财产品通过降低资本比率来降低商业银行的经营稳定性，但对资产收益率的影响不显著；中长期理财产品通过同时显著降低资本比率和资产收益率，从而降低商业银行的经营稳定性。

与不同类型理财产品对资产收益率的影响类似，不同期限理财产品对资产收益率影响的显著性不同与其预期收益率的不同有关。一

表 13－3　理财产品对商业银行经营稳定性的影响及影响渠道

	所有银行			中资大银行			中资中小银行		
	模型（1）Z	模型（2）E/A	模型（3）ROA	模型（4）Z	模型（5）E/A	模型（6）ROA	模型（7）Z	模型（8）E/A	模型（9）ROA
wmpextent	－ 0.47*** (－ 8.13)	－ 0.02*** (－ 7.64)	－ 0.0004** (－ 2.40)	－ 0.94* (－ 1.82)	－ 0.02* (－ 1.86)	－ 0.001 (0.44)	－ 0.44*** (－ 6.99)	－ 0.02*** (－ 6.55)	－ 0.0004** (－ 2.25)
size	29.33*** (3.61)	1.05*** (3.25)	0.07*** (2.64)	85.84*** (6.31)	2.67*** (5.57)	0.15*** (2.71)	17.51* (1.78)	0.59 (1.46)	0.04 (1.30)
liqratio	0.54* (1.77)	0.03** (2.46)	0.001 (0.78)	－ 1.96** (－ 2.36)	－ 0.03 (－ 0.86)	0.01*** (3.06)	0.47 (1.34)	0.02* (1.73)	－ 0.0001 (－ 0.11)
loanratio	0.28 (0.76)	0.03* (1.83)	0.001 (1.06)	－ 1.19 (－ 1.40)	0.02 (0.72)	0.01** (2.10)	－ 0.73 (－ 1.38)	－ 0.005 (－ 0.22)	0.001 (0.54)
deporatio	1.58*** (4.82)	0.07*** (5.17)	0.004*** (4.15)	0.49 (0.63)	0.01 (0.49)	0.01** (2.30)	1.82*** (4.73)	0.08*** (4.87)	0.004*** (3.68)
gdpgrowth	－ 3.51*** (－ 3.38)	－ 0.16** (－ 3.82)	－ 0.01** (－ 2.10)	－ 2.29 (－ 1.66)	－ 0.05 (－ 1.04)	0.01* (1.95)	－ 3.29** (－ 2.44)	－ 0.19*** (－ 3.36)	－ 0.01*** (－ 2.97)
loangdp	－ 0.31** (－ 2.01)	－ 0.01** (－ 2.08)	－ 0.0004 (－ 0.87)	－ 0.14 (－ 0.63)	0.002 (0.24)	0.003*** (3.11)	－ 0.33* (－ 1.67)	－ 0.02** (－ 2.11)	－ 0.001** (－ 2.06)
观测值	322	322	322	92	92	92	230	230	230
F	3265.90	405.27	309.20	2709.35	160.09	116.75	2024.76	296.84	175.43

注：括号内为 Z 统计量，***、**、* 分别表示通过 1%、5%和 10%的显著性水平检验。

般来说，短期理财产品期限较短，预期收益率较低；中长期理财产品期限较长，预期收益率较高。在本章中表现为：短期理财产品会降低商业银行资产收益率，但不显著；而中长期理财产品会显著降低商业银行资产收益率。

表 13-4 不同类型理财产品对商业银行经营稳定性的影响及影响渠道

	模型（1） Z	模型（2） E/A	模型（3） ROA	模型（4） Z	模型（5） E/A	模型（6） ROA
fixwmpextent	−0.78*** (−5.59)	−0.03*** (−5.33)	−0.002 (−1.59)			
floatwmpextent				−0.48*** (−6.53)	−0.02*** (−1.91)	−0.001*** (−3.46)
size	11.47 (1.61)	0.38 (1.28)	0.09*** (3.73)	20.94*** (2.81)	0.70** (2.29)	0.10*** (3.96)
liqratio	0.61** (2.25)	0.04*** (3.32)	0.002* (1.76)	0.44 (1.62)	0.03*** (2.81)	0.001 (1.42)
loanratio	1.29*** (3.76)	0.07** (5.05)	0.002** (2.27)	1.16*** (3.41)	0.07*** (4.92)	0.002** (2.10)
deporatio	0.43 (1.50)	0.02* (1.68)	0.004*** (4.74)	0.68** (2.34)	0.03** (2.33)	0.005*** (4.90)
gdpgrowth	−2.93*** (−3.48)	−0.12 (−3.40)	−0.004 (−1.30)	−2.66*** (−3.15)	−0.11*** (−2.99)	−0.003 (−1.10)
loangdp	−0.22* (−1.72)	−0.01 (−1.47)	0.0001 (0.17)	−0.16 (−1.21)	−0.01 (−0.98)	0.0002 (0.40)
观测值	322	322	322	322	322	322
Wald	2446.09	393.98	302.35	2650.15	395.59	296.81

注：括号内为Z统计量，***、**、*分别表示通过1%、5%和10%的显著性水平检验。

表 13 - 5 不同期限理财产品对商业银行经营稳定性的影响及影响渠道

	模型（1） Z	模型（2） E/A	模型（3） ROA	模型（4） Z	模型（5） E/A	模型（6） ROA
swmpextent	- 0.50*** (- 5.53)	- 0.02*** (- 4.50)	- 0.001 (- 1.28)			
lwmpextent				- 0.74*** (- 7.91)	- 0.03*** (- 6.88)	- 0.001*** (- 4.82)
size	17.28** (2.35)	0.60** (1.96)	0.09*** (3.52)	19.70*** (2.69)	0.67** (2.21)	0.11*** (4.42)
liqratio	0.52* (1.94)	0.03*** (3.10)	0.001 (1.51)	0.46* (1.73)	0.03*** (2.77)	0.001 (1.50)
loanratio	1.24*** (3.66)	0.07*** (5.13)	0.002** (2.12)	1.16*** (3.42)	0.07*** (4.81)	0.002** (2.22)
deporatio	0.59** (2.04)	0.03** (2.10)	0.004*** (4.57)	0.66** (2.31)	0.03** (2.36)	0.005*** (5.21)
gdpgrowth	- 2.72*** (- 3.22)	- 0.11*** (- 3.08)	- 0.004 (- 1.27)	- 2.72*** (- 3.25)	- 0.11*** (- 3.13)	- 0.003 (- 0.96)
loangdp	- 0.18 (- 1.42)	- 0.01 (- 1.16)	0.0001 (0.12)	- 0.14 (- 1.12)	- 0.005 (- 0.93)	0.0003 (0.71)
观测值	322	322	322	322	322	322
Wald	2509.56	377.18	286.45	2776.84	445.38	314.52

注：括号内为 Z 统计量，***、**、* 分别表示通过 1%、5%和 10%的显著性水平检验。

4. 引入政策冲击

从 2010 年起迅猛发展的理财产品很大程度上降低了商业银行的经营稳定性。例如，2012 年年底，华夏银行上海分行 1.4 亿元理财产品出现兑付困难，打破了理财产品零违约纪录，之后中信银行、工商银行和建设银行均出现理财产品违约。针对影子银行系统风险上升，中国银行业保险监督管理委员会在2013年前后出台了一系列监督管理文件，其中最严格的还属2013年第一季度下发的《关于规范商业银行理财业务投资运作有关问题的通知》，业内俗称“8号文”[①]，对理财产品的无序扩张进行了严格监管。本节将主要研究“8号文”(d8)的出台对商业银行经营稳定性的影响及具体机制。具体回归模型如下：

$$Z_{i,t} = c + \beta_1 \times wmpextent_{i,t} + \beta_2 \times d8 + \alpha \times controls_{i,t} + \mu_{i,t} \tag{4}$$

$$E/A_{i,t} = c - \beta_1 \times wmpextent_{i,t} + \beta_2 \times d8 + \alpha \times controls_{i,t} + \mu_{i,t} \tag{5}$$

$$ROA_{i,t} = c + \beta_1 \times wmpextent_{i,t} + \beta_2 \times d8 + \alpha \times controls_{i,t} + \mu_{i,t} \tag{6}$$

根据对长面板数据分别进行组间异方差、组内自相关和组间同期相关的检验结果，我们仍然采用全面FGLS方法进行回归。回归结果[见表13-6模型(1)至模型(3)]表明：“8号文”出台后，商业银行的经营稳定性比之前显著提高，其中资本比率显著提高，但对资产收益率的影响不显著。原因可能在于，“8号文”主要对理财产品投资非标资产的比例进行控制，最直接的影响是资本比率(或银行杠杆率)，但对理财产品的收益率没有实质影响，因此在回归结果中表现为对资产收益率影响不显著。

为进一步分析“8号文”的出台对大银行和中小银行的影响是否存

① 规定商业银行应合理控制理财资金投资非标准化债权资产的总额，理财资金投资非标准化债权资产的余额在任何时点均以理财产品余额的35%与商业银行上一年度审计报告披露总资产的4%之间孰低者为上限。

在不同，本节利用双重差分法，引入银行分组虚拟变量（sizedummy）及银行分组虚拟变量与“8 号文”政策虚拟变量的交叉项（sizedummy×d8），具体回归模型如下：

$$Z_{i,t} = c + \beta_1 \times wmpextent_{i,t} + \beta_2 \times sizedummy + \beta_3 \times d8 + \beta_4 \times sizedummy \times d8 + \alpha \times controls_{i,t} + \mu_{i,t} \quad (7)$$

$$E/A_{i,t} = c + \beta_1 \times wmpextent_{i,t} + \beta_2 \times sizedummy + \beta_3 \times d8 + \beta_4 \times sizedummy \times d8 + \alpha \times controls_{i,t} + \mu_{i,t} \quad (8)$$

$$ROA_{i,t} = c + \beta_1 \times wmpextent_{i,t} + \beta_2 \times sizedummy + \beta_3 \times d8 + \beta_4 \times sizedummy \times d8 + \alpha \times controls_{i,t} + \mu_{i,t} \quad (9)$$

根据对两组长面板数据分别进行组间异方差、组内自相关和组间同期相关的检验结果，我们仍然采用全面 FGLS 方法进行回归。回归结果[见表 13-6 模型(4)至模型(6)]表明：“8 号文”的出台会显著提高大银行的经营稳定性。

表 13-6　银监会“8 号文”对商业银行经营稳定性的影响及影响渠道

	模型(1) Z	模型(2) E/A	模型(3) ROA	模型(4) Z	模型(5) E/A	模型(6) ROA
wmpextent	-0.46*** (-8.19)	-0.02*** (-7.66)	-0.0005*** (-2.66)	-0.45*** (-8.21)	-0.02*** (-6.46)	-0.0005*** (-2.66)
sizedummy				123.50*** (4.29)	1.15** (2.40)	-0.29*** (-3.10)
d8	6.01* (1.91)	0.31** (2.49)	-0.02 (-1.62)	0.55 (0.15)	0.42*** (3.21)	-0.02 (-1.31)
sizedummy×d8				13.27*** (2.83)	0.23 (1.15)	-0.002 (-0.11)

续　表

	模型（1） Z	模型（2） E/A	模型（3） ROA	模型（4） Z	模型（5） E/A	模型（6） ROA
size	16.80 (1.65)	0.40 (1.00)	0.10*** (3.14)	20.57** (2.02)	−0.54*** (−3.39)	0.10*** (3.10)
liqratio	0.71** (2.32)	0.04*** (3.18)	0.0003 (0.30)	0.51* (1.65)	0.04*** (3.02)	0.0003 (0.32)
loanratio	−0.03 (−0.07)	0.01 (0.71)	0.002 (1.67)	−0.35 (−0.90)	−0.02 (−1.61)	0.002 (1.63)
deporatio	1.52*** (4.82)	0.06*** (5.15)	0.004*** (4.44)	1.70*** (5.35)	0.06*** (4.83)	0.004*** (4.33)
gdpgrowth	−3.67*** (−3.54)	−0.17*** (−4.19)	−0.01** (−2.04)	−3.42*** (−3.43)	−0.21*** (−5.81)	−0.01** (−2.04)
loangdp	−0.41** (−2.63)	−0.02*** (−2.90)	−0.0001 (−0.28)	−0.36** (−2.28)	−0.02*** (−5.97)	−0.001 (−0.29)
观测值	322	322	322	322	322	322
Wald	4703.04	760.89	272.29	4827.86	766.72	272.32

注：括号内为Z统计量，***、**、*分别表示通过1%、5%和10%的显著性水平检验。

5. 引入同业业务

2013年初“8号文”出台后，以“银证合作”和“银信合作”为代表的通道业务明显有所降温，但由于银行存贷比、资本充足率和利率管制等监管条件并没有改变，因此银行进行金融创新的动力依然较强，2013年以来同业业务迅猛发展，成为新型监管套利模式①（郑联盛和

① 以信托收益权的买入返售为例，银行通过银信合作持有的信托收益权在“8号文”出台后被视为非标资产，但在现有模式下，银行甲可将所持信托收益权转让给银行乙，同时承诺半年后购回。这种操作将银行甲的非标资产转变为同业资产，虚增了存款规模，与此同时，甲需要的风险拨备和所占用资本金都会显著下降，扩大了银行放贷能力。

张明，2014）。当前中国同业业务的主要类型包括存放同业、同业代付和买入返售等，其中买入返售是最近发展起来的最为重要的同业业务[①]。因此本节最后的研究考虑，在引入买入返售后，发行理财产品对商业银行经营稳定性的影响是否不同，包括区分只有买入返售和同时考虑买入返售及理财产品发行。具体回归模型如下：

$$Z_{i,t}=c+\beta_1\times wmpextent_{i,t}+\beta_2\times psextent_{i,t}+\alpha\times controls_{i,t}+\mu_{i,t} \quad (10)$$

$$E/A_{i,t}=c+\beta_1\times wmpextent_{i,t}+\beta_2\times psextent_{i,t}+\alpha\times controls_{i,t}+\mu_{i,t} \quad (11)$$

$$ROA_{i,t}=c+\beta_1\times wmpextent_{i,t}+\beta_2\times psextent_{i,t}+\alpha\times controls_{i,t}+\mu_{i,t} \quad (12)$$

根据对长面板数据进行组间异方差、组内自相关和组间同期相关的检验结果，我们仍然采用全面 FGLS 方法进行回归。仅考虑买入返售的回归结果[见表 13－7 模型(1)至模型(3)]表明：与发行理财产品一样，买入返售也会降低商业银行经营稳定性；但不同的是，买入返售在降低商业银行资本比率(或提高杠杆率)的同时，提高了商业银行资产收益率。同时考虑买入返售和发行理财产品的回归结果[见表 13－7 模型(4)至模式(6)]表明：即使考虑买入返售后，发行理财产品同样会降低商业银行经营稳定性，包括降低资本比率和资产收益率。

---

① 买入返售指资金融出方与其他有关方以合同或协议的方式，按一定价格买入资产，到期日再按合同规定的价格将该批资产予以返售。

表 13-7　同业业务对商业银行经营稳定性的影响及影响渠道

	模型（1） Z	模型（2） E/A	模型（3） ROA	模型（4） Z	模型（5） E/A	模型（6） ROA
wmpextent				−1.20*** (−8.82)	−0.06*** (−10.35)	−0.003*** (−7.06)
psextent	−0.66** (−2.15)	−0.02* (−1.88)	0.003*** (3.62)	−0.61** (−2.14)	−0.04*** (−3.17)	−0.001 (−0.64)
size	13.34* (1.81)	0.39 (1.27)	0.12*** (4.59)	11.45 (1.58)	−0.04 (−0.11)	0.10*** (4.16)
liqratio	−0.02 (−0.07)	0.02 (1.20)	0.004*** (3.43)	−0.04 (−0.11)	0.03** (1.97)	0.004*** (3.78)
loanratio	0.78* (1.83)	0.06*** (3.35)	0.005*** (3.83)	0.57 (1.35)	0.05*** (2.96)	0.005** (3.84)
deporatio	0.24 (0.85)	0.01 (0.99)	0.005*** (5.47)	0.43 (1.48)	0.02 (1.31)	0.005*** (5.40)
gdpgrowth	−2.67*** (−3.30)	−0.11*** (−3.14)	−0.001 (−0.27)	−3.26*** (−3.99)	−0.14*** (−4.17)	−0.002 (−0.72)
loangdp	−0.19 (−1.53)	−0.01 (−1.24)	0.001 (1.41)	−0.32** (−2.55)	−0.01** (−2.46)	0.0005*** (1.00)
观测值	322	322	322	322	322	322
Wald	2055.23	238.48	274.39	3119.02	498.70	360.75

注：括号内为 Z 统计量，***、**、* 分别表示通过 1%、5%和 10%的显著性水平检验。

五、结论与建议

本章利用 2009 年第一季度至 2014 年第三季度期间 14 家中国上

市商业银行数据，分析了发行理财产品对商业银行经营稳定性的影响及具体机制。得到的主要结论包括：第一，整体而言，发行理财产品会显著降低商业银行经营稳定性，具体影响机制如下，发行理财产品的活跃程度越高，商业银行资本比率越低，同时资产收益率越低。第二，从区分银行规模来看，无论大银行还是中小银行，发行理财产品均会降低商业银行经营稳定性。其中，对资本比率的影响均显著为负，但对资产收益率的影响与银行规模有关。第三，从区分产品类型来看，保本型理财产品和非保本型理财产品均会降低商业银行经营稳定性。其中，对资本比率的影响均显著为负，但对资产收益率的影响与产品类型有关。第四，从区分产品期限来看，短期理财产品和中长期理财产品均会降低商业银行经营稳定性。其中，对资本比率的影响均显著为负，但对资产收益率的影响与产品期限有关。

此外，本章研究了“8号文”出台对商业银行经营稳定性的影响，以及对不同规模商业银行的影响是否存在差异。结果表明，“8号文”的出台显著提高了商业银行的经营稳定性，其中对大银行的影响尤为突出。最后，本章分析了考虑买入返售后，发行理财产品对商业银行经营稳定性的影响及具体机制。结果表明，考虑买入返售后，发行理财产品对商业银行经营稳定性的影响依然显著为负。

理财产品作为中国影子银行体系的重要组成部分，虽然成功规避了各种监管，并在某种程度上有助于实体经济的发展，但由于其监管较为宽松，对银行经营带来了比正规银行产品更为突出的风险。因此，有效识别和化解发行理财产品过程中可能产生的新风险，对维持金融稳定至关重要。对此，我们提出相关政策建议：

第一，加快推进利率市场化改革。发行理财产品是对银行存款的替代，同时也是对利率管制的规避。理财产品收益率在很大程度上被认为是市场化利率。然而,由于银行理财产品不在常规的监管范围内,在造成银行资产收益率下降的同时,也降低了资本比率,从而最终损害了商业银行的经营稳定性。针对这种情形,应该进一步加快推进利率市场化改革,从根源上压缩银行理财产品存在空间,从而缓解其对商业银行经营稳定性的负面影响。

第二,加快法律法规建设,规范理财产品发展。发行理财产品作为银行中间业务,目前还没有相关的法律法规对之进行规范,因此应通过相应的制度建设,还原理财产品的本来面目,真正实现对特定目标客户群的资金投资和管理计划目标。与此同时,必须打破理财产品刚性兑付局面,允许相关产品违约,从而培育和增强客户群体的风险承担意识。

第三,防范发行理财产品可能产生的风险,并通过资产证券化进行相应化解。未来几年内,由于全球经济的不景气,外需将继续低迷;同时,中国经济也已进入低速增长新常态。这些都表明中国经济将不可避免地面临去杠杆问题。作为去杠杆的结果,银行体系的不良贷款风险将逐步体现,尤其是处于管控之外的表外业务。因此,需要密切关注和防范发行理财产品可能带来的风险问题,同时,允许银行对不良资产或表外资产进行证券化,提前将影子银行可能产生的风险置于阳光监管下。

参考文献

[1] 安德鲁·戴维森，安东尼·圣德斯，兰玲·沃尔夫，安妮·钦.资产证券化：构建和投资分析[M].王晓芳，译.北京：中国人民大学出版社，2006.
[2] 巴曙松.从改善金融结构角度评估“影子银行”[J].新金融评论，2013(2).
[3] 白玲.我国国有商业银行不良资产处置及管理途径探索[J].国际金融研究，2003(7).
[4] 长江证券：《资产证券化专题研究：盘活存量资产　释放创新空间》，2014 年 9 月 29 日。
[5] 常佩琦.交易商协会试行 ABN 尽调指引[N].上海证券报，2021-1-6.
[6] 车坦阳，王晓航，胡雅娟.银行资产证券化的直接动因——来自美国银行控股公司的经验证据[J].财经问题研究，2008(8).
[7] 陈强编.高级计量经济学及 STATA 应用[M].2 版.北京：高等教育出版社，2014.
[8] 陈思翀.中国信托业的特征与风险[J].国际经济评论，2013(4).
[9] 陈卫东，曹远征，宗良.把握好稳增长和“去杠杆”之间的平衡——中国银行中国经济金融展望报告[J].国际金融，2014(4).

[10] 楚天舒，毛智荣. 美国、日本资产证券化市场比较及借鉴[R]. 深圳证券交易所综合研究所研究报告，2006.

[11] 董少广. 银监新规下理财业务可持续发展的深层次思考[J]. 国际金融，2014(1).

[12] 冯樱子. 影子银行隐遁[N]. 华夏时报，2020-08-21.

[13] 方星海. 如何处置商业银行的不良资[J]. 国际经济评论，1999(3-4).

[14] 弗兰克J，法博齐，维诺德·科塞瑞. 资产证券化导论[M]. 宋光辉，刘璟，朱开屿，译. 北京：机械工业出版社，2014.

[15] 高蓓，张明，邹晓梅. 资产证券化的国际经验[J]. 中国金融，2014(10).

[16] 高蓓，张明，邹晓梅. 资产证券化与商业银行经营稳定性：影响机制、影响阶段与危机冲击[J]. 南开经济研究，2016(4).

[17] 高蓓，张明，邹晓梅. 美、日、欧资产证券化比较：历程、产品、模式及监管[J]. 国际经济评论，2016(4).

[18] 高蓓，张明，邹晓梅. 影子银行对中国商业银行经营稳定性的影响——以中国14家上市商业银行理财产品为例[J]. 经济管理，2016(6).

[19] 高蓓，张明. 不良资产处置与不良资产证券化：国际经验与中国前景[J]. 国际经济评论，2018(1).

[20] 高海红，高蓓. 金融体系改革与中国影子银行：以银证合作为例[J]. 国际经济评论，2014(2).

[21] 高新国. 资产证券化的障碍与对策[J]. 中国金融，2014(10).

[22] 巩勋洲，张明. 透视CDS：功能、市场与危机[J]. 国际经济评论，2009(1).

[23] 郭凯. 影子银行和中国的影子银行：特征、问题与建议[J]. CF40周报，2015(185).

[24] 古川令治，张明. 资产证券化手册[M]. 北京：中国金融出版社，2006.

[25] 黄益平，常健，杨灵修. 中国的影子银行会成为另一个次债[J]. 国际经济评论，2012(2).

［26］黄志强. 英国金融监管改革新架构及其启示[J]. 国际金融研究，2012(5).
［27］姜超，李宁. 国内资产证券化三种模式详解[R]. 海通证券研究报告，2013.
［28］姜建清. 商业银行资产证券化——从货币市场走向资本市场[M]. 北京：中国金融出版社，2004.
［29］李健男. 我国资产证券化的法律环境分析及立方选择[J]. 河北法学，2004(12).
［30］李晗. 资产证券化国际经验与我国理财业务发展[J]. 银行家，2013(6).
［31］刘超，马玉洁. 影子银行系统对我国金融发展、金融稳定的影响[J]. 经济学家，2014(4).
［32］刘红霞、幸丽霞. 商业银行信贷资产证券化融资动机研究——基于2005—2014年信贷资产支持证券试点的实证检验[J]. 南方金融，2015(4).
［33］刘鎏，边泉水，梁红. 中国资产证券化爆发式启动[R]. 北京：中金公司中国宏观专题报告，2015.
［34］刘琪林，李富有. 资产证券化与银行资产流动性、盈利水平及风险水平[J]. 金融论坛，2013(5).
［35］刘锡良，罗得志. 论我国银行不良资产的根源[J]. 金融研究，2001(10).
［36］刘玄. 资产证券化的信贷扩张效应——基于美国金融市场数据的分析[J]. 金融论坛，2011(1).
［37］陆晓明. 中美影子银行系统比较分析和启示[J]. 国际金融研究，2014(1).
［38］罗荣华，林华珍，翟立宏. 银行理财产品收益率曲线的构建与分析——基于随机效应半参数模型的方法[J]. 金融研究，2013(7).
［39］马克群. 论我国住房公积金制度的弊端及改革[J]. 内蒙古财经大学学报，2013：11(3).

[40] 马秋君，李巍. 我国银行结构性理财产品的收益与风险分析[J]. 经济社会体制比较，2011(6).
[41] 倪志凌. 动机扭曲和资产证券化的微观审慎监管——基于美国数据的实证研究[J]. 国际金融研究，2011(8).
[42] 钮楠，邱晔，周腾，杨珺皓. 中国信贷资产证券化行业最新发展与展望[M]. 北京：中诚信国际信用评级有限公司，2014.
[43] 裴平，印文. 我国影子银行的信用创造及规模测算[J]. 经济管理，2014(3).
[44] 彭玉镏. 政府注资国有商业银行的有效性分析[J]. 管理世界，2010(5).
[45] 阙方平，夏洪涛，张馨. 国有商业银行不良资产及其处置的制度性再思考[J]. 经济评论，2002(2).
[46] 王爱俭，牛凯龙. 次贷危机与日本金融监管改革：实践与启示[J]. 国际金融研究，2010(1).
[47] 王松奇，高广春，史文胜. 结构金融产品系列讲座(摘登)——整体业务证券化(一)[J]. 银行家，2008(6).
[48] 王松奇，高广春，史文胜. 结构金融产品系列讲座(摘登)——整体业务证券化(二)[J]. 银行家，2008(7).
[49] 王晓，李佳. 从美国次贷危机看资产证券化的基本功能[J]. 金融论坛，2010(1).
[50] 王一江，田国强. 不良资产处理、股份制改造与外资战略[J]. 经济研究，2004(11).
[51] 肖立晟. 人民币理财产品分析[J]. 国际经济评论，2013(4).
[52] 肖崎、苗俊杰. 国内外银行非利息收入业务发展的比较分析[J]. 金融发展研究，2016(2).
[53] 宣昌能，王信. 金融创新与金融稳定：欧美资产证券化模式的比较分析[J]. 金融研究，2009(5).
[54] 阎庆民，李建华. 我国影子银行监管研究[M]. 北京：中国人民大学出

版社，2014.
[55] 宣昌能，王信. 金融创新与金融稳定：欧美资产证券化模式的比较分析[J]. 金融研究，2009(5).
[56] 姚禄仕，王璇，宁宵. 银行信贷资产证券化效应的实证研究——基于美国银行业的面板数据[J]. 国际金融研究，2012(9).
[57] 杨明奇. 银行间市场理财产品快速发展的原因及对银行业的影响[J]. 上海金融，2011(12).
[58] 杨业伟，等. 固定收益专题：方兴未艾、渐趋成熟的资产证券化市场[R]. 北京：国盛证券研究所，2020.
[59] 殷剑锋，王增武. 影子银行与银行的影子：我国理财产品市场发展与评级(2010—2012)[M]. 北京：社会科学文献出版社，2013.
[60] 余吉力，陈沛麒. 资产证券化：影响及风险[J]. 中国经济报告，2014(4).
[61] 袁增霆，王伯英，蔡真. 银行理财产品的创新动机及影响因素[J]. 南方金融，2010(11).
[62] 张汉飞，张汉鹏. 国外解决银行不良资产成功经验对我国的启示[J]. 经济问题探索，2005(7).
[63] 张衡. 国有商业银行不良资产证券化初探[J]. 金融研究，2002(6).
[64] 张敏，沈洪溥. 中国处置银行系统不良资产的状况和经营[J]. 中国金融，2010(3).
[65] 张文彬，冯晓，陶健. 中债资信信贷资产证券化市场运行报告[R]. 中债资信评估有限责任公司，2015.
[66] 张明. 透视 CDO：类型、构造、评级与市场[J]. 国际金融研究，2008(6).
[67] 张明. 中国式影子银行：界定、成因、风险与对策[J]. 国际经济评论，2013(4).
[68] 张明，高蓓，邹晓梅. 中国资产证券化衔枚疾进[J]. 金融市场研究，

2015(3).

[69] 张明,邹晓梅,高蓓. 中国资产证券化实践：发展现状与前景展望[J]. 上海金融,2013(11).

[70] 赵娟,史尧尧. 顶层设计仍待完善　注册制或引资产证券化大爆发[N]. 经济观察报,2015－1－30.

[71] 赵若琼. 住房公积金的昨天、今天和明天[R]. 北京：方正证券房地产行业研究报告,2015.

[72] 赵旭. 日韩资产证券化发展的经验与借鉴[J]. 亚太经济,2010(4).

[73] 郑联盛,张明. 中国银行业同业业务：现状、类型、风险与应对[J]. 金融市场研究,2014(6).

[74] 周莉萍. 影子银行体系：自由银行业的回归[M]. 北京：社会科学文献出版社,2013.

[75] 周兆生. 中国国有商业银行不良资产的处置问题探索[J]. 世界经济,2004(7).

[76] 邹晓梅,张明,高蓓. 资产证券化的供给和需求：文献综述[J]. 金融评论,2014(8).

[77] 邹晓梅,张明,高蓓. 资产证券化与商业银行盈利水平：相关性,影响路径与危机冲击[J]. 世界经济,2015(11).

[78] 中国银保监会政策研究局课题组、中国银保监会统计信息与风险监测部课题组. 中国影子银行报告[J]. 金融监管研究,2020(11).

[79] 中央结算公司. 2015 年资产证券化发展报告.

[80] 中央结算公司. 2016 年资产证券化发展报告.

[81] 中央结算公司. 2017 年资产证券化发展报告.

[82] 中央结算公司. 2018 年资产证券化发展报告.

[83] 中央结算公司. 2019 年资产证券化发展报告.

[84] 中央结算公司. 2020 年资产证券化发展报告.

[85] Acharya, V. and P. Schabl, "Do Global Banks Spread Global Imbalances?

Asset-Backed Commercial Paper during the Financial Crisis of 2007 - 2009"[J]. *IMF Economic Review*, 2010,58: 37 - 73.

[86] Acharya, V. , P. Schnabl and G. Suarez, "Securitization Without Risk Transfer" [J]. *Journal of Financial Economics*, 107, 2012, 107: 515 - 536.

[87] Affinito, M. and Tagliaferri, E. "Why do (or did?) banks securitize their loans? Evidence from Italy" [J]. *Journal of Financial Stability*, 2010,6(4): 189 - 202.

[88] Agarwal, S. , Y. Chang, A. Yavas, "Adverse Selection in Mortgage Securitization" [J]. *Journal of Financial Economics*, 105,2012,105: 640 - 660.

[89] Agostino, M. and Mazzucca, M. "Why do banks securitize? The case of Italy" [M]: Università della Calabria, mimeo, 2008.

[90] Agostino, M. and M. Mazzuca: "Why Do Banks Securitize? The Case of Italy" [J]. *Bancaria*, 2009,9: 18 - 38.

[91] Akerloff, G. , "The Market for Lemons: Qualitative Uncertainty and the Market Mechanisim", *Quarterly Journal of Economics*, 1970,84: 488 - 500.

[92] Albertazzi, U. , G. Eramo, L. Gambacorta and C. Salleo, "Securitization is not That Evil After All" [J]. *BIS Working Papers* No. 341,2011.

[93] Allen, L. , Jagtiani, J. and Landskroner, Y. Interest rate risk subsidization in international capital standards [J]. *Journal of Economics and Business*, 1996,48(3): 251 - 267.

[94] Ambrose, B. W. , M. Lacour-Little, A. B. Sanders, "Does Regulatory Capital Arbitrage, Reputation, or Asymmetric Information Drive Securitization?"[J]. *Journal of Financial Services Research*, 2005, 28: 113 - 133.

[95] An, X., Y. Deng, S. A. Gabriel, "Value Creation through Securitization: Evidence from the CMBS Market" [J]. *Journal of Real Estate Finance and Economics*, 2009, 38: 302 - 326.

[96] Anderson, R. G. and Gascon, C. S. "The Commercial Paper Market, the Fed, and the 2007 - 2009 Financial Crisis" [J]. *Federal Reserve Bank of St. Louis Review*, 2009, 91(6): 589 - 612.

[97] Avery, R B. and Berger, A. N. "Loan commitments and bank risk exposure" [J]. *Journal of Banking & Finance*, 1991, 15(1): 173 - 192.

[98] Bannier, C. E. and D. N. Hänsel, "Determinants of European Banks' Engagement in Loan Securitization" [J]. *Deutsche Bundesbank Discussion Paper, Series 2: Banking and Financial Studies* No. 10, 2008.

[99] Basel Committee on Banking Supervision. "Report on Asset Securitization Incentives" [J]. *BIS Working Paper*, 13 July 2011.

[100] Basel Committee on Banking Supervision, "Revisions to the Basel Securitization Framework-Consultative Document", *BIS Publication*, 18 December 2012.

[101] Battaglia, F. and A. Gallo, "Securitization and Systemic Risk: an Empirical Investigation on Italian Banks over the Financial Crisis" [J]. *International Review of Financial Analysis*, 2013, 30: 274 - 286.

[102] Battaglia, F., A. Gallo and M. Mazzuca, "Securitized Banking and the Euro Financial Crisis: Evidence from the Italian Banks Risk-Taking" [J]. *Journal of Economics and Business*, 2014, 76: 85 - 100.

[103] Bedendo, M. and B. Bruno, "Credit Risk Transfer in U. S. Commercial

Banks: What Changed during the 2007 - 2009 Crisis?" [J]. *Journal of Banking and Finance*, 2012,36: 3260 - 3273.

[104] Benmelech, E. and J. Dlugosz, "The Alchemy of CDO Credit Ratings", *NBER Working Paper No. 14878*, 2009.

[105] Benmelech, E., J. Dlugosz and V. Ivashina: "Securitization Without Adverse Selection: the Case of CLOs" [J]. *Journal of Financial Economics*, 2012,106(1): 91 - 113.

[106] Berger, A. N., Herring, R. J. and Szegö, G. P. "The role of capital in financial institutions", *Journal of Banking & Finance*, 1995,19 (3): 393 - 430.

[107] Berger, A. N. and Udell, G. F. "Securitization, risk, and the liquidity problem in banking", *Board of Governors of the Federal Reserve System* (US), 1991.

[108] Berndt, A. and A. Gupta, "Moral Hazard and Adverse Selection in the Originate-to-Distribute Model of Bank Credit" [J]. *Journal of Monetary Economics*, 2009,56: 752 - 743.

[109] Blum, J. "Do capital adequacy requirements reduce risks in banking?" [J]. *Journal of Banking & Finance*, 1999,23(5): 755 - 771.

[110] Boot, A. W. A., Thakor, A. V. and Udell, G. F. "Credible commitments, contract enforcement problems and banks: Intermediation as credibility assurance" [J]. *Journal of Banking & Finance*, 1991,15 (3): 605 - 632.

[111] Boyd, J. H., G. De Nicolo and A. M. Jalal. Bankrisk-Taking and Competition Revisited: New Theory and New Evidence, *IMF Working Paper No. 06/297*, 2006.

[112] Brunnermeier, M. K., "Deciphering the Liquidity and Credit Crunch 2007 - 2008", *NBER Working Paper No. 14612*, 2008.

[113] Caballero, R. J. : "On the Macroeconomic of Asset Shortage", *NBER Working Paper No. 12753*, 2006.

[114] Caballero, R. J. , "A Caricature Model of the World Economy", *MIT Working Paper No. 10 – 17*, 2010.

[115] Caballero, R. J. and A. Krishnamurth, "Global Imbalances and Financial Fragility", *NBER Working Paper No. 14688*, 2009.

[116] Caballero, R. J. , E. Farhi and P. O. Gourinchas, "An Equilibrium Model of Global Imbalances and Low Interest Rates", *NBER Working Paper No. 11996*, 2006.

[117] Calomiris, C. and J. Mason, "Credit Card Securitization and Regulatory Arbitrage", *Federal Reserve Board of Philadelphia Working Paper No. 03 – 7*, 2003.

[118] Carbo-Valverde, S. , D. Marques-Ibanez and F. R. Fernandez, "Securitization, Bank Lending and Credit Quality: the Case of Spain", *European central bank working paper No. 1329*, 2011.

[119] Cardone-Riportella, C. , R. S. Medina, A. T. Ponce: "What Drives Bank Securitisation? the Spanish Experience" [J]. *Journal of Banking & Finance*, 2010, 34(11): 2639 – 2651.

[120] Carlstrom, C. T. and Samolyk, K. A. "Loan sales as a response to market-based capital constraints" [J]. *Journal of Banking & Finance*, 1995, 19(3): 627 – 646.

[121] Casu, B. , A. Clare, A. Sarkisyan and S. Thomas, "Does Securitization Reduce Credit Risk Taking? Empirical Evidence from US Bank Holding Companies", *Centre for Banking Research Cass Business School City University London Working Paper series WP 02/10*, 2010.

[122] Casu, B. ; Clare, A. ; Sarkisyan, A. and Thomas, S. "Does

Securitization Reduce Credit Risk Taking? Empirical Evidence from US Bank Holding Companies", *European Journal of Finance* [J]. 2011,17: 769 - 788.

[123] Casu, B., A. Sarkisyan, A. Clare and S. Thomas, "Securitization and Bank performance" [J]. *Journal of Money, Credit and Banking*, 2013,45(8): 1617 - 1658.

[124] Claessens, S., Z. Pozsar, L. Ratnovski and M. Singh, "Shadow Banking: Economics and Policy", *IMF Staff Discussion Note SDN/12/12*, 2012.

[125] Coval, J., J. Jurek and E. Stafford: "The Economics of Structured Finance" [J]. *Journal of Economic Perspectives*, 2009,23: 3 - 26.

[126] Covitz, D., N. Liang and G. Suarez, "The Evolution of a Financial Crisis: Panic in the Asset-Backed Commercial Paper Market", *Finance and Economics Discussion Series*, *Divisions of Research & Statistics and Monetary Affairs*, *Federal Reserve Board*, 2009.

[127] Criado, S. and A. Rixtel, "Structured Finance and the Financial Turmoil of 2007 - 2008: An Introductory Overview", *Bank of Spanish Working Paper No. 0808*, 2008.

[128] Cumming, C. "The economics of securitization" *Quarterly Review*, 1987 (Aut), pp. 11 - 23.

[129] Dahiya, S., Puri, M. and Saunders, A. "Bank borrowers and loan sales: New evidence on the uniqueness of bank loans" [J]. *The Journal of business*, 2003,76(4): 563 - 582.

[130] Dang, T. V., G. Gorton and B. Holmström, "Opacity and the Optimality of Debt for Liquidity Provision", Unpublished Working paper, 2009. Online at: http://finance.wharton.upenn.edu/department/Seminar/micro/Holmstrom_Opacity%20%20Nov%207%202009_

09C. pdf.

[131] Dang, T. V. , G. Gorton and B. Holmström, "Ignorance, Debt and Financial Crises", Unpublished Working paper, 2012. Online at: http://faculty. som. yale. edu/garygorton/documents/Paper_Ignorance_000. pdf

[132] DeMarzo, P. and D. Duffie, "A Liquidity-based Model of Security Design" [J]. *Econometrica*, 1999,67: 65 - 99.

[133] DeMarzo, P. , "the Pooling and Tranching of Securities: A Model of Informed Intermediation" [J]. *Review of Financial Studies*, 2005, 18: 1 - 35.

[134] DeYoung, R. and Rice, T. "Noninterest income and financial performance at US commercial banks" [J]. *Financial Review*, 2004,39(1): 101 - 127.

[135] Diamond, D. W. "Dybvig P H. Bank runs, deposit insurance, and liquidity" [J]. *Journal of political economy*, 1983, 91(3): 401 - 419.

[136] Diamond, D. W. "Financial intermediation and delegated monitoring" [J]. *The Review of Economic Studies*, 1984,51(3): 393 - 414.

[137] Diamond, D. W. and Shaffer, S. "Capital requirements and the securitization decision" [J]. *Quarterly Review of Economics and Business*, 1991,31(4): 12 - 23.

[138] Dietrich, A. , and C. Wanzenried, "Determinants of Bank Profitability Before and During the Crisis: Evidence from Switzerland". *SSRN Working Paper No. 1370245*, 2010. Online at: http://ssrn. com/abstract=1370245.

[139] Dionne, G. , T. M. Harchaoui, Banks' Capital, Securitization and Credit Risk: an Empirical Evidence for Canada. *HEC Working Paper*

No. 03-01,2003.

[140] Drucker, S. and Puri, M. "Banks in capital markets", *Handbooks in Finance: Empirical Corporate Finance*, 2008, pp. 189-232.

[141] Duffie, D. "Innovations in credit risk transfer: Implications for financial stability" 2008.

[142] Elul, R., "Securitization and Mortgage Default", *Federal Reserve Bank of Philadelphia Working Paper No. 09-21/R*,2011.

[143] European Central Bank (ECB). "Covered Bonds in the EU Financial System", 2008.

[144] Estrella, A. "Securitization and the efficacy of monetary policy" [J]. *Economic Policy Review*, 2002,8(1): 243-255.

[145] Flamini, V., McDonald. C. and Schumacher, L., "The Determinants of Commercial Bank Profitability in Sub-Saharan Africa", *IMF Working Paper WP/09/15*,2009.

[146] Flannery, M. J. "Capital regulation and insured banks choice of individual loan default risks" [J]. *Journal of Monetary Economics*, 1989,24(2): 235-258.

[147] Flannery, M. J. "Debt maturity and the deadweight cost of leverage: Optimally financing banking firms" [J]. *The American Economic Review*, 1994,84(1): 320-331.

[148] Fitch Ratings, The Role of the ECB in Structured Finance. *Europe Special Report*, 13.05,2010.

[149] Franke, G. and Krahnen, J. P. "Default risk sharing between banks and markets: the contribution of Collateral Debt Obligation", In M. Carey and R. Stulz (Eds), "The Risks of Financial Institution" [M]. University of Chicago Press, 2005.

[150] Froot, K. A., Scharfstein, D. S. and Stein, J. C. "Risk management:

Coordinating corporate investment and financing policies" [J]. *Journal of Finance*, 1993,48(5): 1629 - 1658.

[151] Froot, K. A. "Stein J C. Risk management, capital budgeting, and capital structure policy for financial institutions: an integrated approach" [J]. *Journal of Financial Economics*, 1998, 47 (1): 55 - 82.

[152] FSA. "The Turner Review: A Regulatory Response to the Global Banking Crisis", *Consultation Paper*, 2009.

[153] Gambacorta, L., Altunbas, Y. and Marques-Ibanez, D. "Securitisation and the Bank Lending Channel", 2007.

[154] Gambacorta, L. and D. Marques-Ibanez, "The Bank Lending Channel: Lessons From the Crisis", *BIS Working Paper No. 345*, 2011.

[155] Gennaioli, N., A. Shleifer and R. W. Vishny, "A Model of Shadow Banking", *NBER Working Paper No. 17115*, 2011.

[156] Greenbaum, S. I. and A. V. Thakor, "Bank Funding Modes: Securitization versus Deposits" [J]. *Journal of Banking and Finance*, 1987, 11: 379 - 401.

[157] Greene, W. H. " Econometric Analysis", New Jersey: Prentice Hall, 2000.

[158] Greenspan, A. "Remarks at the American Bankers Association Convention", New York, 2004.

[159] Gorton, G., " The Panic of 2007 ", *NBER Working Paper No. 14358*, 2008.

[160] Gorton, G., *Slapped in the Face by the Invisible Hand: Banking and the Panic of 2007* [M]. Oxford University Press, 2010.

[161] Gorton, G. and A. Metrick, "Haircuts", *NBER Working Paper No. 15273*, 2009.

[162] Gorton, G. and Metrick, A. "Regulating the Shadow Banking System", *Brookings Papers on Economic Activity*, 2010.

[163] Gorton, G. and A. Metrick, "Securitized Banking and the Run on Repo" [J]. *Journal of Financial Economics*, 2012,104: 425 - 451.

[164] Gorton, G. and A. Metrick, "Securitization", *NBER Working Paper No.* 18611,2012b.

[165] Gorton, G. and Pennacchi, G. "Banks and loan sales: marketing non-marketable assets", *National Bureau of Economic Research*, 1990.

[166] Gorton, G. and G. Pennacchi, "Financial Intermediaries and Liquidity Creation" [J]. *Journal of Finance*, 1990,45: 49 - 71.

[167] Gorton, G. and G. Ordonez, "Collateral Crisis", *NBER Working Paper No. 17771*,2012.

[168] Gorton, G. and G. Ordonez, "The Supply and Demand of Safe Asset", *NBER Working Papers No. 18732*,2013.

[169] Gorton, G. and N. S. Souleles, "Special Purpose Vehicles and Securitization", *The Risks of Financial Institutions*, ed. Stulz R. and M. Carey [M]. University of Chicago Press, 2006.

[170] Gorton, G. , S. Lewellen and A. Metrick, "the Safe-Asset Share", *NBER Working Paper*, No. 17777,2012.

[171] Goswami, M. , A. Jobst, and X. Long, An Investigation of Some Macro-Financial Linkages of Securitization. *IMF Working Paper*, *No. WP/09/26*,2009.

[172] Gourinchas, P. O. and O. Jeanne, "Global Safe Asset", *BIS Working Paper No. 399*,2012.

[173] Goyeau, D. and A. Tarazi, "Évaluation Durisque de Défaillance Bancaire en Europe" [J]. *Revue d'Economie Politique*, 1992, 102:

249 - 280.

[174] Hanson S. G. and A. Sunderam, "Are there too Many Safe Securities? Securitization and the Incentives for Information Production" [J]. *Journal of Financial Economics*, 2013,108: 565 - 584.

[175] Hansel, D. N. and J. P. Krahnen, "Does Credit Securitization Reduce Bank Risk? Evidence from the European CDO Market", *SSRN Working Paper No. 967430*, 2007, Online at http://ssrn.com/abstract=967430.

[176] International Monetary Fund, " Safe Asset: Financial System Cornerstone?", *Global Financial Stability Report*, Chapter 3,2012.

[177] Japan Housing Finance Agency, "Summary of JHF Monthly Mortgage-Backed Securities", *JHF Report*, 2014.

[178] Japan Securities Dealers Association, "Securitization Market Balances Survey Report", May 29 2015.

[179] Japan Securities Dealers Association. "Securitization Market Trends Survey Report", May 29 2015.

[180] Jain. P. , "J-REIT Market Quality: Impact of High Frequency Trading and the Financial Crisis", *NAREIT conference paper*, 2015.

[181] Jiangli, W. , M. Pritsker and P. Raupach, "Banking and Securitization", Unpublished Working Paper, 2007, Online at: https://papers.ssrn.com/sol3/papers.cfm?abstract_id=967895.

[182] Jiangli, W. , M. Pritsker, "The Impacts of Securitization on US Bank Holding Companies", Unpublished Working Paper, 2008, Online at: http://dx.doi.org/10.2139/ssrn.1102284.

[183] Jiang, W. , A. Nelson and E. Vytlacil, "Securitization and Loan Performance: A Contrast of Ex Ante and Ex Post Relations in the Mortgage", Unpublished Working Paper, 2010, Online at: http://

ssrn. com/abstract=1571300.

[184] Jackson, P. , Furfine, C. and Groeneveld, H. "requirements and bank behaviour: the impact of the Basle Accord", *Basel: Bank for International Settlements*, 1999.

[185] Jagtiani, J. , Saunders, A. and Udell, G. "The effect of bank capital requirements on bank off-balance sheet financial innovations" [J]. *Journal of Banking & Finance*, 1995,19(3): 647 - 658.

[186] James, C. "The use of loan sales and standby letters of credit by commercial banks" [J]. *Journal of Monetary Economics*, 1988,22 (3): 395 - 422.

[187] Jobst, A. , Asset "Securitization as a Risk Management and Funding Tool: What does it Hold in Store for SMEs", *IMF Working Paper*, 2005.

[188] Jones, D. "Emerging problems with the Basel Capital Accord: Regulatory capital arbitrage and related issues" [J]. *Journal of Banking & Finance*, 2000,24(1): 35 - 58.

[189] Karaoglu, E. "Regulatory capital and earnings management in banks: The case of loan sales and securitizations", 2005.

[190] Keys, B. J. , T. Mukherjee, A. Seru and V. Vig, "Did Securitization Lead to Lax Screening? Evidence from Subprime Loans" [J]. *Quarterly Journal of Economics*, 2010,125: 307 - 362.

[191] Kim, D. and Santomero, A. M. "Risk in banking and capital regulation" [J]. *Journal of Finance*, 1988,43(5): 1219 - 1233.

[192] Koehn, M. and Santomero, A. M. "Regulation of bank capital and portfolio risk. "[J]. *Journal of Finance*, 1980,35(5): 1235 - 1244.

[193] Kraemer-Eis, H. , Schaber, M. and A. Tappi, "SME Loan Securitization: An Important Tool to Support European SME

Lending", *European Investment Fund Working Paper No. 2010/007*, 2010.

[194] Laeven, L. and R. Levine, "Bank Governance, Regulation and Risk-Taking", *NBER Working Paper No 14113*, 2008.

[195] Laeven, L. and Levine, R. "Bank governance, regulation and risk-taking" [J]. *Journal of Financial Economics*, 2009, 93: 259 - 275.

[196] Loutskina, E. and P. Strahan, "Securitization and the Declining Impact of Bank Finance on Loan Supply: Evidence from Mortgage Originations" [J]. *Journal of Finance*, 2006, 64(2): 861 - 889.

[197] Loutskina, E., "The Role of Securitization in Bank Liquidity and Funding Management" [J]. *Journal of Financial Economics*, 2011, 100: 663 - 684.

[198] Marsh, I. W. "The effect of lenders' credit risk transfer activities on borrowing firms' equity returns", 2006.

[199] Martín-Oliver, A. and J. Saurina, "Why do Banks Securitize Assets?" In: XV Spanish Finance Forum Conference Proceedings, Spanish Finance Association, Palma de Mallorca, 2007.

[200] Masaaki Shirakawa, "Global Financial Crisis and Policy Responses by the Bank of Japan.", 2008.

[201] McCulley, P., "Teton Reflections", Global Central Bank Focus, PIMCO, 2007.

[202] Mian, A. and A. Sufi, "The Consequences of Mortgage Credit Expansion: Evidence from the 2007 Mortgage Default Crisis" [J]. *Quarterly Journal of Economics*, 2009, 124: 1449 - 1496.

[203] Michalak, T. and A. Uhde, "Credit Risk Securitization and Bank Soundness in Europe" [J]. *Quarterly Review of Economics and Finance*, 2012, 52: 272 - 285.

[204] Myers, S. C. and N. S. Majluf, "Corporate Financing and Investment Decision: When Firm Have Information that Investors Do Not Have" [J]. *Journal of Financial Economics*, 1984,13: 187-221.

[205] Nadauld, T. and M. Weisbach, "Did Securitization Lower the Cost of Corporate Debt" [J]. *Journal of Financial Economics*, 2011,105: 332-352.

[206] Nadauld, T. D. and S. M. Sherlund, "The Impact of Securitization on the Expansion of Subprime Credit" [J]. *Journal of Financial Economics*, 2013,107: 454-476.

[207] Niinimaki, J. P. "Hidden loan losses, moral hazard and financial crises" [J]. *Journal of Financial Stability*, 2012,8(1): 1-14.

[208] Ordonez, G., "Sustainable Shadow Banking" [J]. *NBER Working*, 2013: 19022.

[209] Packer, F., R. Stever, and C. Upper, "The Covered Bond Market", *BIS Quarterly Review*, September 2007.

[210] Parlour, C. A. and Plantin, G., "Loan sales and relationship banking" [J]. *Journal of Finance*, 2008,63(3): 1291-1314.

[211] Peltzman, S., "Entry into Commercial Banking" [J]. *Journal of Law and Economics*, 1965,8: 165-174.

[212] Piskorski, T., A. Seru and V. Vig, "Securitization and Distressed Loan Renegotiation: Evidence from the Subprime Mortgage Crisis" [J]. *Journal of Financial Economics*, 2010,97: 369-397.

[213] Pozar, Z., "Institutional Cash Pool and the Triffin Dilemma of the U. S. Banking System", *IMF working paper WP/11/119*,2011.

[214] Pozar, Z. and M. Singh, "The Non-Bank-Bank Nexus and the Shadow Banking System", *IMF Working Paper WP/11/289*,2011.

[215] Pozsar, Z. , T. Adrian, A. Ashcraft and H. Boesky. "Shadow Banking", *Federal Reserve Bank of New York Staff Reports No. 458*, 2010.

[216] Rajan, U. , A. Seru and V. Vig, "The Failure of Models that Predict Failure: Distance, Incentives and Defaults", *University of Chicago Unpublished Working Paper*, 2011.

[217] Ramgarhia, A. , M. Muminoglu and O. Pankratov, "Whole Business Securitization", Chapter 19 in the *Handbook of European Structured Financial Products*, ed. Fabozzi F. J. , M. Choudhry, W. J. Wiley and Sons, Inc (Hoboken, New Jersey, 2004).

[218] Renzo G. A. , A. G. Pascual and E. Ribakova, "The Use of Mortgage Covered Bonds", *IMF working paper WP/07/20*, 2007.

[219] Roy, A. D. , "Safety First and the Holding of Assets." [J]. *Econometrica*, 1952, 20: 431 - 449.

[220] Ruhmann S. , T. Bruce, M. Ritter and L. Davy, "A Primmer on US Equity REITs and their Role in an Institutional Investment Portfolio", *NEPC research paper*, 2015.

[221] Salah, N. B. and H. Fedhila, "Effects of Securitization on Credit Risk and Banking Stability: Empirical Evidence from American Commercial Banks" [J]. *International Journal of Economics and Finance*, 2012, 4(5): 194 - 207.

[222] Sarkisyan, A. and B. Casu, "Retained Interests in Securitization and Implications for Bank Solvency", *ECB Working Paper Series* No. 1538, April 2013.

[223] Scopelliti, A. D. , "Off-Balance Sheet Credit Exposure and Asset Securitization: What Impact on Bank Credit Supply?" *MPRA Working Paper No. 43890*, 2013.

[224] Shin, H. S. , "Securitisation and Financial Stability" [J]. *the Economic Journal*, 2009,119(536): 309 - 332.

[225] Shleifer, A. and R. Vishny, "Unstable Banking" [J]. *Journal of Financial Economics*, 2010,97(3): 306 - 318.

[226] Singh, M. and J. Aitken, "The (sizable) Role of Rehypothecation in the Shadow Banking System". *IMF Working Paper WP/10/172*,2010.

[227] Stanton, S. W. "The underinvestment problem and patterns in bank lending" [J]. *Journal of Financial Intermediation*, 1998, 7 (3): 293 - 326.

[228] Stanton, S. W. "Commentary" [J]. *Economic Policy Review*, 2002, 8(1): 257 - 258.

[229] Stein, J. , "Securitization, Shadow Banking, and Financial Fragility" [J]. *Daedalus*, 2011,139(4): 41 - 51.

[230] Uhde, A. and Heimeshoff, U. "Consolidation in banking and financial stability in Europe: Empirical evidence" [J]. *Journal of Banking and Finance*, 2009,33: 1299 - 1311.

[231] Uhde, A. and T. C. Michalak, "Securitization and Systematic Risk in European Banking: Empirical Evidence. "[J]. *Journal of Banking and Finance*, 2010,34: 3061 - 3077.

[232] Uzun, H. and E. Webb, "Securitization and Risk: Empirical Evidence on US Banks" [J]. *The Journal of Risk Finance*, 2007,8(1): 11 - 23.

[233] Wooldridge, J. "Econometric Analysis of Cross Section and Panel Data" [M]. Cambridge: MIT Press, 2002.